KB124190

백두대간 교육론

우리가 몰랐던
백두대간

백두대간 교육론

우리가 몰랐던 백두대간

1판 1쇄 펴낸날 2024년 1월 22일

지음 김우선, 김광선, 신인수, 박경이, 차성욱, 이문희
총괄 이정욱 **편집·마케팅** 이지선·이정아 **디자인** Design ET·마타
펴낸이 이은영 | **펴낸곳** 도트북
등록 2020년 7월 9일(제25100-2020-000043호)
주소 서울시 노원구 동일로 242길 87 2F
전화 02-933-8050
팩스 02-933-8052
전자우편 reddot2019@naver.com
블로그 blog.naver.com/reddot2019
인스타그램 @dot_book_
ISBN 979-11-93191-02-6 03910

백두대간 교육론

우리가 몰랐던 백두대간

김우선·김광선·신인수·박경이·차성욱·이문희 지음

도토북

머리글

백두대간 교육의 이론과 실제

우리가 알고 있는 조선전도류의 지도에는 참으로 놀랍게도 단 한 번도 백두대간 산줄기가 빠진 적이 없었다. 단지 지도상에 백두대간이라든가 정간, 정맥 이름이 들어가 있지 않았을 뿐이다. 1402년에 나온 『혼일강리역대국도지도』부터 시작하여 1861년에 완성된 고산자 김정호의 『대동여지도』에 이르기까지 무려 460여 년 동안 일어난 일이다.

역사를 돌이켜보면 1770년 여암 신경준의 『동국문헌비고』 「여지고」와 『산경표』를 통하여 비로소 백두대간의 1대간 1정간 13정맥 체계가 완성되기까지는 하나도 저절로 된 것이 없었다. 반계 유형원과 성호 이익, 청담 이중환 등 실학적 지리학자들의 노력과 농포자 정상기 가문의 4대에 걸쳐 수정 보완된 『동국대지도』라는 뛰어난 지도 제작의 결과가 한 방향으로 가리키는 곳은 모두 백두대간이었다. 백두산을 중심으로 하여 이 나라 땅을 하나의 살아 있는 생명체로 파악한 이 뛰어난 지리 철학은 산줄기와 물줄기, 진산과 360여 개 읍치를 아우르며 그곳에 터를 잡고 살아온 사람들의 삶을 반영하는 완벽한 체계였다.

백두대간에 암흑기가 드리운 것은 1910년 일제강점기가 시작되면서부터였다. 땅만 빼앗긴 것이 아니라 민족정신을 고취하는 일체의 도서 제작을 금지하는 명령과 더불어 조선총독부는 지리, 역사, 국어 교과서 등 51종의 도서를 몰수하여 파기하는 만행까지 저질렀다. 이때부터 백두대간을 대신하여 식민지 교과서에 나타나기 시작한 것이 태백산맥이며 낭림산맥 같은 이름들이다. 백두대간은 잊혀진 것이 아니라 금지당한 것이며, 1945년 해방 이후에도 복권되지 못한 채 40여 년이라는 세월을 더 기다려야 했다.

1986년 7월 24일은 마땅히 '백두대간의 날'로 제정되어야 할 역사적인 순간이다. 『대동여지도』를 연구해 온 故 이우형 선생이 조선일보를 통하여 일제가 빼앗은 이름 백두대간을 『산경표』와 더불어 세상에 다시금 빛을 보게 한 날이기 때문이다. 그리고 다시 40년 가까운 세월이 지나는 동안 백두대간은 일약 국민적인 관심사가 되었으며, 지리산에서 향로봉까지 백두대간 남한 구간을 종주하는 열풍이 이어졌다. 2003년에는 '백두대간 보호에 관한 법률'까지 제정되었고, 백두대간 관련 연구와 관련 도서의 출판도 활발하게 이어졌다.

위와 같은 변화에도 불구하고 백두대간은 아직도 갈 길이 멀다. 북한 쪽 백두대간에 관해서는 무지한 상태이며, 식민지 시기 이래 100년도 넘게 태백산맥·낭림산맥 같은 이름이 교과서에 실려 있다든가, 생태와 환경 중심으로 편중된 백두대간 연구 경향 등을 부족한 사례로 들 수 있다. 지리학자들의 지속적인 노력 덕분에 일제강점기 이래의 산맥 체계를 청산한 새로운 산맥 지도가 2017년판 『국가지도집』에 수록되었으며, 교과서에도 실리기 시작한 것은 그나마 다행스러운 일이다.

백두대간 시범 교육의 대부분은 국내 최초로 공저자들에 의해 초등학교에서 이루어졌으며, 교재·교구 및 교육프로그램 개발 역시 초등 사회과교육을 중심으로 이루어졌다. 그러나 이 책은 전반적으로 중고생 및 대학생과 일반인을 대상으로 한 강연 경험도 함께 녹여낸 결과물임을 밝혀둔다.

앞으로 100년, 통일한국시대의 지리 교과서와 세계복합문화유산의 반열에 오르게 될 백두대간을 꿈꾸면서 작은 노둣돌 하나 놓는 심정으로 이 책을 펴낸다.

2023년 9월

저자 일동

차 례

1장

창의적인 백두대간 교육을 위한 제안

1

스마트형 백두대간 이동 교실을 갖는다는 건 불가능한 꿈일까?

백두대간 교육 프로그램 개발과 과제

필자는 지난 2018년 6월부터 2019년 9월까지 국립등산학교의 백두대간 교육 프로그램과 교재·교구 개발(제4장 233~239쪽 참조), 강사 양성을 진행하고 서울, 인천, 강원 지역의 초·중·고교 학생들에게 재능기부를 통한 시범교육과 아울러 동지역 교사를 상대로 백두대간 교육에 관한 설문 조사를 실시한 바 있다. 또한 백두대간진흥회 회원들을 대상으로 2018년 9월부터 2019년 9월까지 12회에 걸친 백두대간 강연을 진행하여 인문학 내지는 융합 학문으로서의 '백두대간학'에 관한 다양한 가능성을 모색했다.

이 과정에서 발견한 사실 중 하나는 특히 초등학교 교사의 경우 백두대간에 관해 관심은 많으나 아는 게 별로 없으며, 따라서 수업 시간에 백두대간을 다룰 기회가 거의 없다는 점이었다. 백두대간 교재·교구의 다양성과 완성도를 높여야 하고, 교사용 백두대간 교육지도서 제작이 시급하다는 점 또한 지난 1년여의 교육 활동에서 얻은 소중한 결과이다.

이 글에서는 먼저 국민적인 관심사로 떠오른 백두대간이 사실은 그만한 대접을 못 받고 있다는 점, 심지어는 왜곡되고 잘못 알려진 불편한 진실 몇 가지를 살피고, 백두대간 시범교육 활동을 통해서 얻은 결과를 바탕으로 올바른 백두대간 교육의 방향과 방법을 제시하고자 한다.

불편한 진실이 된 백두대간

현재 백두대간은 많은 국민에게 알려져 있다. 태백산맥 대신 백두대간이 교과서에 수록되어야 한다는 주장은 전혀 받아들여지지 않았지만, 초·중·고등학교 사회, 지리 교과서에 백두대간이 대동여지도와 더불어 조금씩 소개되고 있다. 교과서에 백두대간에 관한 내용이 전혀 없었던 시절에 비하면 새로운 세상이 열린 것만은 틀림없다. 그러나 아직도 많이 부족한 편이다. 그렇다고 태백산맥이 없었던 조선시대로 되돌아가자는 것은 아니다. 조선총독부가 금지했던 대한제국의 지리교과서 시절로 돌아가자는 것도 아니다.

백두대간 보호와 연구용역사업도 좋지만 최소한 미래 세대의 주역인 어린이와 청소년들에게 태백산맥과 백두대간의 차이점을 알려주고, 백두대간이 이 땅에서 살아온 사람들의 삶과는 어떤 관련이 있는지 살피도록 돕는 것은 우리 기성세대가 마땅히 해야 할 일이라고 생각한다. 어린이와 청소년들이 백두대간을 제대로 알아야 백두대간을 아끼고 사랑하며 보호할 수도 있지 않겠는가? 이것이야말로 백두대간의 불편한 진실을 극복하고, 더 이상의 좌절을 끝내며, 미래의 희망을 찾아가는 길이라고 믿는다.

'우리 산 바로 알기 백두대간탐험대'에 희망을 걸고

국립등산학교의 백두대간 교육프로그램은 일반 사설 등산학교와 차별화될 수 있는 교육콘텐츠라는 점에서 의미가 있다. 또한 제도권의 학교 수업 운영이나 교과 내용에 변화를 주지 않고도 학생들에게 백두대간을 가르칠 수 있다는 장점이 있다. 국립등산학교는 2018년 12월 개교 이전인 5월부터 백두대간 교육프로그램을 준비했으며, 특히 어린이를 위한 백두대간 워크북, 백두대간 만들기 지도와 지명카드, 백두대간 퍼즐 등 교재·교구 개발에 중점을 두었다.

'우리 산 바로 알기 백두대간탐험대'의 첫 시범수업은 2018년 6월에 서울 노원초등학교(교장 윤영진) 6학년 1개 반 학생을 대상으로 이루어졌다. 이 수업의 핵심 네 가지는 1. 백두대간과 초등학교 5학년 1학기 때 배웠던 태백산맥의 차이점을 알아보고, 2. 백두대간이 무엇인지 워크북과 백지도를 통해 학습하며, 3. 백두대간에 자생하는 멸종 위기동식물을 알아봄으로써, 4. 야외활동 시에 이들을 보호하기 위한 '흔적 남기지 않기 7원칙(Leave No Trace, LNT)'을 연결하여 자연스럽게 익히는 것이었다. 여기서 한 가지 다행스러웠던 점은 혁신학교의 경우 40분 수업을 이어서 80분 동안 진행할 수 있도록 편성된 시간표 덕분에 첫 시간 40분은 워크북과 백지도로 학습하고, 10분간 모둠 수업을 위한 백두대간 지도 세팅을 마친 후 나머지 40분간 지명카드를 이용하여 백두대간 만들기와 퍼즐놀이를 할 수 있었다는 점이다. 이후 1년여의 시범교육 기간 동안 5, 6학년 어린이와 중학교 1학년을 대상으로 한 백두대간 수업 결과 워크북과 백두대간 만들기 활동으로 두 시간이 적합하다는 결론을 내렸다. 예외적으로 강릉 지역에서 초등학교 저학년을 대상으로 한 수업이 있었으나, 한국지리와 지형에 관한 선수학습이 전무하다는 것은 둘째치더라도 수업 시간에 사용할 목적의 쉽고 단순하면서도 흥미롭고도 다양한 교재·교구를 개발하지 않는 한 수업효과를 거둘 수 없다는 결론에 이르렀다.

초등학생을 대상으로 한 백두대간 시범교육

시범교육과 더불어 시급했던 것은 '백두대간 강사'의 양성이었다. 산악인 최오순 씨 등 13명을 대상으로 2018년 8월 여의도 스카우트 회관 1층 회의실에서 16시간에 걸친 1차 교육이 이루어졌다. 수료생 10명 가운데 5명이 시범교육 기간 중 백두대간 수업을 담당했고, 그해 11월 말 2차 교육이 실시되었다.

'백두대간탐험대'는 강사 양성 및 교재·교구 개발과 적용에 이르기까지 해결하기 힘든 과제의 연속이었다. 선행 연구 결과가 없었으며, 처음 시도하는 수업이라서 시간 배분과 교육 내용의 안배 및 우선순위에 있어서도 원칙과 기준이 없었기 때문에 시행착오를 통해서 개선하는 과정이 되풀이되기도 했다. 특히 국토, 환경, 역사, 통일 등 네 가지 주제를 40분 내지 80분 수업에 모두 담으려 했던 것은 무리였다는 생각이 든다. 그러나 백두대간에 중심을 둔 통합교육으로써 투명 필름으로 제작된 백두대간 지도를 현대의 인구분포도나 역사시대의 국경, 조선시대의 8도 도계 등과 겹쳐서 보고 대간과 정맥, 정간이 그러한 주제도(主題圖)에서 어떤 위치에 있는지 살피는 것은 새로운 시도였으며 좋은 반응을 얻었다. 이는 어린이들이 스스로 백두대간의 의미를 생각해 본다는 점에서 소기의 성과를 거둔 것이라고 평가하고 싶다.

특히 어린이들의 흥미를 끈 것은 "백두대간 어떤 고개를 넘어야 조선시대 부산(동래)에서 서울까지 가장 빨리 갈 수 있을까?"라는 최단 거리에 관한 문제였다. 어린이들이 워크북의 백두대간 백지도에서 서울과 부산 두 지점을 직선으로 이었을 때 그 선이 죽령이나 추풍령이 아니라 문경새재(조령)을 지나며, 이것이 최단 거리 '영남대로'라는 역사, 지리적 사실의 확인에 도달하도록 이끌어나가는 데 중점을 둔 활동이었다.

투명지도 외에 워크북을 활용한 수업에서 중요한 부분은 어린이들이 직접 백두대간 백지도에 대간과 정맥, 정간, 강줄기를 구분하여 색칠해 보는 활동이었다. 여기서 한 단계 더 발전한 내용은 정맥의 특정 산줄기 부분만 떼어내서 강줄기를 그려봄으로써 산줄기와 강줄기가 서로 침범하지 않고 어우러져 사람 사는 마을을 감싸고 있다는 백두대간의 원리를 익히는 것이었다.

통일교육 측면에서의 백두대간은 휴전선으로 나뉜 북한 쪽 백두대간의 정맥과 정간을 다루는 것만으로도 효과가 있었다. 장차 북한 지역 전문가가 되지 않는 한 평생

초등학생들의 백두대간 체험 수업

접해 볼 수 없는 지명과 지명카드를 가지고 어린이들이 직접 산줄기를 완성하고 백두대간의 산에 서식하는 북한 지역의 멸종위기 동식물을 살피는 작업은 손쉽게 '지도상의 통일'을 달성하는 데에 충분한 흥미로운 활동이었다.

부정적인 초등교사들의 백두대간 관련 인식

백두대간 교육프로그램과 관련하여 모든 것이 다 중요하지만, 교육현장에서 확인한 사실은 특히 초등학교 교사들이 수업시간에 바로 적용할 수 있는 백두대간 관련 교육 자료의 개발과 정보의 제공이 무엇보다 시급하다는 점이었다. 아래와 같은 설문 조사 결과가 그러한 시급성을 입증하고 있다.

산경표에 대한 관심과 지식(%)

	잘 안다	안다	모른다	전혀 모른다
중·고등학교 교사	24	69	7	0
초등학교 교사	0	25	39	35

산맥 교육의 필요성과 가치(%)

	아주 많다	많다	없다	전혀 없다
중·고등학교 교사	43	55	2	0
초등학교 교사	35	50	7	3

위 표에서 중·고교 교사의 경우는 2008년 박철웅의 논문 「산맥 개념의 교육적 함의와 중등 지리교사들의 산맥체계 인식」에 실린 설문 조사 결과의 일부이다. 초등교사의 경우는 2019년 8월 서울 소재 초등 사회과 교사 연수회원들을 대상으로 2008년의 것과 유사한 항목을 정하여 필자가 실시한 조사 결과의 일부이다. 시기상으로 차이가

많이 나기 때문에 산맥 논쟁 같은 경우 대부분의 지리교사들은 잘 알고 있으며 관심도 많은 것으로 나타난 반면에, 그러한 논쟁이 끝난 지 11년 후의 초등 사회과 교사들은 거의 모르는 일이며, 관심도 없는 것으로 나타났다.

무엇보다도 백두대간 개념이 완성된 『산경표』와 백두대간 체계에 관해서 중·고교 지리교사는 93%가 알거나, 잘 알고 있는 반면 모르는 교사는 7%에 불과했다. 그러나 초등 사회과 교사는 『산경표』나 백두대간에 관해서 25%만 알며, 나머지 75%는 모르거나(39%), 전혀 모른다(35%)로 답하여 중·고교 교사와는 커다란 차이를 보이고 있다. 통계를 확대 해석해 보면 중·고교 지리교사는 10명 중 9명이 『산경표』와 백두대간을 알고 관심도 많은 반면, 초등교사는 10명 중 2~3명이 알고, 7~8명이 모르며 관심도 없는 것으로 나타난 셈이다.

산맥교육의 필요성과 가치에 관한 설문 결과는 초·중·고 교사들 모두 아주 많거나 많은 것으로 나왔지만 초등은 85%, 중·고교 교사는 98%로 13%의 차이를 보이고 있다. 게다가 초등교사의 경우 극소수이기는 하지만 산맥교육이 필요도 없고 가치도 없다고 답한 것은 상당히 염려되는 부분이다. 특히 이들이 초등 일반 교사가 아니라 사회과 교육을 전공했거나 관심이 많은 교사 집단이기 때문에 더욱 그렇다. 한 가지 흥미로운 사실은 강릉 지역 초등학교 일반 교사 102명을 대상으로 실시한 동일한 설문조사의 경우 산맥교육의 필요성과 가치에 관하여 아주 관심이 아주 많았고, 많은 경우가 95%로 서울과는 달리 중등교사의 경우와 거의 같게 나타났다. 이러한 관심도의 차이는 아마도 강릉이 대관령, 선자령, 노인봉, 오대산 등 백두대간의 산들이 가까이 있고 자주 가볼 수 있다는 지역적 특성과 관련이 있는 것으로 보인다.

일선 초등교사들에게 직접 도움이 될 수 있는 백두대간 관련 자료와 수업지도서 제공은 국립등산학교에서 초등교사를 위한 백두대간 상설 강좌(인터넷 강좌 및 백두대간 구간 종주 포함) 개설이 동시에 이루어져야 그 효과가 극대화될 수 있다. 물론 보다 근본적인 대책은 교육부 차원에서 사회과 교육 지도 지침에 태백산맥과 더불어 백두대간 관련 내용을 일정 시간 추가하는 것이겠지만 워낙 불가능한 일로 보여서 거기까지 바라지는 않겠다.

대형 버스에 탑재된 스마트형 백두대간 이동 교실은 꿈일까?

국립등산학교의 '찾아가는 등산학교 백두대간탐험대'는 2018년에 이어 2019년 교육기부박람회에도 참가하여 지난 10월 23일 교육부장관으로부터 '교육기부 우수기관' 표창과 인증서(인증기간 2020~2022년)를 받았다. 이러한 우수기관 인증으로 말미암아 여기에 걸맞게 교육 내용 및 강사 수준, 교재·교구의 완성도를 더 높여야 하는 과제가 주어졌으니, 매년 참가하는 교육기부 박람회의 질적 향상도 생각하지 않을 수 없고, 그야말로 프로그램 개발자로서 책임감 또한 무겁게 다가온다.

찾아가는 푸른별 환경학교의 대형 버스

단기적으로는 백두대간 지명카드와 더불어 어린이들이 직접 색칠할 수 있는 백두대간 멸종위기동식물 그림카드를 도입하는 것이 좋겠다. 우편엽서 크기로 제작하여 수업 후에는 어린이들이 기념으로 가질 수 있도록 한다면 사후 효과도 바라볼 수 있다. 백두대간 퍼즐은 보다 짧은 시간에 완성할 수 있으며, 재미를 더할 수 있는 요소가 추가되어야 한다. 예를 들면, 백두대간 줄기와 산을 바탕으로 넣은 '맹호강산근역기상도'와 같은 호랑이 그림을 유치원생도 쉽게 완성시킬 수 있을 정도로 작은 사이즈로 단순화시켜서 제작하는 것이다. 이 작은 퍼즐은 대량 제작하여 행사 시 국립등산학교 홍보용으로 사용하기에도 적합하다. 백두대간 워크북도 통일, 환경 관련 부분을 덜어내고 내용을 좀 더 단순화시켜야 하며, 강사가 손쉽게 수업을 진행할 수 있는 매뉴얼을 개발할 필요가 있다.

장기적으로 볼 때 '찾아가는 등산학교 백두대간탐험대'는 백두대간 교육 관련 콘텐츠의 모든 것이 탑재된 대형 버스형 이동교실이 필요하다. 이 버스의 스마트 교실 안에만 들어서면 백두대간의 모든 것을 오감으로 체험할 수 있으며, 재현된 백두대간 숲길의 새 소리, 바람 소리와 숲 향기 속에서 어쩌면 치유와 명상프로그램까지 넘볼 수 있는 미래형 백두대간 체험프로그램을 겨냥할 수도 있겠다. 이러한 백두대간 스마트 이동교실을 서울, 대전, 광주, 대구, 부산 지역에서 운용하려면 최소한 5대가 있어야 하며, 이에 따른 예산 및 100여 명의 교육과 지원 인력도 뒷받침되어야 할 것이다.

참고로 삼성 SDI가 두 대의 대형 버스를 후원하여 진행하는 '푸른별 환경교실'은 연초에 전국의 학교에서 예약이 쇄도하면서 연중 스케줄이 잡힐 정도로 학교 현장에서 인기가 높다. '찾아가는 등산학교 백두대간탐험대'는 충분히 그 이상의 인기를 누리며 역할을 할 수 있는 프로그램이리라 확신한다.

백두대간탐험대는 코로나 사태로 3년여간 개점휴업 상태였다가 2022년부터 조금씩 움직이기 시작했다. 내년부터는 본격적으로 백두대간 교육 활동을 시작할 예정이다. 사단법인 백두대간진흥회에서는 백두대간의 날 제정을 포함한 백두대간 사랑 운동도 본격적으로 시작할 계획이다. 2023년, 백두대간과 더불어 희망찬 나날이 계속되리라 믿는다.

2

성공적인 백두대간 수업의 첫 번째 조건이자 근본적인 전제는?

백두대간 시범교육의 평가와 반성

2018년과 2019년, 2년 동안 국립등산학교의 백두대간탐험대 프로그램은 나름대로 교재·교구를 개발하고 백두대간 강사까지 양성하여 초·중고생에게 실시했지만, 시범교육이라는 한계를 벗어나지 못했다. 게다가 COVID19로 인하여 3년간 중단되어 있다가 현재는 기록상으로만 존재하는 교육이 되고 말았다. 사단법인 백두대간진흥회에서도 백두대간자연학교 프로그램을 통하여 교육 활동을 전개한 바 있으나, 이 역시 현재는 멈춰 있는 상태이다. 이와 관련된 문제점을 살피고 실현 가능한 해결책을 제시해 보고자 한다.

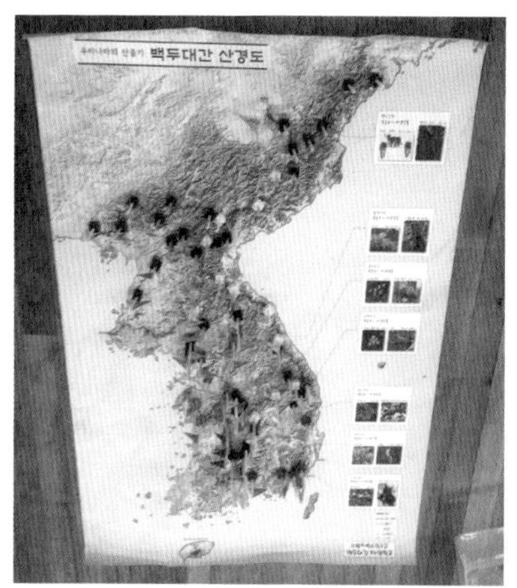

백두대간 지명카드를 지도 위의 산이름과 일치시킴으로써 학생들이 직접 백두대간을 만들어보는 체험을 한다.

먼저 교육 현장의 문제점은 초등학교나 중학교 학생들의 경우 외부 강사가 진행하는 수업을 싫어하며, 강사를 선생으로 여기지 않는 경향이 있다는 점이다. 대부분의 학생들은 워낙 눈치가 빤해서 학교 교사, 학원 강사, 방문 교사의 차이를 잘 파악하고 있으며, 수업에 임하는 태도 역시 확연하게 달라지는 경향을 보인다. 학생들 입장에서 방문 교사를 정규 수업 시간의 굴레에서 벗어나 스트레스 해소나 자신들을 재미나게 해주는 놀이 대상 정도로 인식하기 때문에 백두대간 강사들은 수업 진행에 있어 대부분 상당한 어려움을 겪을 수밖에 없었다.

학교 현장에서 발견한 사실 중 하나는 정규 수업 이외에 외부 강사가 방문하여 진행하는 수업이 의외로 많았으며, 학교나 교사, 학생들의 관심을 모을만큼 차별화된 교육 내용이나 방법 없이는 시간 채우기 급급한 수업이 될 위험성이 높다는 것이었다. 이러한 상황에서 40분 남짓한 시간 내에 백두대간이 무엇인지 알린다는 것은 무모한 일이었으며, 산만한 분위기 속에서 교재 중심의 설명조차 제대로 이루어지지 못했다. 이후 연결되는 백두대간 만들기 모둠별 활동 역시 교재의 내용과 정확하게 연결시키기 힘들었다는 평가를 받았다.

수업을 진행하는 강사진의 입장에서는 대형 지도, 워크북, 백두대간 퍼즐 등 교재·교구를 가지고 전국의 학교를 일일이 방문해야 한다는 점도 물리적으로 한계가 있었다. 처음 제작한 자석식 칠판지도는 일반 승용차에 들어가지 못할 정도로 컸으며, 수업 진행 시 대형 지도 설치와 교재·교구의 분배 및 백여 개가 넘는 지명 카드의 회수, 정리, 수납 등의 절차에 많은 시간이 걸렸기 때문에 보조 강사 없이는 제한된 시간 내에 수업을 원만하게 진행하기 어렵기도 했다.

반면에 가장 성공한 시범교육의 사례를 보면 해당 학교 교장의 백두대간 시범교육에 관한 이해와 관심이 큰 힘이 되었다. 이러한 학교 분위기를 바탕으로 백두대간 종주 등반 경험이 있는 담임 교사의 사전 준비와 적극적인 역할이 큰 몫을 했다. 학생들에게 평소 진행하던 읽기 학습 자료로서 자신의 등반 일지를 복사하여 함께 읽는 등 사전 준비 과정을 거쳤기 때문에 수업 몰입도와 이해도가 높았으며, 모둠 수업에도 학생들이 자발적이면서도 적극적으로 참여하는 결과로 나타났다. 그러나 이러한 성공적인 백두대간 수업은 잘 준비된 시범교육에 한하는 것이며, 일반적인 경우에 해당되지 않는다는 문제점이 있다.

앞서 문제점에 비추어 보자면 성공적인 백두대간 수업의 첫 번째 조건이자 근본적인 전제는 교과서나 교사용지도서에 백두대간이 들어가 있어야 한다는 점이다. 국어

백두대간 워크북을 활용하여 태백산맥과의 차이점을 알아보고 백두대간 산줄기를 직접 그려보는 시간

나 다른 교과 내용과도 연결 지으면서 방문 교사가 아닌 담임 교사가 주도적으로 수업을 이끌어나가는 것이 가장 이상적인 해결책이다.

하지만 이것이 현실적으로 힘들고 미래에도 그렇게 될 가능성이 별로 없다면 백두대간 수업의 두 번째 조건, 사각형의 교실에서 벗어나는 것이 필요하다. 국립등산학교의 경우 '찾아가는 등산학교 백두대간탐험대'를 성공적으로 운영하려면 무엇보다도 이동식 교실이 필수적이다. 그래야 백두대간 수업을 요청하는 전국의 교사와 학생들에게 쉽게 찾아갈 수 있기 때문이다.

일단 하루 종일 앉아 있어야 하는 교실을 벗어난 학생들에게 호기심을 자아낼 만한 전혀 다른 새로운 공간이 나타났다는 것은 그 자체로 주의력을 집중시킬 수 있는 장점으로 작용한다. 늘 반복되던 교실 수업에서 벗어났다는 사실만으로도 교사와 학생 모두에게 신선한 변화로 작용할 수 있기 때문이다. 특히 학생들에게는 기대감이 극대화된 가운데 진행되는 백두대간 수업은 교실에서와는 전혀 다른 몰입도와 만족도를 선사할 것이다. 이는 이미 이동식 교실을 운영 중인 환경교육 프로그램의 성공 사례가 입증하고 있다.

이동식 교실을 마련할 수 없다면 방학 기간을 이용한 백두대간 현장 답사와 국립등산학교에서 수업을 진행하는 방안도 있다. 그러나 이는 참여 기간과 인원이 한정되어 있기 때문에 물리적으로도 한계가 있고, 앞서 예로 든 시범교육의 경우와 유사한 문제점에 부딪힐 염려가 있다. 따라서 이 방안은 학생보다는 교사를 대상으로 한 백두대간 연수 교육 프로그램에 더 알맞은 것이며, 향후 꼭 실행해 볼 것을 국립등산학교 측에 권한다.

③

생활 속 백두대간을 찾아라

날씨와 백두대간

매일 아침저녁으로 TV 뉴스에서는 지도와 함께 일기예보를 내보낸다. 이 지도에는 도별 경계선이 들어가 있는데, 필자의 눈에는 충청북도와 경상북도 경계선 따라서 전라북도와 만나는 곳, 민주지산 삼도봉에 이르기까지 백두대간 마루금이 선하게 떠오른다. 백두대간과 낙동정맥이 나뉘는 매봉산 어름, 태백시가 그렇고 낙동정맥이 끝나는 부산 다대포 몰운대 역시도 한눈에 들어온다.

극심한 더위나 추위, 강풍, 폭설 등의 예보가 나올 때면 각 도계와 일치하는 일기예보 지도에서 백두대간은 더욱 선명하게 드러난다. 이렇게 TV, 신문 등에서 보도되는 날씨 관련 뉴스야말로 생활 속에서 접할 수 있는 가장 훌륭한 백두대간 사례에 해당하기 때문에 교사 입장에서는 동영상을 포함한 이들 뉴스를 적극 활용할 필요가 있다.

오른쪽 그림에서는 2009년 8월 9일 오후 3시 기준 백두대간과 낙동정맥을 경계로 하여 동서 간의 기온 차이가 뚜렷하게 나타났음을 보여준다. 8월임에도 불구하고 동해안 지역은 20~25도 정도로 선선한 날씨인 데 반해서 백두대간 서쪽 지역 대부분은 30~35도로 무려 10도가량 차이가 난다.

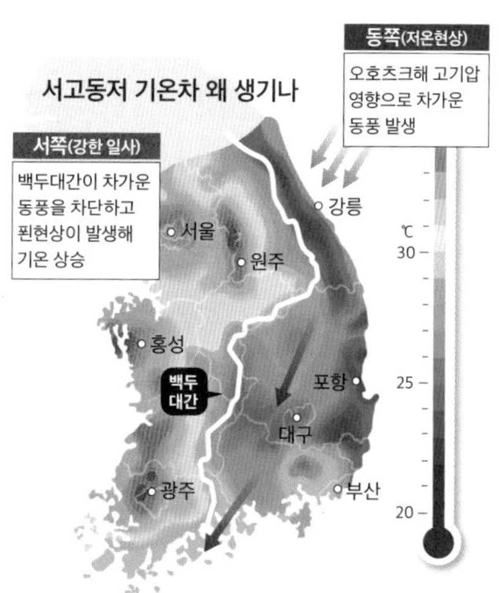

여름철 백두대간을 경계로 나타나는 동서 기온차(중앙일보 2009년 8월 10일 자 참조)

백두대간과 낙동정맥 동쪽 해안 지역은 오호츠크 고기압의 영향으로 차가운 동풍이 불어 저온현상이 일어나는 반면 서울, 원주, 홍성, 광주 등을 중심으로 한 서쪽 지역은 백두대간이 차가운 동풍을 차단하고 푄현상이 발생해 기온이 상승했기 때문이다. 이 지도를 통해서 만약 백두대간이 없었다면 서쪽 지역 모두 저온현상의 영향권에 들어갔으리라는 사실을 쉽게 알 수 있다. 백두대간이 우리의 일상생활과 밀접한 관련이 있음을 깨달을 수 있는 중요한 지점이다.

2019년 7월 11일 KBS 뉴스에서는 당시의 지역별 강우량 분포도가 보도되었다. 기사를 통해 백두대간을 경계로 하여 동해안 강릉과 동해 지역 일대에 많은 비가 내렸음을 알 수 있다. 2019년 7월 10일부터 7월 11일까지 서울의 강우량 11.4mm와 비교했을 때 백두대간 미시령 일대에는 244.5mm로 무려 21배가량 더 많은 비가 내렸다. 백두대간을 따라서 남쪽으로 내려가면 북강릉 156mm, 동해시 118.4mm로 서울 지역보다 10~14배 많은 강우량 분포를 보인다. 반면에 백두대간과 낙동정맥으로 둘러싸인 경북 내륙 지역에서는 10mm 이하로 비가 내린 곳도 있어서 지형에 따라서 강우량 분포가 극적으로 달라지고 있다는 것을 알 수 있다.

2014년 2월 9일 KBS에서 보도한 동해안 폭설 뉴스 내용을 보자. 당시 폭설은 2월 6일부터 나흘째 이어졌으며, "동해안 폭설은 계속 불어오는 동풍이 백두대간과 부딪혀 끊임없이 눈구름을 만들었기 때문"이라고 밝히고 있다. 눈은 2월 6일부터 2월 11일까지 내렸으며 강릉 지방 기준 누적 강설량은 무려 179cm, 어른 키를 훌쩍 넘기는 눈이 내린 바람에 재산 피해도 62억 원이나 발생했다. 이는 1911년 강릉에서 기상관측이 시작된 이래 최고 최장의 강설로 기록된다.

강릉시는 이 당시 폭설에 관한 기록을 체계적으로 정리하여 《2014 강릉폭설백서》를 발간하기도 했다. 450쪽 분량의 백서에는 기상관측 사상 유례가 없었던 2014년 강릉지역 폭설을 역대 폭설 기록과 함께 기상학적 분석, 눈이 오기 전부터 시작된 상황관리, 폭설 기간 대응상황 등 일자별로 생생하게 기록했다.

4

뉴스에 나온 반달가슴곰 오삼이의 백두대간 종주

사람들은 지리산에서 백두대간 마루금을 따라서 걸어가면 신발에 물 한 방울 묻히지 않고 백두산까지 갈 수 있다고 한다. 이 말은 대동여지도 전문가 故 이우형(1934~2001) 선생이 백두대간 강연 때 한 발언으로, 이후 30년이 넘도록 백두대간 종주 열풍을 불러일으킨 문제의 발언이다. 많은 종주객들이 몰려들었기 때문에 밀림처럼 무성했던 백두대간 능선에는 고속도로처럼 길이 나버렸고, 부분적으로는 토양 침식으로 인해 길이 도랑처럼 패이거나 뿌리가 드러난 나무들이 쓰러지는 등 환경 훼손 현상이 부작용으로 나타났다. 급기야는 국립공원 지역 약 80km에 이르는 구간 상의 탐방로가 자연휴식년제 실시 등으로 출입이 금지되기에 이르렀다.

사람만 백두대간 종주를 한 게 아니다. 2019년 뉴스에 등장한 지리산 반달가슴곰 오삼이(국립공원 종복원센터에서 지리산에 방사한 반달가슴곰의 일련번호 KM53에서 숫자를 따서 붙인 이름)는 지리산에서 김천 수도산까지 백두대간 구간을 종주한 최초의 동물이자 '모험왕'으로 뉴스에 등장한다.

반달가슴곰 '오삼이'(출처: 국립공원공단)

국립공원공단 종복원센터에서 2015년 1월에 태어나 그해 10월 방사되어 지리산에서 살던 오삼이는 2017년 6월, 느닷없이 백두대간을 따라서 90km 떨어진 북쪽의 경북 김천 수도산으로 갔다. 보통 지리산 곰들의 활동 반경이 15km 정도인데, 90km를 혼자서 간 오삼이는 확실히 특이하다. 오삼이를 잡아다 지리산에 돌려놨는데, 오삼이는 그때마다 다시 수도산으로 향했다. 2018년 5월 '세 번째' 백두대간 길에 나선 오삼이는 수도산을 향해서 가다가 대전-통영 고속도로를 건너던 도중 버스에 치이는 사고를 당하고 말았다. 12시간에 걸친 대수술을 받고 건강해진 오삼이는 지리산 대신 그토록 가고 싶어 하던 수도산으로 보내는 결정이 내려졌다.

그렇게 수도산에서 끝날 줄 알았던 오삼이의 백두대간 모험은 오래지 않아 다시 이어졌다. 2020년 6월, 이번엔 충북 영동에서 농부가 애써 가꾼 벌통 4개를 털어 꿀을 먹다 들키는 일이 벌어졌다. 꿀만 먹고 30km를 걸어 다시 수도산으로 돌아갔던 오삼이는 충북 영동 농가에 또 한 번 나타나 민폐를 끼쳤다. 벌통을 깨고 사라진 오삼이는 이번엔 수도산으로 가지 않았다. 거꾸로 백두대간 따라 남행길에 올랐고, 전북 남원에 나타났다가 고향 지리산으로 스스로 돌아갔다.

오삼이는 왜 백두대간 방랑곰, 모험왕이 됐을까?

오삼이가 왜 백두대간을 떠도는지에 관해 다양한 의견이 나온다. 어떤 전문가들은 마릿수가 늘어나면서 자연히 영역을 넓히는 거라고 분석했다. 지리산엔 지금까지 방사된 개체와 이들의 2세까지 모두 70마리 정도 반달곰이 야생하고 있다. 그러나 이 정도면 아직은 지리산이 비좁지 않다는 시각도 있다. 국립공원공단은 지리산 곰의 적정 개체수를 78마리로 잡고 있기 때문이다. 교미와 번식을 위해 떠돈다는 분석 역시 지리산에 암컷 개체가 많아 설득력이 높지 않다. 먹이 때문도 아니다. 지리산엔 곰이 좋아하는 도토리와 머루, 산딸기가 풍부하다. 오삼이의 모험은 연구 대상이지만, 정확하게 이유를 대긴 아직 어렵다.

뉴스에서는 이렇게 보도했다. "백두대간을 탐험해 꿀을 훔쳐먹는 모험담에, 곰을 큰 강아지 정도로 여기면 큰일 납니다. 반달가슴곰은 평소 성격이 포악하지 않고 사람을 먼저 피하는 특성이 있지만, 기본적으로 산속 먹이 사슬 최상위에 있는 포식자입니다."

혹시 산에서 곰을 마주치면 '네가 오삼이니?'라고 묻는 등 곰의 주의를 끌어서는 안 된다. 먹이를 주거나 사진을 찍으러 가까이 가는 것도 절대 안 된다. 소리를 질러 자극하거나 돌이나 물건을 던지는 것도 금물이다. 전문가에 따르면 곰을 마주치면 뒷걸음으로 천천히 물러서 자리를 벗어나는 게 상책이라고 한다.

5

백두대간 산마을의 너와집과 굴피집

강원도 삼척시 도계읍 신리는 낙동정맥 골짜기에 자리 잡은 산마을이다. 백두대간 매봉산에서 갈라져 나와 백병산 거쳐 남쪽 응봉산으로 흘러가는 산줄기가 바로 낙동정맥이고, 신리는 북쪽 육백산과 남서쪽 백병산 사이에 있는 오지에 해당한다.

해발 600~700m의 고지대에 위치한 산골짜기에서 기와집은 꿈도 못꾸고, 볏짚을 구할 수 없으니 초가 또한 불가능한 일이다. 그러니 주변에 흔한 소나무를 켜서 송판으로 기와를 대신하여 지붕을 덮은 게 바로 너와집이다.

백두대간을 뒤로 하고 태백시에서 통리 고개를 넘으면 38번 국도와 갈림길이 나온다. 여기서 427번 지방도 따라서 10여 킬로미터를 가면 관광지로 조성한 너와마을에 이른다. 1975년에 국가민속문화재로 지정된 신리 너와집(김진호 가옥)은 삼거리에서 좌회전, 416번 지방도로 따라 600m쯤 가서 왼쪽 길가 산비탈에 있다. 여기서 1.6km 더 가면 또 다른 너와집(강봉문 가옥)에 이른다.

신리 지역에는 1970년대 초까지 여러 채의 너와집이 있었으나 화전정리사업으로 화전민이 없어지면서 현재는 살림집 두 채와 물레방아집 한 채만 남았다. 강봉문 가옥은 김진호 가옥보다 더 규모가 크고 부속 시설물들이 여럿 남아 있다.

이곳 너와집은 약 150년 전에 지은 것으로 추정되며, 지붕 위에는 작은 삼각형 모양의 까치구멍을 내어 집 안의 연기가 밖으로 빠져나갈 수 있도록 해놓은 것을 볼 수 있다. 이 너와집은 대문 왼쪽에 외양간이 있고, 오른쪽에 부엌이 있다. 마루를 중심으로 왼쪽에 안방, 오른쪽에 사랑방이 있으며, 안방구석에는 실내 난방과 조명을 겸하는 '코쿨'을 설치해 놓았다.

집 한 채 안에 방과 마루, 부엌, 외양간 모두를 집어넣은 폐쇄적인 구조는 길고 추운 겨울에 난방 효과를 높이는 동시에 맹수로부터 가축을 보호하는 데 가장 유리하다. 북한의 개마고원과 백두대간 산간지역의 화전민 가옥도 비슷한 구조의 너와집이었던 것으로 나타났다. 민속유물로는 물레방아, 나무로 만든 김치통, 싸리나무로 만든 식량 저장용 독, 눈이 쌓였을 때 신던 덧신(설피), 짚으로 만든 주머니(주루막)등을 볼 수 있다.

국가민속문화재 33호로 지정된 삼척시 도계읍 신리 너와집 및 민속유물(김진호 가옥)
(출처: 문화재청)

너와는 지름 30cm 이상의 적송 또는 전나무 등의 나무줄기에서 밑둥치와 윗부분을 잘라낸 다음 토막을 내서 사용한다. 적송이나 전나무를 쓰는 이유는 나뭇결이 바르고 잘 쪼개지기 때문이다.

너와의 크기는 보통 가로 20~30cm, 세로 40~60cm, 두께 4~5cm 정도로 기와보다 훨씬 크고 두껍다. 너와 70장을 한 동이라고 하는데, 보통 한 칸 넓이 지붕에는 한 동 반 내지 두 동의 너와가 올라간다.

지붕을 이을 때는 처마 부분에서 위 방향으로 서로 포개며 이어 올려야 빗물이 스며드는 것을 막을 수 있다. 너와를 올렸다고 끝이 아니다. 강한 바람이 불어도 날리지 않도록 무거운 돌을 얹거나 통나무를 처마와 나란하게 너와 지붕면에 눌러놓는다. 이런 통나무를 '너시래' 또는 '너스레'라고 한다. 너와의 수명은 10~20년 정도로 오래 가는 편이다. 그러나 비에 젖은 부분이 썩기 시작하면 2~3년 주기로 썩은 너와를 빼고 새것으로 바꿔준다.

너와집 지붕(김진호 가옥). 삼각형 까치구멍과 너와를 덧댄 구조 및 바람에 날리지 않도록 너스레 및 돌로 눌러서 고정시켜 놓은 것을 볼 수 있다. (출처: 한국민족문화대백과사전)

백두대간 동쪽 자락에 바싹 붙어 있는 산마을 신기면 대이리, 그리고 오십천 건너편 대평리에는 굴피집이 20여 채가량 있었다. 그러나 현재는 두 채만 남아 있다.

대이리 군립공원 내에는 원형을 복원해 놓은 굴피집(이종순 가옥)이 있는데, 이 전시용 가옥은 1989년 국가민속문화재 223호로 지정되었다. 원래 이 집은 너와 지붕이었지만, 1930년 무렵 나무를 구하기가 어려워 굴피 지붕으로 바꾼 것이라 전한다.

삼척 대이리 소재 굴피집 (출처: 한국민족문화대백과사전)

대이리에서 오십천 건너편 대평리에도 굴피집이 여러 채 있었는데, 현재는 문필봉 아래 사무곡에 정상홍 가옥 한 채만 남아 있다. 아마도 처음 지은 사람이 계속 살고 있는 유일한 굴피집이라서 그런지 꽤 유명해져서 방송도 타고 널리 알려져 있다.

굴피는 굴참나무 등의 껍질을 벗겨서 지붕을 삼는 것인데, 나무를 베어내서 얻는 너와보다 친환경적이고 채취도 쉬운 편이다. 그러나 굴피집 지붕 하나를 얹는데 들어가는 굴피는 500장가량으로 굴참나무 200~300그루에서 껍질을 벗겨내야 하니 그렇게 쉬운 일만은 아니다. 게다가 굴피 벗기는 시기도 정해져 있는데 처서가 지나기 전 8월쯤 열흘에 국한된다. 처서 무렵은 나무에 물이 올라 있는 부드러운 상태에서 속껍질에 상처를 내지 않으면서도 손쉽게 잘 벗겨낼 수 있기 때문이다. 이 기간에 보통 100여 장쯤 장만하는데, 굴피는 대략 2m 정도 높이에서부터 낫 날을 비스듬히 그어서 밑동까지 벗겨낸다.

다시 새로운 껍질이 나올 때까지는 4~5년이 걸리며, 20년은 지나야 원래의 두께까지 자라난다. 이 땅의 마지막 굴피집 주인장 정상홍옹의 경우, 74세 무렵 2014년에 촬영한 영상에서 5분에 한 장 정도 굴피를 벗겨냈다.

지게에 실어서 옮긴 굴피는 그대로 지붕에 올릴 수 없다. 나무껍질이 동그랗게 말린 상태이기 때문에 대략 1m 길이로 잘라서 돌로 눌러 펴줘야 한다. 굴피를 차곡차곡 쌓아서 가슴 높이까지 올린 위에 돌을 얹고 재어 놓았다가 비가 새는 부분이라든가 오래되어서 썩은 부분을 교체하는 데 사용한다.

[영상 자료]

- 평창한옥학교 https://www.youtube.com/watch?v=4zT3-Q-drEU
- 문화유산채널 https://youtu.be/37E7l7nMR_o

6

호식총과 태백산 호랑이 이야기

백두산부터 지리산까지 수천 년 이래 백두대간의 최상위 포식자는 호랑이였다. 그러나 현재 남한 땅에서 호랑이는 멸종되었으며, 북한에는 백두산 일대 및 백두대간 추애산에 호랑이가 서식하고 있는 것으로 알려져 있다. 백두대간 수업에 있어서 호랑이만큼 학생들의 관심을 끌 수 있는 동물은 없기 때문에 호랑이와 관련된 이야기를 잘 구성하여 들려줄 필요가 있다.

백두대간 태백산에서는 신라 때부터 천제를 올려왔다. 미수(眉叟) 허목(許穆: 1595~1682)의 글 중 태백산 천제 때 제물로 바친 소에 관한 이야기가 흥미롭다.

"태백산 주위 원근의 사람들은 다투어서 태백산의 천신을 모신다. 무릇 기도하여 액을 면하고자 하는 사람은 반드시 소를 천제단에 바쳐야 한다. 제단 아래에서 축언을 한 다음 곧 일어나서 뒤돌아보지 않고 가야 하는데 돌아보게 되면 소가 아까워서 그런다고 여겨 신이 흠향치 않는다고 한다. 천제단 아래에는 소 떼가 온산을 덮었는데 산 아래에 백성들이 잡아먹어도 아무 탈이 없다."

백산에는 호랑이가 소를 잡아먹은 이야기보다는 호환을 당해 죽은 사람들의 이야기가 더 흔하다. 아직도 남아 있는 '호식총(虎食塚)'이 이를 증명하고 있다. 호랑이에게 잡아먹힌 사람은 창귀가 되기 때문에 절대 산 아랫마을 가까운 곳에 무덤을 쓰지 않고 사망 현장에서 유해를 수습하여 '호식총'이라는 무덤을 만들었다. 이 무덤은 돌로 쌓았으며, 맨 위

태백산 호식총(출처: 태백시)

잔치집에 호랑이가 뛰어들어 사람들을 물어 뜯는 장면을 기사와 함께 소개한 프랑스 신문의 그림(1909년 12월 12일)

에는 시루를 엎어놓은 다음 뾰족하고 기다란 물레 '가락'을 꽂아놓았다. 현재도 태백산 등산로 주변에서는 안내문과 함께 이 '호식총'을 볼 수 있다.

'호식총'은 강원도에서 경상북도까지 백두대간 일대 산간마을에서 파악된 경우만 해도 158곳에 이른다. 이 중 가장 많이 발견된 곳은 백두대간과 낙동정맥 일대 삼척시 지역으로 삼척시 노곡면 상마읍리 범든골 호식터를 포함해서 53곳이다. 태백시에는 33곳으로 철암동 버들골 설통바우 밑 화장터 등이며, 정선군에는 북면 유천리 송천 건너 개금벌 속골 호식터 등 33곳, 영월군은 상동읍 구래리 연애골 호식터 등 5곳에 이른다. 이러한 호환은 외국에도 알려졌는데, 1909년 12월 12일 자 프랑스 신문인 〈르 쁘띠 주르날〉은 마을 잔치를 덮친 호랑이가 사람들을 해치는 장면을 통하여 당시 조선 사람들을 괴롭혔던 '호환'을 소개한 바 있다.

조선왕조실록에는 1392년 호랑이가 최초로 등장하며, 그 후 600여 건의 호랑이 관련 기사가 줄을 잇는다. 1559년 3월 4일(명종 14년) '경기 관찰사가 장계하기를, 가평(加平)에 사는 김희약(金希躍)이 머리를 땋아 늘인 아동(兒童)으로서 그 조부가 호랑이에게 잡힌 것을 보고 도끼자루로 호랑이를 쳐서 조부를 구출하였으니 포장(褒奬)해 달라고 하였는데, 이를 예조에 내렸다.'는 기사가 그중 하나이다.

호랑이 출몰 및 피해 기록은 영조 때 최고조에 달했다가 정조 이후 거의 사라졌고, 고종 때인 1868년 북악산 등에서 호랑이 다섯 마리가 잡힌 것이 마지막 기록이다. 그러나 연세대 설립자인 호러스 언더우드의 부인 일리어스 언더우드는 1888년 이후에도 서울에서 호랑이와 표범을 보았다는 기록을 1904년에 쓴 《언더우드 부인의 조선견문록》(81쪽, 김철 역, 이숲, 2008)에 남기고 있다.

역사적으로 보면 삼국시대 고구려에서는 제28대 보장왕 때인 659년, 호랑이 9마리가 평양성 안으로 들어와서 사람을 잡아먹었다는 기록이 있다. 통일신라에서는 제46대 문성왕 때인 843년, 호랑이 5마리가 왕들의 시조를 모시는 사당인 신궁에 나타난 적도 있다. 고려 제8대 현종(재위 1009~1031) 때는 호랑이가 4차례나 개경 성 안으로 들어와서 해를 끼쳤고, 제15대 숙종(재위 1095~1105) 때는 호랑이가 궁궐의 후원 정자인 산호정에 나타나기도 했다. 제23대 고종 때인 1220년에는 호랑이가 왕의 숙소인 수창궁 부근에도 나타났다는 기록이 전한다.

그렇다면 도대체 한반도의 산에 그렇게 많던 호랑이는 어떻게 해서 멸종된 것일까? 조선 말에 이르면서 농지 개간 사업으로 인해 호랑이 서식지가 파괴되었고, 호랑이를 잡으면 포상하는 등의 정책을 시행한 결과 호랑이의 수가 크게 줄어들었다. 게다가 일제강점기에 조선총독부에서 해로운 야생동물을 없앤다며 벌인 해수구제사업에 따라 군대까지 나서서 무차별적으로 호랑이 사냥을 벌인 끝에 백두대간을 누비던 호랑이는 급기야 멸종되고 말았다. 호랑이뿐만 아니라 곰 429마리, 늑대 228마리까지 사살됨으로써 한반도 야생동물 생태계는 그야말로 초토화되기에 이르렀다.[1] 한반도 남쪽에서는 1921년 경주 대덕산에서 수컷 호랑이 한 마리가 잡힌 것과[2] 1924년 강원도 횡성군에서 잡힌 것을 마지막으로 호랑이에 대한 공식 기록은 없다.

---

1 조선총독부 통계에 따르면 1919년부터 1942년까지 23년 동안 곰 1,369마리, 늑대 1,039마리, 표범 646마리, 호랑이 97마리가 잡혔다. 15~17세기 조선에서 한 해 천여 마리씩 포획됐던 호랑이와 표범은 일제 강점기에 한 해 평균 호랑이 4마리, 표범 27마리가 잡혔을 정도로 크게 줄었다.

2 《한국의 호랑이는 왜 사라졌을까》 엔도 키미오 지음, 이은옥 옮김, 한국학술정보, 2009(원작1986)

조선시대 호랑이 개체 수 6,000마리

조선시대 각 군현에서는 해마다 석 장씩 호랑이 가죽(호피)과 표범 가죽(표피)을 중앙 조정에 바쳐야 했다. 330여 개 군현에서 세 장씩 범 가죽을 공납하려면 호랑이와 표범을 한 해 1,000마리 남짓 잡아야 했다. 호랑이 잡는 무사인 착호갑사가 본격 활동을 시작하고 17세기 초까지 200여 년 동안 해마다 1,000여 마리의 호랑이와 표범이 잡혀 그 가죽이 진상됐다. 2세기 이상 매년 1,000여 마리가 잡혀 죽는데도 지속해서 안정된 집단과 개체 수를 유지하려면 얼마나 많은 수의 호랑이와 표범이 있어야 할까? 한국교원대 김동진 교수는 한반도에 서식하는 범(호랑이)과 표범의 개체 수가 적어도 4,000~6,000마리가량은 됐을 것이라고 추산했다.

또한 20세기 한반도에서 100여 마리 내외의 표범 개체군과 20여 마리 안팎의 범(호랑이) 개체군이 번식하다 멸절에 이른 것으로 추정했는데, 이 숫자는 15세기 최대 조선 범 개체 수의 2~3%에 지나지 않는다.(출처: 《조선의 생태환경사》, 김동진, 푸른역사, 2017)

7

애국가와 교가 속에 숨겨진 풍수지리와 백두대간

지리산은 두류산(頭流山)이라고도 하는데 백두산(白頭山)의 정기가 뻗어 내려온 산이라는 풍수지리적인 뜻을 담고 있다. 백두산을 머리[頭]로 보고, 지리산이 그 머리의 기(氣)를 받은 한 몸인양 이어져 있으니, 이 땅의 산줄기와 강줄기, 즉 산천(山川)을 통틀어 하나의 살아 있는 생명체로 본 관점이기도 하다. 따라서 1대간 1정간 13정맥의 산은 모두 백두산을 조종산으로 하며, 정간(正幹)을 포함 어느 정맥(正脈)이든지 그 줄기를 따라서 올라가면 백두산에 도달하기 마련이다. 음양오행 사상에 바탕을 둔 수근목간(水根木幹)[3]과 같은 개념 역시 백두대간의 풍수지리적 측면을 잘 표현한 예이다.

우리나라 고유의 산줄기를 되살린 이우형 선생의 백두대간 강연에는 빠지지 않고 들어가는 게 있었다. 눈에 보이지는 않지만 바로 위와 같이 살아 있는 기(氣)를 바탕으로 한 풍수지리 개념이었다. 그는 백두대간에 담긴 풍수지리를 아주 쉽게 풀어냈다. 수분치와 같은 호남정맥 고개를 예로 들면서 "하다못해 논두렁 정기라도 받고 태어나야 출세하는 법"이라고 구수한 이야기로 풀어내곤 했다. 이 '논두

수근목간매화도
(출처: 우리산맥바로세우기포럼, 2004)

3 《곤륜산과 백두산에 관한 한국의 유선문학과 수근목간 형세론》 26, 186-193쪽, 이경룡, 선도문화, 2019

렁 정기'는 풍수지리를 잘 모르는 사람이라도 귀에 쏙쏙 들어와 잊혀질래야 잊혀질 수 없기 마련이었다.

풍수지리에 관한 한 대한민국 국민은 세계에서 가장 복받은 사람임이 틀림없다. 일단 애국가 가사를 보라. '동해물'과 더불어 '백두산'으로 시작되고 있으니 '논두렁 정기' 정도가 아니라 누구나 '백두산 정기' 받고 이 땅에 태어나 살아온 셈이다. 북한이라고 해서 예외는 아니다. 그들도 애국가 2절에 '백두산'을 넣고 있으니 말이다.[4] 애국가는 그렇다 치고 남한의 웬만한 학교 교가치고 무슨 산 정기 받았다는 가사가 빠진 경우를 찾아보기 힘들다.[5] 그러니 첨단 현대 도시문명을 향유하는 21세기에 살면서 아무리 부인하려고 발버둥 쳐도 삼국시대 이래 향유해왔던 풍수지리의 손바닥에서 벗어나지 못하고 있는 건 명백한 사실이다.

지난 2009년에 새롭게 개교한 국립강릉원주대학교의 교가는 그 첫 부분이 '백두대간 풍요롭다 준엄하고나 관동의 율곡 치악의 운곡'으로 시작된다. 교가 가운데서 백두대간이 들어간 최초의 사례인데, 작사자는 강릉 출신의 사극 전문 작가 신봉승(1933~2016)이다.

강릉원주대학교 교가의 첫 부분

4 북한이 지난 1996년에 발표한 백두대산줄기체계는 일제 잔재 청산을 명분으로 하여 태백산맥 등 산맥체계를 대신한 것으로 조선시대 이래의 자연인식체계인 백두대간과 관련이 없다.

5 『초등학교 교가 분석 연구 : 전국 50개 초등교를 중심으로』(34-36쪽), 백은경, 전북대학교 석사학위논문, 2008

백두대간에 위치한 초등학교 교가를 몇 곡 더 소개한다. 교육 현장에서는 해당 학교, 또는 주변 학교 교가에 나오는 산을 호남정맥이나 낙동정맥, 한북정맥, 금북정맥과 같은 산줄기와 이어지고 있음을 확인해 주면 더 효과적이다.

2017년 처음으로 백두대간 시범교육이 있었던 서울 노원초등학교 교가는 '삼각산 바라보는 수락산 기슭'로 시작되며, 한꺼번에 산이 두 개나 등장한다. 그리고 이 삼각산과 수락산은 모두 한북정맥에서 뻗어 내렸으며 오대산에서 백두대간으로 이어진다. 서울 노원구에 있는 초등학교 교가 속의 삼각산과 수락산이 백두산과 관련이 있으리라고는 아무도 생각하지 못한 사실이다. 그런데 한북정맥에서 백두대간으로, 백두산까지 이어짐을 알고부터 어린이들은 우리 땅에 대한 새로운 지리적 인식에 눈을 뜨게 된다. 이렇게 교가 속 하나의 산에서 출발하여 그 산이 1대간 1정간 13정맥으로 모두 이어져 있음을 발견하도록 이끌어 나가는 것이 무엇보다도 중요하다.

경상북도 문경시에 있는 문경초등학교는 주위에 희양산, 조령산, 주흘산, 탄항산, 포암산 등 해발 1,000m 안팎의 산이 즐비하다. 바로 백두대간의 산들이다. 그리고 지난 1912년에 개교하여 110년도 넘는 문경초등학교 교가에는 백두대간의 산과 고개가 세 개나 나온다. 산은 주흘산, 고개는 이화령과 새재인데, 전국의 학교 교가 가운데 정맥 상의 지명도 아니고 백두대간 고개 이름이 들어가 있는 희귀한 사례로 들 수 있다.

교가에 백두대간 고개 이름이 들어간 경우는 문경시 동로면 동초초등학교에서도 찾아볼 수 있다. '천주봉 정기 어린 벌재 큰 언덕에'로 시작되는 동로초등학교의 교가에서 '벌재'가[6] 바로 백두대간의 고개이며, '천주봉'은 백두대간에서 가지쳐 나온 동로면 진산에 해당한다.

6 벌재(625m)는 경상북도 문경시 동로면 적성리와 충청북도 단양군 대강면 경계에 위치한 고개다. 국도 제59호선이 이곳을 지난다. 1930년 도로가 개설된 이후 83년 동안 백두대간 마루금이 끊어졌다. 그러나 2013년 7월 산림청의 백두대간 마루금 생태축 복원사업의 일환으로 고갯길 위로 생태이동통로를 만들어 다시금 이어졌다.

교 가
작사 : 황 용 출
작곡 : 박 정 양
보통 빠르기로
1. 장 엄 한 주 흘 산 의 정 기 를 받 아 서 광 이 영 - 원 히 솟 아 나 는 곳
2. 이 화 령 높 은 봉 에 햇 살 비 추 니 우 리 들 가 슴 마 다 넘 치 는 희 망
빛 - 나 - 는 오 랜 전 - 통 우 리 학 교 - 는 내 고 장 밝 혀 주 는 문 화 의 터 전
몸 - 과 - 맘 갈 고 닦 - 는 밝 은 건 아 - 들 서 로 돕 고 힘 모 - 아 나 라 빛 내 자
mf
(후렴) 바 르 고 슬 기 롭 게 꿈 을 가 꾸 어
f
길 이 길 이 빛 내 - 리 문 경 초 등 학교
3. 새재의 맑은 물은 모이고 모여
흐르고 흘-러서 바다로 간다.
우리들-도 쉬지말-고 배우고 익-혀
새마을 건설하는 일꾼이 되자.

문경초등학교 교가

8

백두대간을 관통하는
고속도로 터널, 그리고 옛길

지난 2017년에 완공된 서울양양고속도로에는 국내에서 가장 긴 터널이 있다. 이 터널의 명칭은 공사 당시 '인제터널', 개통 직전에는 '백두대간 인제터널'로 바뀌었다가 마지막 서울양양고속도로 전 구간이 개통되면서 '인제양양터널'로 최종 확정되었다. '백두대간'이 터널 이름에서 빠진 건 참 유감스러운 일이다. 강원도 인제군 기린면과 양양군 서면을 잇는 이 터널은 서울 방향 10.965km, 양양 방향 10.962km로 서울 방향 터널이 300m 더 길다. 역시 백두대간을 지나는 일반철도 터널 가운데서는 대관령터널이 21.755km로 가장 길다.

인제양양터널로 확정되기 전까지는 백두대간 인제터널이었다.

인제양양터널 서울 방향 입구. 길이 10.965km

인제양양터널의 한가운데쯤 이르면 '백두대간 통과중'이라는 전광판을 볼 수 있다. 승용차로 터널을 통과하는 데 걸리는 시간은 6분 30초. 서울에서 양양까지 2시간 50분 걸렸지만 인제양양터널이 생기면서 1시간 30분으로 단축되었다.

백두대간을 지나는 터널은 미시령터널(3.5km), 조침령터널(1.145km), 대관령터널(1터널 1.83km, 4터널 0.668km, 5터널 1.209km, 6터널 0.202m, 7터널 0.12km), 두문동재터널(1.363km), 죽령터널(4.52km), 이화령터널(괴산 방면 1.657km, 문경 방면 1.6km), 문경새재터널(2.645km), 육십령터널(3.17km), 삼도봉터널(0.391km), 사치재터널(0.51km) 등 총 10개가 있다.

'백두대간 통과중' 전광판. 인제군과 양양군의 경계 지점에 위치한다.

인제양양터널은 백두대간 핵심지역을 훼손하지 않고 길을 냈다는 점이 특징이다.(자료: 내린천휴게소 백두숨길관)

인제양양터널을 제외하고 백두대간을 관통하는 모든 터널은 그 위로 고갯길이 있다. 죽령의 경우 사람들이 걸어서 넘던 신라시대 이래의 옛길은 생긴 지 2천 년이 되었다. 여기에 신작로라 불리는 자동차 길이 놓인 건 불과 100년 안팎, 백두대간 산 속을 뚫고 지나가는 터널길이 생기면서 그 자동차 길마저 또 다른 옛길이 되고 말았다. 이 같은 상황은 미시령이나 대관령, 이화령, 문경새재, 육십령 등 백두대간의 주요 고개가 모두 동일하다.

1999년에 개통된 삼도봉터널도 마찬가지 사례이다. 이 터널로는 1089번 지방도가 지나며, 경상북도 김천시의 부항면 어전리와 전라북도 무주군 무풍면 금평리를 잇는다. 이 터널이 생기기 전 사람들은 백두대간 마루금 상의 '부항령'이라는 고개로 넘어 다녔다.[7] 부항령 북쪽에는 민주지산 삼도봉, 남쪽에 대덕산이 솟아 있다. 부항령 길은

7 부항령: 『여지도서』에 "부항현(釜項峴)은 지례 관아의 서쪽 37리에 있다. 삼도봉에서 뻗어 나온다."라고 기록되어 있다.

삼도봉터널이 생기고나서 교통량이 현저하게 줄었는데, 이는 백두대간 고갯길에 모두 공통적으로 나타나는 현상이다.

대관령휴게소 아래 옛길을 알리는 표지석이 있다.(출처: 강릉관광개발공사)

조선시대 이래 걸어서 넘던 대관령 옛길. 아름다운 숲길로 현재도 잘 보존되어 있다.(출처: 강원도민일보)

육십령(출처: 한국학중앙연구원)

전북 장수군과 경남 함양군을 잇는 백두대간 고개 '육십령'(734m)은 크고 작은 고개 60개를 넘어야 겨우 두 지역을 오갈 수 있어 이름 붙여졌다는 설이 있다. 두 지역 간 중심거리가 각각 60리(24km)라는 설과 옛날 이 고개에 산적들이 많아 60명씩 모여 넘었다는 설도 있다. 육십령에는 일제강점기에 신작로로 건설된 26번 국도가 지나며, 이 길에서 남서쪽으로 백두대간 마루금 따라서 3.1km 떨어진 곳 산속 지하로는 육십령터널이 지나고 있다. 이 터널은 지난 2001년 11월 21일 통영대전고속도로 함양~무주 구간과 함께 개통되었다.

『해동지도』에는 부항치(釜項峙)로 표기되어 있다. 부항령은 '가목령'이라고도 하는데, 이들 모두 고개 아래에 있는 가목 마을에서 유래하였다. 가목은 마을이 자리 잡은 지형이 가마솥과 같아서 '가매실, 가매목'이라 하였다고 한다. 이를 한자로 '부항(釜項)'이라 표기한 것이다.

과거에 전라도에서 육십령으로 걸어서 넘던 옛길은 전라북도 장수의 원명덕 마을에서부터 시작, 경상남도 함양군 서상면 상남리 육십령 마을에 이른다. 땅이 멍덕처럼 생겼다는 데에서 '명덕(明德)'이라는 이름이 생겨났다고 한다. 명덕마을에서 이어지는 옛길은 장수경주마목장에 의해 단절돼 있지만, 이 일대에 과거 주막이 있었다고 하며, 과거에 고개를 넘으려던 장정들이 모였던 주막 일대는 '장군동(壯群洞)'이라 전해온다. 고개 주변에 숨어 있는 산적을 피해서 산 아래로 내려온 사람들이 모여 살았던 '피적래(避賊來)'라는 마을도 있었다고 한다. 옛길을 따라 오르면 육십령 휴게소의 서쪽 끝에는 장계면 일대가 잘 내려다보이는 '육십령루(六十嶺樓)'가 자리하고 있어, 멀리 팔공산·덕태산·운장산 등이 잘 보인다. 목장에서부터 고갯마루에 이르는 구간은 아직도 옛길이 남아 있다.

육십령은 조령, 죽령, 팔랑치와 더불어 영남지방으로 향하는 4대 고개로 꼽힌다. 육십령은 삼국시대부터 백제와 신라의 격전지였으며, 신라와 백제의 성화터와 봉수대 자리가 지금도 남아 있다. 임진왜란 때는 육십령이 왜군들의 진격로이기도 했다. 적장을 부둥켜안고 진주 남강에 몸을 던진 논개의 고향이 육십령 아래 장계면에 있다.

조선시대 영남지방 선비들은 한양으로 과거시험을 치르기 위해 길을 떠날 때 추풍낙엽처럼 떨어진다는 의미가 담긴 충청도 추풍령을 일부러 피했다고 전한다. 서쪽 황악산 자락을 넘는 괘방령을 택하거나 지금의 서부 경남 지방에서는 육십령 넘어 전라도 거쳐 한양으로 갔다고도 전한다. 경상남도 함양군에서는 조선시대 선비들이 육십령을 넘었던 옛길을 재현하는 '선비문화탐방로 걷기대회'가 열리기도 한다.

백두대간 문경새재를 넘는 이 길은 조선시대 영남 지방 선비들의 과거 시험 보러 가는 길이기도 했다.(출처 : 문경시청)

경상북도 문경시 문경새재(642m)에는 '과거급제길'이 조성되어 있다. 임진왜란 이후 축조된 제1관문 주흘관부터 2관문 조곡관을 거쳐 고개 정상에 위치한 3관문 조령관까지 3.5km에 걸쳐서 도보탐방로와 옛길이 잘 보존되어 있다. 과거 경상도 동래에서 한양까지 가는 가장 빠른 길이 바로 이 백두대간 새재 구간을 넘는 영남대로였다. 안타깝게도 새재 정상에서 조령산휴양림까지는 옛길이 보존되어 있으나, 그 아래 충청도 수안보로 가는 길은 자동차 도로가 생기는 바람에 온전하게 남은 문경새재길 옛길은 반밖에 되지 않는다.

백두대간에서 가장 낮은 고개인 추풍령에는 조선시대의 옛길인 영남우로가 지나기도 하지만, 현재는 경부선 철도, 경부고속도로, 4번 국도(영동-김천 구간) 및 지방도인 4호선 군도가 나란히 지나고 있다. 추풍령은 경부고속도로의 중간인데, 고속도로 추풍령휴게소 내에 중간 지점을 알리는 표지석이 있다. 추풍령휴게소로는 경북과 충북의 도계가 지나는 곳이기도 하다.

추풍령휴게소 육교

추풍령휴게소 육교에서 본 경부고속도로 상행선과 생태이동통로

추풍령휴게소는 특이하게 경부고속도로 위로 육교를 만들어 상하행선 휴게소를 건너다닐 수 있다. 육교 위에서는 남북으로 뻗은 고속도로와 동서로 펼쳐진 백두대간의 산들을 볼 수 있는 멋진 조망 포인트이기도 하다. 백두대간 마루금은 그동안 철도와 고속도로, 국도, 군도에 의해서 잘려 있다가 산림청의 추풍령 생태축 연결 복원사업으로 도로와 철도 위를 지나는 생태 통로가 건설됨으로써 다시 이어질 수 있게 되었다.

백두대간 추풍령은 금강과 낙동강의 분수령을 이루며, 임진왜란 당시에는 군사적 요충지였다. 의병장 장지현(張智賢)이 의병 2천 명을 이끌고 왜군 2만 명에 대항해 물리쳤지만, 금산쪽에서 다시 공격해 온 4만 명의 왜군에게 전력의 열세로 패하여 장렬히 전사한 역사의 현장이기도 하다.

고속도로나 국도가 터널 없이 추풍령 구간을 지나는 반면 경부고속철도는 백두대간 황악산 밑으로 길이 9.97km인 황악터널로 지나간다. 경부고속철도는 경남 부산 지역에서는 낙동정맥을 만나며 천성산과 금정산 아래도 원효터널(13.28km)과 금정터널(20.323km)이 뚫려 있다.

○ **함께 생각해 보기**

1. 백두대간을 넘어가는 고개에 자동차 길을 낼 경우 어떤 환경훼손이 발생할까?
2. 백두대간을 깎아서 고갯길을 내는 것과 터널을 뚫어서 길을 내는 것 중 어느 쪽이 더 환경훼손을 심하게 하는 공사일까?

9

생태 지명 가운데 가장 많이 나오는 백두대간의 동물과 식물은?

백두대간은 이제 웬만큼 알려져서 전혀 새로운 게 아니다. 1대간 1정간 13정맥으로 이루어졌다거나 지질구조선 중심의 태백산맥과는 다른, 조선시대 이래 우리 고유의 산줄기 체계라는 점 등등. 조금 더 안다는 사람은 『산경표』가 그러한 산줄기를 족보식으로 기술했다거나 분수계를 이루면서 강줄기 중심의 문화권을 형성한다는 등의 이야기까지 한다. 그다음은? 별로 할 말이 없다. 딱 거기까지 말하고 나면 백두대간에 관해서 더 이상 다룰 게 없다는 식으로 이야기를 마친다.

특히 백두대간 마루금 종주를 하는 산악인들은 지리산 천왕봉에서 진부령까지 남한 구간을 걷고 나면 마치 백두대간의 모든 것을 아는 양 자랑스러워한다. 그래서일까? 진부령미술관에서 흘리로 올라가는 길, 산등성이 자투리땅에는 대간 종주자들의 이름이 빼곡히 새겨진 각양각색의 기념비가 백여 개쯤 들어서 있다. 그렇게 이름을 새겨놓고 나면 그걸로 끝이다. 과연 백두대간에 관해서 마루금 종주 말고 뭔가 다른 이야기는 없는 것일까?

지난 1994년 한전KPS(주) 백두대간보존회가 고성군으로부터 허가를 받고 마련한 백두대간종주기념공원. 백두대간 마루금을 완주한 단체와 완주자 명단을 새긴 기념비가 가득 들어차 있다.

기존의 『산경표』에 관한 연구는 산줄기에 국한된 것으로 기초적인 서지연구조차 제대로 되어 있지 않았다. 국내외 통틀어 필사본 『산경표』가 19종이라는 사실도 최근에야 밝혀진 사실이며, 그마저 상당수가 한국고전적종합목록에서 누락되어 있다는 게 현실이다. 『산경표』 지명 연구에 있어서도 형태소 중심의 지명 분류에 그쳤으며, 의미소(이름소)에 관한 연구는 전무한 실정이었다. 산, 봉, 령, 현, 치 등 형태소의 자연지리적 분류에만 매달리다 보니 의미소가 담고 있는 훨씬 다양한 역사 문화적 내용에 관심을 기울이지 못했던 것은 사실이다.

『산경표』 지명의 의미소로 관심을 돌려보면 정말 의외이면서 다양한 발견을 하게 된다. 대략 1,600개에 달하는 산경표 지명 가운데 동물과 식물 등 생태 관련 지명은 동물 지명 135개, 식물 지명 106개 등 총 241개인 것으로 나타난다. 이 중 가장 길고 넓은 지역인 백두대간에 생태 지명의 반 이상인 126개가 분포하며, 청북정맥 23개, 호남정맥 16개, 해서정맥 13개, 금북·낙동정맥 각 10개, 청남정맥 8개, 한북·금남·낙남정맥 각 6개 등의 순서로 많다. 임진북예성남정맥과 금남호남정맥, 낙남정맥에는 식물지명이 하나도 없다.

동물 지명 가운데 가장 많이 나타나는 것은 호랑이가 아니라 학(鶴)으로 영암 가학산 등 15개이다. 그다음이 말[馬]로 단천 마등령 등 14개, 소[牛]가 춘천 우두산 등 11개, 수리[鷲]가 언양 취서산 등 5개, 멧돼지[猪]가 안동 저수산 등 3개 순이다. 물론 이러한 분포는 한반도 전체 산이 아니라 백두대간의 산에만 국한된 것이라는 점을 전제로 한다.

식물 지명 가운데는 소나무[松]가 경흥 송진산 등 9개로 가장 많다. 그다음이 대나무[竹]로 영흥 죽전령 등 8개, 배나무[梨]가 자산 이현 등 5개, 밤나무[栗]가 정읍 율치 4개 순이다. 종이의 원료가 되는 닥나무[楮]는 금북정맥 저현이 백두대간에서 유일하게 저[楮]자 의미소를 쓴 지명이다. 조선시대에 닥나무는 대나무, 옻나무와 더불어 주요 관리 대상이었으며, 도별로 이들의 생산지를 특별히 관리하였다.

『산경표』 생태지명 분류 기준(《산경표 톺아읽기》, 267쪽, 김우선, 2020)

생태지명	동물	**포유류 지명** : 소[牛], 말[馬], 망아지[駒], 고양이[猫], 개[犬], 강아지[狗], 돼지[猪, 亥]·사슴[鹿]·노루[獐], 토끼[兎], 호랑이[虎], 곰[熊], 이리[狼], 여우[狐] **조류 지명** : 오리[鴨], 닭[鷄], 비둘기[鳩], 수리[鷲], 제비[燕], 꿩[雉], 까치[鵲], 까마귀[烏], 학(鶴), 매[鷹], 참새 [雀],두견(杜鵑), 백로(白鷺), 기러기[雁], 큰기러기[鴻], 소리개[鴟], 꾀꼬리[鶯], 송골매[鶻], 공작[孔雀] (기타: 게[蟹],자라[鱉], 누에[蠶])
	식물	**식물 목본류 지명** : 숲[林], 열매[果], 소나무[松], 대나무[竹], 닥니무[楮], 잣나무[柏], 감탕나무[杻], 버드나무[柳], 홰나무[槐], 계수나무[桂], 멧대추나무[棘], 밤나무[栗], 느릅나무[楡], 단풍나무[楓], 섶나무[薪], 노송나무[檜], 배나무[梨], 가래나무[楸] **초본류 지명** : 벼[禾], 꽃[花], 파[蔥], 모란[牧丹], 부용(芙蓉), 매화(梅花), 연(蓮), 쑥[艾], 띠[茅], 덩굴[蔓], 칡[葛], 삼[麻], 갈대[蘆]

10

생태지도를 펼치면 백두대간의 미래가 보인다

영국 케임브리지대에서 박사학위를 받은 지리학자 김종근(동북아역사재단 연구위원)의 저서 《지도 위의 세계사》(EBS BOOKS, 2022)는 '바빌로니아의 세계지도', '프톨레마이오스의 세계지도' 등 총 10개 장에 걸쳐 세계 지도사에서 중요하게 평가받는 10장의 고지도를 통해 고지도 읽는 법을 자연스럽게 알려준다. 또한 고지도가 단순히 오래된 지도 한 장이 아니라, 현재 우리가 발 딛고 있는 땅의 역사를 나타내고, 인류가 오랜 세월 축적해 온 기술의 집약체임을 밝히고 있다.

세계지도와 세계사를 소개하는 이 책에 특히 혼일강리역대국도지도(제8장), 대동여지도(제9장)가 들어가 있다는 사실은 전혀 뜻밖이었다. 저자의 탁월한 안목에 감탄했으며, 동시에 조선시대의 두 지도에 대한 융숭한 대접이 감격스럽기까지 했다.

내가 감격한 이유는(저자의 집필 의도와 지도 선택 기준이 전혀 다르기는 했지만) 조선 초인 1402년에 제작된 혼일강리역대국도지도(조선 부분)와 조선 후기인 1861년에 제작된 대동여지도는 무려 460여 년이라는 시간적 차이가 있음에도 불구하고 둘 다 백두대간을 표현하고 있다는 사실 확인의 기회를 가질 수 있었기 때문이다.[8]

물론 후자가 백두대간 15개 산줄기를 정확하게 표현하고 있는 데 반해서, 전자는 세계지도의 일부분으로서 조선을 넣고 9개 산줄기만 대략 담고 있다는 점이 뚜렷이 드

8 혼일강리역대국도지도와 대동여지도 사이에는 최소한 8장의 지도가 백두대간을 표현하고 있다. 동국지도(1463년), 조선방역지도(1557), 신라백제고구려조조구역지도(1682), 동국여지지도(1712), 팔도총도(1751), 동국대지도(1755), 대동총도(1750), 청구관해방총도(1776)이다.

러나는 차이점이기는 하다. 그러나 조선시대 통틀어서 전도류의 지도에는 백두대간이 꼭 들어가 있으며, 이 두 지도가 그 시종을 장식함으로써 한국 지리학사에 있어 새로운 의미 부여가 가능해졌다는 점은 나름 내가 얻은 가외의 성과이기도 하다.

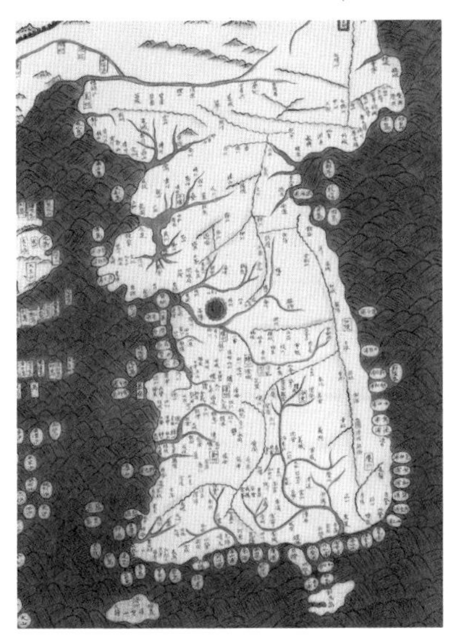

혼일강리역대국도지도 조선부분
(1402년, 규장각 한국학연구원 소장본)

대동여지도
(1861년, 규장각 한국학연구원 소장본)

위와 같이 460여 년간에 걸쳐 고지도를 통해 이룩된 역사(役事)-백두대간 산줄기의 지속적인 표현에 이어서 지난 2013년 산림청과 녹색연합에서는 『백두대간 생태지도』를 발표했다. 이 지도는 비록 남한 구간에 한정되어 있으나 백두대간 생태에 관한 최초의 종합적인 지도라는 점에서 큰 의미가 있다. PDF 파일로도 만들어서 10여 년쯤 배포해 온 이 지도는 총 30쪽 분량으로 백두대간보호지역에 서식하는 동식물(동물 46종, 식물 79종) 외에 식생 군락지 10개소, 대표 수종 10종 등을 지리산에서 설악산까지 10개의 백두대간 구간으로 나누어 사진과 함께 표시해 놓아서 누구나 손쉽게 이용할 수 있다는 점이 돋보인다. 앞으로 북한 지역의 백두대간까지도 이렇게 생태지도를 만들 수 있는 날이 오리라고 굳게 믿는다.

백두대간생태지도 1구간 지리산

이 생태지도에 따르면 백두대간에 가장 많이 분포하는 나무는 신갈나무이며, 가장 많은 관목군락은 철쭉꽃임을 알 수 있다. 백두대간 전체의 대표 동물은 천연기념물이자 멸종위기I급인 반달곰과 꼬리치레도롱뇽, 대표 식물은 주목과 금강초롱꽃, 대표 수종은 분비나무와 사스래나무이다. 이 외에도 가장 많이 심은 조림수종과 가장 많은 침엽수종, 가장 대표적인 한국 특산종 등 백두대간의 식생을 확인할 수 있다.

지난 2020년 백두대간 보호에 관한 법률의 시행령 개정에 따르면 정맥 조항이 신설되었으며, 남한의 9정맥을 명시하고 있다. 2003년 제정 당시부터 이 법률은 백두대간만 대상으로 하고 있었으며, 1정간 13정맥은 빠져 있었다. 비록 북한의 1정간 4정맥이 여전히 빠져 있기는 하지만 앞으로 남한 9정맥에 대해서도 백두대간보호법이 적용되는 것이니만큼 산림청에서는 9정맥생태지도 역시 그간의 연구 성과를 바탕으로 하여 하루속히 제작하기를 바랄 뿐이다.

또한 『백두대간생태지도』 발간 당시인 2013년 산림청은 백두대간인문지도 발간 계획을 발표한 바 있다. 이러한 인문 콘텐츠가 더 많이 축적되고 외국어로도 번역해서 국제적인 홍보에 힘써야 유네스코에서 정한 세계복합문화유산에 백두대간 등재를 성공시킬 수 있다는 사실[9]도 다시 한번 지적해 둔다.

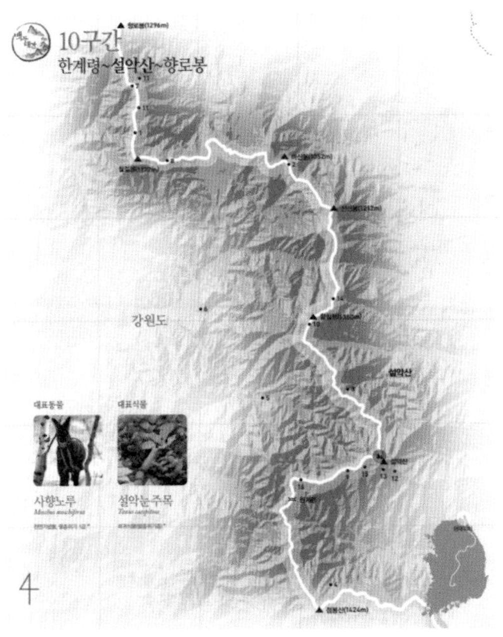

백두대간생태지도 10구간 설악산

백두대간보호지역이란?

백두대간은 백두산에서 시작하여 금강산, 설악산, 태백산, 소백산을 거쳐 지리산으로 이어지는 큰 산줄기를 말하며, 한반도 생태계의 중심축을 이룬다. 백두대간보호지역은 백두대간 중 특별히 보호할 필요가 있는 지역으로 산림청장이 백두대간 보호에 관

9 「백두대간보호지역은 세계유산 등재를 위한 충분한 가치를 갖고 있는가?」, 『한국임학회지』 104-3, 476-487쪽, 김성일 외, 2011.

한 법률에 따라 지정한 지역을 말하며, 2005년 9월에 26만ha가 처음 지정되었다. 현재 산림청에서 백두대간보호지역을 전담하는 공무원은 산림생태복원과에 단 세 명뿐이다. 그 넓은 지역을 세 명이 어떻게 보호할지 모르겠으나 전문 인력 보완이 시급해 보인다.

멸종위기야생동식물이란?

자연적 또는 인위적 위협요인으로 개체수가 현저하게 감소하거나, 현재의 위협요인이 제거 또는 완화되지 아니할 경우 장래에 멸종위기에 처할 우려가 있는 종을 국가가 보호 관리한다. 야생동식물보호법에 의해 1급과 2급으로 구분된다.

백두대간 구간별 대표 동물과 수종

- 1구간 천왕봉~여원재 : 반달가슴곰과 희귀식물인 가문비나무
- 2구간 여원재~덕산재 : 금강모치와 구상나무
- 3구간 덕산재~황악산~화령재 : 새흘리기와 참배암참즈기
- 4구간 화령재~속리산~저수령 : 하늘다람쥐와 솔나리
- 5구간 저수령~소백산~도래기 : 담비와 노랑무늬붓꽃
- 6구간 도래기재~태백산~피재 : 열목어와 주목
- 7구간 피재~청옥두타산~대관령 : 수달과 산개나리
- 8구간 대관령~오대산~구룡령 : 꼬리치레도롱뇽과 금강초롱꽃
- 9구간 구룡령~점봉산~한계령 : 산양과 모데미풀
- 10구간 한계령~설악산~향로봉 : 사향노루와 설악눈주목

『백두대간생태지도』

https://slowalk.co.kr/archives/portfolio/백두대간-생태지도

식생 Vegetation

아고산대

온대북부에 해당하는 식물의 수직분포대로 상록침엽수림 지대에 해당한다. 침엽수로는 가문비나무, 구상나무, 분비나무 등이 나타나며 활엽수는 사스래나무가 대표적이다. 백두대간에는 지리산, 덕유산, 소백산, 오대산, 설악산 등에 나타난다.

구상나무 *Abies koreana* 한국특산종, 희귀식물(약관심종) *

한국특산종으로 전 세계에서 딱 세곳 백두대간 지리산, 덕유산과 제주도 한라산에만 서식한다. 소나무과로 학명에도 코리아가 들어간다. 백두대간에서 가장 희귀한 나무로 꼽힌다.

동물 Animals

반달가슴곰 *Ursus thibetanus ussuricus*

천연기념물, 멸종위기 1급 *

새홀리기 *Falco subbuteo*

멸종위기 2급 *

꼬리치레도롱뇽 *Onychodactylus fischeri*

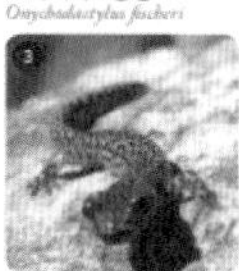

황구렁이 *Elaphe schrenckii*

멸종위기 2급 *

자가사리 *Liobagrus mediadiposalis*

한국고유종 *

담비 *Martes flavigula*

멸종위기 2급 *

식물 Plants

가문비나무 *Picea jezoensis*

희귀식물(취약종) *

히어리 *Corylopsis gotoana*

희귀식물(약관심종) *

주목 *Taxus cuspidata*

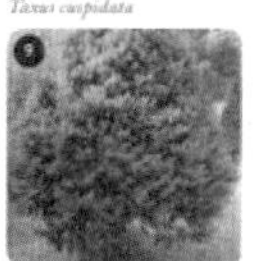

희귀식물(취약종) *

지리대사초 *Carex okamotoi*

한국특산종 *

천마 *Gastrodia elata*

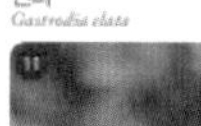

희귀식물(취약종) *

지리터리풀 *Filipendula formosa*

한국특산종 *

금강애기나리 *Streptopus ovalis*

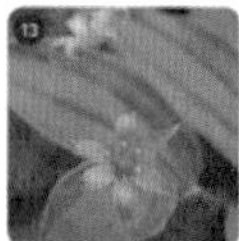

희귀식물(약관심종) *

지리오갈피 *Eleutherococcus divaricatus*

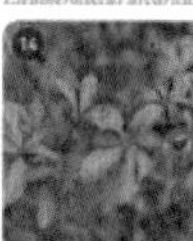

한국특산종, 희귀식물(자료부족종) *

흰참꽃나무 *Rhododendron tschonoskii*

희귀식물(위기종) *

11

Chat GPT의 백두대간 지식, 아직 불완전하지만 활용하기 나름

인공지능에게 백두대간에 관해서 물어봤다. 대략 열 가지 정도의 질문을 했는데, 두세 개는 전혀 엉뚱한 답변이 나왔다. 나머지 답변 역시 인터넷에 돌아다니는 지식을 종합해서 대답하는 것 같았는데 썩 만족스럽지는 못했다. 그러나 완성도가 떨어지는 답변이라고 전혀 틀린 이야기를 하는 건 아니기 때문에 60점 정도는 줄 수 있을듯 했다.

일반적인 질문에 대해서는 무리 없는 답이 나오지만 좀 더 전문적인 물음을 던지니 엉뚱한 답변을 하다가 에러가 발생했고 진행이 중단되었다. 계속 딥러닝을 하게 되면 언젠가는 인공지능으로부터 100점짜리 답이 나올 날도 시간문제임이 분명하다. 인공지능이 작성한 답변을 참고하면서 조금이라도 도움이 되는 방향으로 교육 현장에서 어떻게 활용할 수 있을지 고민해 볼 필요가 있다.

먼저 백두대간이 세계복합문화유산에 등재될 수 있는지, 그리고 등재되려면 어떻게 해야 하는지를 물어보았다. 인공지능은 먼저 백두대간의 세계복합문화유산으로의 등재 가능성이 있다고 하여 일단은 고무적인 답변을 주었다. 또한 "대한민국이 백두대간을 세계복합문화유산으로 등재하여 국제사회에 알리는 것은 중국의 백두산문화론에 대응하기 위한 중요한 전략적인 선택"이라는 답변에서는 인공지능의 학습량이 꽤 폭넓게 이루어졌다는 사실이 드러난다. 그러나 중국의 장백산문화론을 백두산문화론으로 잘못 알고 있는 부분이 눈에 띈다. 즉, 인공지능이 똑같은 산에 대하여 중국의 장백산과 대한민국의 백두산을 혼동하고 있으며, 제대로 구분하지 못함을 드러내고 있다.

이 질문에 대한 인공지능의 답변에서 가장 점수를 높이 줄 만한 부분은 북한과 협력해야 한다는 것과 백두대간을 세계적으로 알리기 위해서 국제적인 홍보와 인식 전략, 그리고 대한민국 정부가 국제사회와의 협력을 강화하고, 백두대간의 가치를 더욱 적극적으로 홍보하는 방식을 적극 추진해야 한다고 강조한 결론 부분이다. 과연 대한민국 정부는 언제 이런 일을 추진해 나갈 수 있을까?

초등학생을 대상으로 창의적인 백두대간 교육을 위한 방안을 제시해 보라는 요청에 대해서 인공지능은 다음과 같은 답을 주었다.

> "**백두대간 퍼즐 만들기:** 학생들이 백두대간의 지리적 위치와 특징을 이해하도록 도와줍니다. 매우 간단한 퍼즐로 시작하여 난이도를 조절하고, 조금 더 복잡한 퍼즐을 만들어 볼 수 있습니다.
> **백두대간 미니 모델 만들기:** 학생들이 백두대간의 모양과 크기를 이해하도록 도와줍니다. 종이, 클레이, 레고 블록 등으로 백두대간을 모델링하여 학생들이 쉽게 이해할 수 있도록 돕습니다.
> **백두대간 색칠하기:** 학생들이 백두대간이 위치한 국가들을 쉽게 이해할 수 있도록 도와줍니다. 국기를 이용하여 국가들의 위치를 쉽게 확인할 수 있도록 색칠해 볼 수 있습니다.
> **백두대간 인터랙티브 지도 만들기:** 학생들이 백두대간의 위치와 특징을 자유롭게 탐구할 수 있도록 도와줍니다. 인터랙티브 지도를 만들어 학생들이 자신만의 탐구를 할 수 있도록 돕습니다.
> **백두대간 책 읽기:** 학생들에게 백두대간과 관련된 책을 추천하고, 그 내용을 이해하도록 도와줍니다. 쉽게 이해할 수 있는 책이나 그림책을 활용하여 학생들이 백두대간에 대한 이해를 높일 수 있도록 돕습니다."

위에서 '백두대간 색칠하기' 부분은 인공지능이 여러 가지 지리적 콘텐츠를 조합하여 틀에 맞춘 답변이라서 실수가 발생한 것을 알 수 있다. "백두대간이 위치한 국가들을 쉽게 이해"라는 부분인데, '국가' 대신에 도별 행정구역이라든가 '수계 영역의 역사 문화 지리적 특징' 등으로 바꿔서 기술할 수 있기까지는 좀 더 시간이 걸리겠다는 생각이 든다. 실제로 백두대간 시범교육 중 '백지도에 색칠하기'는 어린이들이 실제로 백두대간의 1대간 1정간 13정맥이 과연 어떤 것이며, 기존의 산맥과는 어떻게 다른지 직접 체험해 볼 수 있는 과정으로 구성되어 있다.

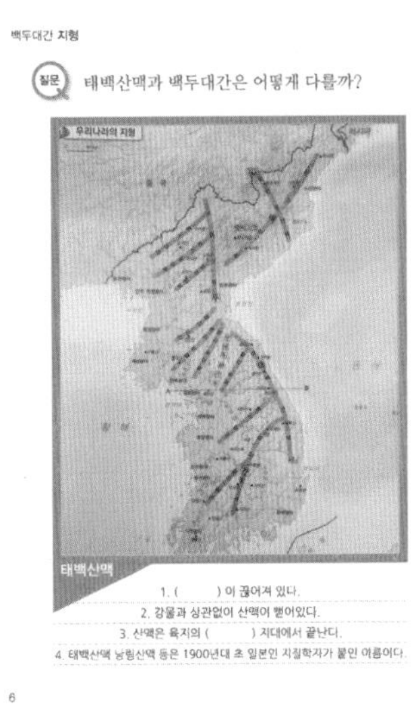

국립등산학교의 '찾아가는 등산교실 백두대간 탐험대' 워크북 6쪽 지형도

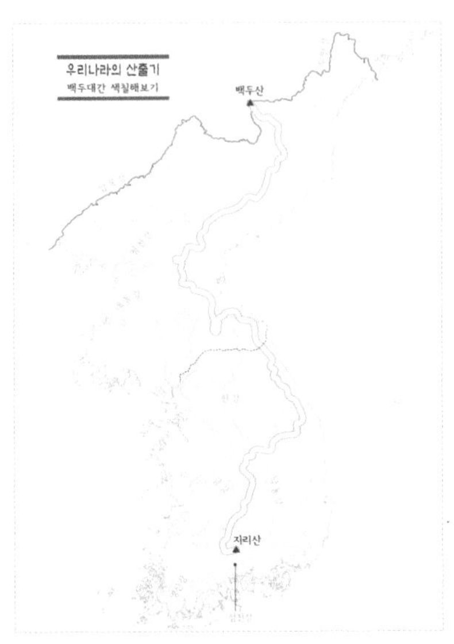

국립등산학교의 '찾아가는 등산교실 백두대간 탐험대' 워크북 9쪽 백두대간 색칠하기

초·중고생들에게 사회 또는 한국지리 시간에 백두대간을 알려줄 수 있는 창의적인 아이디어를 제시해 보라는 요청에 대해서도 인공지능은 가상 현장 체험, 산악모형 제작, 백두대간 탐험게임, 지형 맵 작성, 백두대간 모델링 등 다섯 가지의 의미 있는 답변을 해주었다.

"**가상 현장 체험:** 가상 현장 체험을 통해 백두대간의 경관과 지형을 직접 체험해 볼 수 있는 가상 현장 체험을 제공합니다. 이를 위해서는 VR(Virtual Reality)이나 AR(Augmented Reality) 기술을 활용하여 백두대간의 경관과 지형을 3D로 재현할 수 있습니다. 학생들은 이를 통해 백두대간을 더욱 생생하게 경험하고 이해할 수 있습니다.

산악 모형 제작: 학생들에게 백두대간의 지형을 기반으로 한 산악 모형 제작을 시도하도록 유도합니다. 이를 통해 학생들은 백두대간의 지형과 산맥체계를 직접 만들어보며 이를 시각적으로 파악하고 이해할 수 있습니다.

백두대간 탐험게임: 백두대간을 배경으로 한 탐험게임을 만들어 학생들이 게임을 하면서 백두대간의 지리 정보를 습득할 수 있도록 합니다. 이를 통해 학생들은 게임을 통해 재미있게 백두대간을 배울 수 있습니다.

지형 맵 작성: 학생들에게 지도를 주고 백두대간의 지형을 나타내도록 하여 지형 맵을 작성하도록 합니다. 학생들은 지형 맵을 만들면서 백두대간의 지형 정보를 더욱 구체적으로 이해할 수 있습니다.

백두대간 모델링: 3D 프린터를 이용하여 백두대간 모델링을 시도합니다. 이를 통해 학생들은 백두대간의 지형과 산맥체계를 3D 모델로 제작해 보며 이를 시각적으로 파악하고 이해할 수 있습니다."

인공지능이 제시한 아이디어의 창의성은 인정해 줄 수 있지만 과연 교육 현장에서 얼마나 활용될 수 있을지는 미지수이다. 그만큼 교사가 준비해야 하는 부분도 많고 장비와 시간, 노력이 많이 드는 등 여건상 할 수 없는 경우가 대부분이기 때문이다. VR의 경우 국립등산학교와 국립산악박물관에서 가상 산악 체험의 일환으로 장비를 구입하여 어린이 등 교육 참가자로 하여금 체험할 수 있도록 하고 있다. 그러나 이들 기관의 VR에 백두대간이라는 콘텐츠가 들어가 있지는 않다는 점은 향후 보완할 부분이다.

아무래도 가장 손쉬운 것은 '지형 맵', 지형도 작성을 들 수 있다. 왼쪽 워크북 그림과 같이 기존의 산맥 지형도를 학생들에게 나눠주고 1대간 1정간 13정맥이 표시된 별도의 산경도를 제시하여 산맥 지형도 위에 백두대간을 겹쳐서 그려보는 활동이다. 이렇게 하면 학생들이 산맥과 백두대간의 차이점을 바로 파악할 수 있기 때문에 지도 교사들에게 꼭 권장하고 싶은 아이디어다. 이는 교사가 일방적으로 해주는 설명보다 학생이 직접 지형도를 그려본다는 '활동'에 중점을 두고 있기 때문에 그 효과도 대단히 높게 나타난다.

인공지능은 아직 한국어 콘텐츠 학습량이 많지 않은 것으로 보인다. 예를 들어, 산경표의 저자와 내용에 대해서 설명해 보라고 했더니 『산경표』가 불경이고 저자는 자장율사라는 답변이 돌아왔다. 백두대간의 15개 산줄기가 분수계를 이루며 주요 하천 유역에 형성된 문화권을 설명해 보라는 문제에 대해서도 "탕강, 대강, 칭계, 대산…"과 같은 엉터리 강 이름과 가공의 지식을 나열하다가 끝내 에러 처리로 종료 메시지가 떴다. 짧은 시간이나마 백두대간에 대해서 중요한 질문을 던지고 대답한 내용을 검토한 결과, 똑같은 질문이라도 그 표현 내용에 따라서 답변이 달라지는 경우도 있음을 발견했다.[10] 백두대간 관련 영문 콘텐츠를 보다 많이 만들어서 인터넷에 올려야 할 필요성을 절감하게 만든 경험이기도 했다.

---

10 《챗 GPT에게 묻는 인류의 미래》(김대식, 2023, 동아시아) 참조

12

치유와 명상의 숲길을 걷다

2018년과 2019년 두 해 연속 일산 킨텍스에서 열린 교육기부박람회에 '국립등산학교 찾아가는 등산교실' 프로그램을 갖고 참가한 적이 있다. 갑작스럽게 결정된 행사였지만 당시 국립등산학교 박경이 교육운영실장의 활약 덕분에 행사장 구석의 가장 널찍한 부스를 배정받은 데다 10여 미터 높이의 이동식 인공암벽까지 설치해 놓고 보니, 단연 관람객들의 시선을 끌었다.

백두대간탐험대 부스는 인공암벽 옆에 테이블 몇 개와 워크북, 백두대간 지도, 퍼즐 등 교재·교구를 펼쳐놓고 사흘간 강사들이 돌아가면서 프로그램을 운영했다. 행사장은 10시쯤 문을 열었는데, 인공암벽 체험은 아이들이 수십 명씩 달려와서 줄을 설 정도로 인기가 좋았다. 그에 비해서 백두대간 부스는 체험 인원이 적은 편이라서 좀 더 다양하고 적극적인 프로그램 개발이 필요하다는 생각이 들었다. 어쨌든 2년 연속 박람회에 참가하고 보니 교육부 장관으로부터 '교육기부우수기관' 인증까지 받는 가외의 성과를 거두기도 했다.

2018년 일산 킨텍스 교육기부박람회에 참가한 국립등산학교 찾아가는 등산교실

2019년 교육부로부터 받은 교육기부우수기관 인증패

백두대간을 알리는 가장 이상적인 방법은 아이들과 함께 백두대간을 직접 가서 체험하는 것이다. 그러나 현실은 그렇게 쉽지 않으며, 교실에서 한두 시간 하는 수업은 한계가 있기 마련이다. 초등학교 수준에서는 교실 수업 자체가 무리였다. 그러나 '푸른별 환경학교'(삼성SDI 사회공헌프로그램)의 이동식 스마트교실은 매년 전국의 학교에서 신청이 쇄도하여 연초에 1년 치 예약이 끝날 정도로 인기가 하늘을 찌르고 있다. 운동장에 들어온 파란색 버스는 모든 아이들의 호기심이 집중되는 신비로운 존재이며, 교사와 학생 모두에게 잠시나마 교실을 벗어나서 새로운 환경 속에서 새로운 세계에 접하는 오아시스와도 같은 대상이 되기에 충분하다.

2021년 5월, 연합뉴스는 놀랍게도 '전교생 백두대간 종주하는 충북 1호 공립 대안 은여울고'라는 기사를 전했다. 학생 12명과 교사 8명 전원이 괴산군 연풍면 분지리에서 이화령, 조령3관문, 하늘재, 월악산 닷돈재까지 46km가량의 백두대간 충북 구간을 5월 17일부터 4박 5일간 종주했다. 백두대간을 탐사하면서 생태 감수성을 키우고, 산행을 통해 자기성찰을 하자는 취지에서 시작했는데, 놀랍게도 이들은 자연과 자신에 집중하기 위해 휴대전화를 사용하지 않았다. 또한 친환경 삶을 실천하는 의미에서 식사 때 잔반 줄이기, 일회용 컵 사용하지 않기 등 LNT(Leave No Trace ; 흔적을 남기지 않는 야외활동) 수칙을 지켰다.

사실 은여울고의 백두대간 탐사 프로그램이 있기까지는 현 충북산악연맹 회장인 김영식 선생의 공이 컸다. 놀랍게도 그는 이미 2010년에 직접 백두대간 환경교육프로그램을 운영했으며, 이를 통해 중학생들의 학업 스트레스 및 자아존중감과의 관계를 규명한 바 있다. 이 연구에서 의미 있는 결과 세 가지는 다음과 같다.

첫째, 백두대간 환경교육프로그램의 참여 후 참가자들의 자아존중감은 조금 상승하였으나 통계적으로 큰 차이는 나타나지 않았다. 둘째, 백두대간 환경교육프로그램의 참여 후 학업 스트레스 점수가 낮아졌다. 셋째, 백두대간 환경교육프로그램의 참여 후 학업 스트레스의 7개 요인 모두 프로그램 참가 전보다 점수가 낮아졌다. 학업 스트레스 요인 중 시험 부담 요인, 공부 부담 요인, 교사 및 학교생활 요인은 유의 수준 10%에서 통계적인 차이가 나타났다.

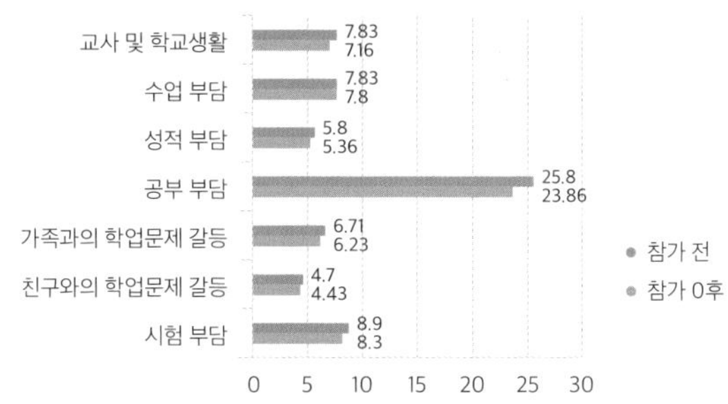

백두대간 환경교육프로그램 참가 전후 자아존중감 변화

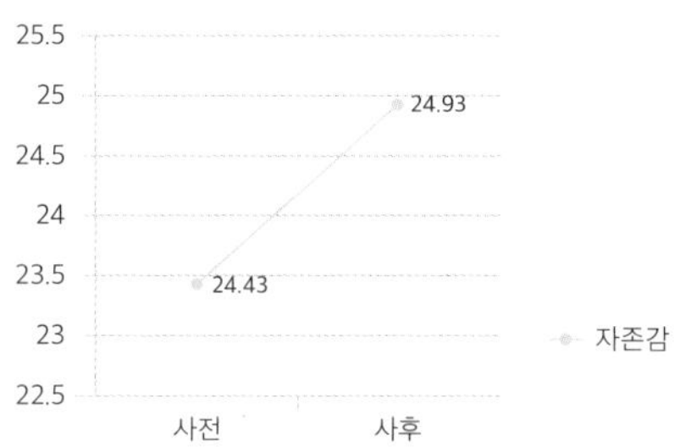

백두대간 환경교육프로그램 전후 학업 스트레스값 변화

중학생 뿐만 아니라 대학생 500명에 대하여 5일간 산림프로그램을 실시한 결과에 있어서도 우울증 성향이 있는 32명의 경우 큰 폭으로 우울증이 감소한 것으로 나타났다.(신원섭·오홍근, 1996) 또한 여고생 80명을 대상으로 한 그린캠프 역시 산림치유 효과가 큰 것으로 보고되었다.(신원섭, 2000) 불안감과 우울감을 보이는 20~26세 대학생에게 미동산수목원 내 소나무숲에서 개인당 1시간씩 3회 노출하는 프로그램을 실시한 결과 불안감과 우울감이 호전되었으며, 행복지수와 자아존중감 역시 통계적으로 실시 이전보다 높아지는 결과가 나타났다.(신원섭, 2003) 이상 신원섭의 연구는 비록 백두대간에서 실시한 산림프로그램이 아닐지라도 숲 체험에서 일정 수준 이상 호전되는 유의미한 결과를 보였으며, 동일한 프로그램을 백두대간 종주 산행에 적용할 경우에도 유사한 결과가 예상된다는 점에서 참조할 만하다.

2장

쉽게 풀어 쓴 산경표와 백두대간

1

북한에도 『산경표』가 있다

지난 2010년 북한은 평양발 조선중앙통신에서 『산경표』가 '백두산을 중심으로 조선의 산줄기들의 분포정형을 기록한 자연지리책'이라고 소개한 바 있다. 11년 후, 2021년 8월 3일 자 조선중앙통신에서는 같은 내용의 소식을 전하되 조금 달라진 앞부분이 눈에 띈다. 즉, '북한의 민족문화유산 가운데 백두산을 시작점으로 전국의 산줄기 분포 정형을 기록한 자연지리도서 '산경표'가 있다.'로 보도하였다.

필자가 남한의 『산경표』 필사본 19종에 관한 연구를 발표한 데 이어서 평양의 『산경표』는 스무 번째 『산경표』가 되는 셈이다. 아마도 평양중앙도서관의 후신인 평양인민대학습당 소장본일 것으로 추정하는데, 서지사항이라도 구할 수 있으면 좋겠지만 거의 불가능한 일이라서 발표된 내용 중심으로 북한의 『산경표』에 관하여 알아본다.

순번	한자 서명	세부 구성	소장처	서지사항			비고
1	輿地便覽	건 산경표	장서각/ 한국학중앙연구원	51장	24.1x15.1cm	12단	
		곤 정리표		48장			
2	寅球	1책 산경표	국립중앙도서관	51장	30.5x20.0cm	12단	
		2책 이정표		69장			
3	本國山經		국립중앙도서관	74장	34.6x21.3cm	9단	원본:Havard-Yenching Library
4	海東道里表	1책 해동도리표	일본동양문고 (해외한국학자료센터)	17장	30.9x20.1cm	12단	
		2책 해동산경표		51장		12단	
5	海東山經		국립중앙도서관	42장	25.5x17.6cm		
6	山里攷		규장각	116장	33.8x20.9cm	12단	

7	山經表		규장각	51장	28.7x18.3cm	12단	
8	箕封方域誌	1책 산경표	규장각	51장	32x22.3cm	12단	
		2책 거경정리표		66장			
9	海東道里譜		연세대 묵용실 문고	77장	31.5x20.2cm		경상감영 편
10	東國山經表		연세대 묵용실 문고	74장	22.7x15.3cm	9단	
11	山經表		고려대 육당문고	35장	33.1x20.9cm	12단	
12	箕封方域考	1책 산경표	고려대 육당문고	51장	29.1x19.4cm	12단	규장각본 기봉 방역지와 유사
		2책 정리표					
13	山經表		고려대 육당문고	49장	32.2x19.8cm	12단	조선광문회본 산경표와 유사
14	靑邱道里		국민대 성곡도서관	51장	31.2x20.0cm	12단	
15	山經表		국민대 성곡도서관	51장	31.6x20.7cm	12단	
16	箕封	산경표 정리표 합본	국립중앙박물관	122장	26.8x17cm	12단	산경표 51장 정리표 71장
17	八道路表 山徑	거경정리표 산경표	규장각	75장	33.0x23.0cm	13단	정리표 33장 산경표 42장
18	산경표		국립산악박물관	51장	20.4×13.0cm	12단	
19	도리산경표	도리표 산경표 합본	개인소장(변기태)	74장	33.3×23.1cm	13단	도리표 32장 산경표 42장

*3번 본국산경과 4번 해동산경표는 소장처가 각각 미국과 일본에 있다. 국립중앙도서관과 고려대학교 해외한국학자료센터에서 온라인으로 열람할 수 있다.

남한에서 『산경표』는 1980년 인사동 고서점에서 故 이우형(1934~2001) 씨가 발견하여 소개하였으며, 이후 1986년 7월 24일 조선일보를 통하여 백두대간이 다시금 세상에 알려진 것으로 전하고 있다. 1980년 당시 고서점에서 『정리표』와 더불어 구입한 『산경표』는 납활자로 찍은 조선광문회본이었다. 그렇다면 1980년 이전에는 『산경표』가 전혀 알려지지 않은 책이었을까?

산경표_조선광문회본

200년 가까이 필사본으로 전해오는 이 책을 추적해 보았다. 가장 먼저 1921년『조선총독부 고도서목록』(장서각 소장본R 017.911 C511) 사부(史部) 지리류(地理類)에는 편찬 시기 및 편저자 미상인『산경표』와『산리고』가 수록되어 있다. 그러나 1908년[隆熙2] 이전에 작성된『규장각서목』이나『홍문관서목』에는 이 책들이 빠져 있다.『산리고(山里攷)』는「산경표」와「정리표」 2권 1책이며(도서번호 5886, 11426), 현재 규장각에서 소장하고 있다.

다음으로 1913년 최남선이 조선광문회에서 간행한『산경표』는 서문에서 밝히고 있는 바와 같이 신문관 인쇄인이었던 최성우 소장 필사본『산경표』를 저본으로 한 것이었다. 현전하는 필사본『산경표』 가운데 어떤 것이 그 저본인지는 알 수 없다. 그러나 대략 도, 군 등 행정지명을 두주(頭註)로 뽑아놓았으며, 낙남정간이 아니라 낙남정맥으로 표기한 것으로 보아 후기 필사본임은 분명하다.

남한에서는 1962년 이홍직이 편찬한《국사대사전》(지문각) 664쪽에서『산경표』와『산리고』를 소개했다. 이홍직은 1935년 동경제국대학 문학부 국사학과 졸업 후, 1936년 귀국해 이왕직국조보감 찬집위원회 촉탁이 되었으며, 1945년 광복이 되던 해까지 계속 이왕직에 재직했던 인물이다. 따라서 장서각 소장 도서에 관하여 가장 잘 알고 있었으며, 자신이 편찬한 국사대사전에『산경표』와『산리고』를 항목으로 넣을 수 있었던 것으로 보인다.

북한은 이보다 늦은 1971년 사회과학원 역사연구소가 도쿄에서 출판한《력사사전 II》(사회과학출판사) 51쪽에서 산경표를 소개했다.《국사대사전》보다 더 자세한 이 책의 설명을 옮겨보면 아래와 같다.

"백두산을 중심으로 조선 전역에 뻗어나간 산맥들의 분포 정형을 기록한 지리책. 저자는 알 수 없다. 백두산 중심으로 남북에 뻗친 산맥들을 지역적 순위에 따라 먼저 함경도, 강원도, 경상도의 산맥들을 들고 다음에는 평안도, 황해도, 경기도, 충청도, 전라도의 산맥들을 들고 있다. 이 책에서 들고 있는 가장 큰 산맥은 락남정맥… 호남정맥(등13개 정맥)인데 모든 산맥 서술에서는 그중 대표적인 산을 들고, 그 소재지 고을 이름과 거리 등을 표시하고 있다. 이 책은 저작년대를 확정할 수 없으나 함경도 지방의 중요한 산들이 거의 빠짐없이 기재되어 있는 것 등으로 보아 19세기 중엽 김정호의 대동여지도가 나온 전후 시기의 것으로 추정된다. 근대적인 과학적 실측의 결과를 쓴 것이 아니기 때문에 정밀성에서 손색이 있으나 이 책은 당시로서는 상당히 자세한 내용을 담은 것으로서 리조 말기 조선의 자연지리 지식수준을 보여주고 있다."

북한의 《력사사전》은 13정맥을 소개했지만 정작 가장 중요한 백두대간과 장백정간이 빠져 있다. 『산경표』의 찬표 시기에 관해서 《력사사전》은 대동여지도가 나온 1861년 전후로 보고 있다. 북한의 『산경표』 저작년대 비정을 근거로 추론할 수 있는 한 가지 사실은 북한 《력사사전》의 필자가 열람한 필사본 『산경표』가 1800년대 초반의 초기본이 아니라 1860년대 이후 필사된 후기본일 가능성이 높다는 점이다.

2000년대 들어서 북한 조선중앙통신이 두 번째로 전한 『산경표』에 관한 내용을 종합해 보면 1971년의 《력사사전》보다 좀 더 연구가 진행된 느낌이 든다. 일단 1971년 당시는 저자 미상으로 기술했던 부분이 2010년에는 신경준의 『산수고』 '산경'에 기초하여 만들어진 것이라고 바뀌었다. 대신 저작년대 부분이 빠진 것도 주목된다. 『산경표』를 일관되게 자연지리책이라고 분류한 것은 『산경표』에 관한 역사지리학 쪽의 연구가 없기 때문인 것으로 보이며, 이는 산맥논쟁에 골몰해 있던 남한 역시 별반 다르지 않은 부분이다.

아무튼 지난해 평양에서 들려온 스무 번째 『산경표』 소식은 무언가 긍정적인 변화의 조짐인 듯해서 반갑기만 하다. 남한의 백두대간 『산경표』 열풍에 반응하여 북한이 "우리도 그 책 갖고 있다."고 대답한 것으로 들리기 때문이다. 백두대간과 『산경표』를 연결 고리로 하여 남북 학술교류의 장이 열리고, 분단 극복의 노력이 지속되면 좋겠다는 게 필자의 간절한 바람이자 소망이다.

2

국립중앙도서관 수장고에서 만난 산경표 필사본, 『箕封』

국립중앙박물관 특별전 〈지도예찬〉 포스터(2018)

『산경표』 필사본 19종 가운데 가장 기억에 남는 책은 국립중앙박물관 소장본이다. 이 책은 지난 2018년 〈지도예찬〉 특별전에 전시된 것으로 특이하게 첫 장에서 백두대간을 '백두산대간'으로 적고 있는 유일한 『산경표』이다. 전시 이전은 물론이고 전시 후에도 이 책은 한국고전적종합목록에 등재되지 않고 있다.

특별전이 끝나고 다음 해인 2019년 여름 무렵, 국립중앙박물관에 열람 신청을 해놓고 가는 날 아침, 1시간쯤 지각해서 11시에 도착했다. 일반인의 출입이 통제되는 박물관 지하 통로는 자동차가 다닐 수 있을 만큼 넓고 높았다. 전체적으로 지하도시 같은 느낌을 주는 곳이었다. 석박사급 연구자에 한해서 1년에 한 번, 열람 시간은 딱 2시간을 주는데 벌써 한 시간을 까먹고 보니 마음이 급해졌다.

지하 수장고 열람실에서 책을 받고 보니 『산경표』와 『도리표』를 합본해 놓은 것이었다. 제목이 다 지워지고 안 보이니 표지부터 문제였다. 제목이 있었던 자리 맨 아래쪽 끝부분 획만 조금 남아 있는 것으로는 도대체 짐작도 가지 않았다. 특별전 때 '산경표'로 소개했지만 정작 책 제목이 『산경표』가 아닐 가능성이 높았다. 『청구도리』, 『인구』, 『팔도로표산경』 등과 같이 『산경표』와 『도리표』를 합본했을 경우 특히 그러했다.

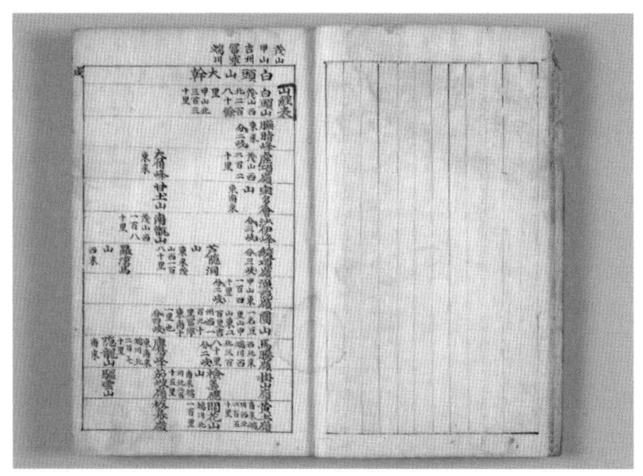

산경표(山徑表)(출처: 국립중앙박물관)

일단 표지는 제쳐두고 내용을 메모하면서 검토하기 시작했다. 두주가 달려 있고, 낙남정간이 아니라 낙남정맥으로 표기된 것을 보면 대략 1860년 후반 제작된 필사본이었다. 5침 선장본에 51장, 12단 체재로, 첫장 제1단에 '백두산대간'이라고 적은 것 외에는 다른 필사본 『산경표』와 내용이 거의 똑같았다. 책의 크기는 국립중앙도서관 소장본인 『해동산경』에 비해서 가로는 17.6cm로 똑같았지만, 세로가 26.8cm로 1.3cm 더 길었다.

내용에 대한 검토를 다 끝내고 표지를 아무리 들여다보아도 제목을 알 수가 없었다. 막막한 심정에서 책을 들고서 아래위로 이리저리 살펴보았다. 바로 그때 운명처럼 눈에 들어오는 게 있었다. 책을 세워놓을 경우 바닥 부분에 모필로 적어넣은 '箕封', 두 글자를 발견했다. 바로 그게 '서근제(書根題)'였으며, 이 책의 제목이 되는 셈이었다. 전통적으로 조선시대 한적은 서가에 세워놓은 것이 아니라 포개어 놓았으며, 따라서 무슨 책인지 알 수 있게끔 제목을 책바닥[書根]에 묵서(墨書)로 적어 놓았던 것이다.

고려대학교의 『기봉방역고』와 규장각의 『기봉방역지』에 이어서, 국립중앙박물관 『산경표』 제목은 『기봉』(기자조선의 땅이라는 뜻) 두 글자인 것이다. 표지에 남아 있는 흔적이 바로 '봉(封)'자의 마지막 끝부분 삐침 획이라는 것이 확인되었고, 글자 크기로 볼 때 제목 자리에 '箕封' 두 글자가 들어가는 것도 맞았다.

지금 돌이켜 생각해 보아도 왜 내가 그때 그 책을 집어 들어서 아래위로 살폈는지 잘 이해가 가지 않는 행동이었다. 그 이전의 다른 수장고나 열람실에서 『산경표』 열람 시에는 전혀 생각도 하지 못한 과감한 시도였기 때문이다. 아마도 무의식적으로 책을 집어 든 그 순간, 위대한 '책의 신', '산경표의 신'이 강림했던 것은 아닐까?

[참고자료 : 고서(선장본)의 명칭]

* **선장**(線裝) : 필사 또는 인쇄된 본문종이의 한 면을 문자가 있는 면이 밖으로 나오도록 가운데에서 접어 중첩하고 두 장의 표지를 각각 앞뒷면에 대어 서뇌(書腦) 부분을 끈으로 꿰매는 일종의 책 장정 형태

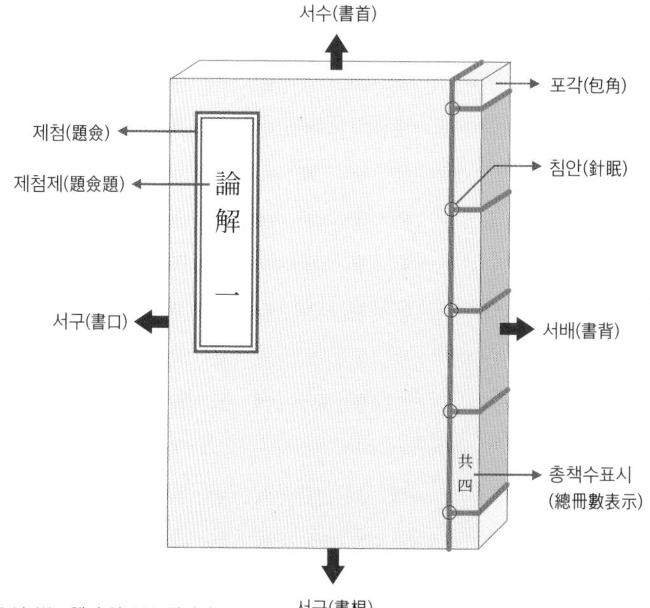

- ▷ 서수(書首) : 책의 윗부분, 책머리
- ▷ 서근(書根) : 책의 아랫부분, 책 밑
- ▷ 서배(書背) : 책이 제본된 부분, 책등
- ▷ 서구(書口) : 책이 펼쳐지는 부분
- ▷ 제첨(題簽) : 표제를 쓰기 위하여 종이 등을 표지에 덧대어 쓴 것
- ▷ 제첨제(題簽題) : 제첨에 쓰여 있는 표제(標題)
- ▷ 침안(針眼) : 선장(線裝)을 하기 위해 뚫은 구멍
- ▷ 포각(包角) : 서근의 모서리를 보호하기 위해 비단이나 천 등으로 감싼 것
- ▷ 총책수표시(總冊數表示) : 일반적을 그림에 보이는 위치에 "공○"으로 표시하며, 전체 책의 물리적 수량을 표시한 것

3

故 이우형, 1986년 '백두대간학'을 예언한 산악인

고토 분지로의 논문을 번역해준 인연으로 만나다

지도제작자이자 산악인, 성우 출신인 故 이우형은 대동여지도 연구에 일생을 바쳤다고 해도 과언이 아니다. 그리 넉넉하지 않은 가운데서도 그의 모든 시간과 노력은 경제적인 풍요로움보다는 고산자 김정호의 대동여지도 연구와 복각, 목판 발굴 등에 집중되었다. 1990년대에는 월간 〈사람과 산〉이 주최한 전국 순회 백두대간 강연을 이끌었고, 백두대간과 『산경표』를 세상에 다시금 알리는 데 결정적 공헌을 한 것은 주지의 사실이다. 특히 1991년 간행된 《한국민족문화대백과사전》 초판본에는 그가 직접 집필한 백두대간 관련 항목 15개가 손수 제작한 산경도 등 1대간 1정간 13정맥에 관한 설명 및 지도와 함께 총 16쪽에 걸쳐서 소개된 적이 있다. 이는 잘 알려져 있지 않은 사실이기도 해서 기회가 되면 따로 소개하기로 한다.

한국민족문화대백과 사전

故 이우형 선생

필자와 이 선배와의 인연은 아시안게임이 열렸던 해인 1986년으로 거슬러 올라간다. 당시 교편을 잡고 있던 필자에게 고토 분지로의 영문 논문인 「An Orographic Sketch of Korea」를 번역해달라는 청이 들어왔다. 지형학 교과서에서 제목으로만 접했던 논문 원문을 읽어볼 수 있는 좋은 기회라는 생각이 들어서 복사본을 받아서 바로 번역을 시작했다. 일문이 아니라 영문이라서 특이하다고 생각했는데, 당시 동경제국대학 농학부에서 영문으로 발간한 논문집에 수록된 글이었다. 전공과목인 지형학과 지질학 원서에 친숙했고, 미국 유학 준비를 하고 있었던 터라 논문을 번역하는 건 그리 어려운 일이 아니었다. 단지 훗날 30여 년 넘게 대한민국 사회에서 일반인들에게 이르기까지 백두대간에 조금이라도 관심 있는 사람들에게 고토 분지로라는 이름과 이 논문이 회자되리라고는 꿈에도 생각하지 못했을 뿐이었다.

이 선배는 1986년 초 당시 필자가 졸업한 대학의 지리교육과 교수님들과 중·고교 사회과부도 제작을 진행하고 있어서 논문 번역 작업을 더 열심히 해드린 기억이 난다. 1학기 말 무렵 번역문을 전달하기 위해서 사무실을 방문했는데, 그때가 첫 만남이었다. 이 선배는 논문에 대해서는 별로 궁금하지 않은 듯했다. 단지 한반도의 모양이 토끼 같다는 등 얕보는 듯한 고토의 표현, 그가 이 논문을 쓴 의도 같은 것만 묻고 나서 바로 커다란 지도를 한 장 펼쳤다. 직접 제작한 전지 크기의 백두대간 백지도였으며, 산줄기가 초록색으로 표현된 것이 인상적이었다.

이 선배를 한 번 더 만났을 때 나눈 대화는 중고생 자녀에 관한 것이었다. 아이들에게 지리부도와 지리 교과서를 펼쳐놓고 아버지가 연구한 백두대간을 설명했는데, 잘 알아듣지 못해서 실망스러웠고, 학교 교육에 대해서 답답해하던 그런 내용이다. 1990년 월간 〈사람과 산〉에서 주최한 '한국등산교육대학'이 알프스 리조트에서 열렸을 때,

'산자분수령'과 백두대간 강의 역시 기억에 남는다. 비록 첫 단추를 잘못 끼우기는 했지만 굵직한 저음에 가득 실린 아우라며, "마루금 따라서 신발에 물 한 방울 안 묻히고 지리산부터 백두산까지 갈 수 있다."고 설명하던 장면은 평생 내 가슴에 각인되어 있다.

조선일보 西紀 1986年 7月 24日 木曜日

"국내山脈이름 日帝가 바꿨다"

"「白頭大幹」「湖南正脈」등 고유名稱 멋대로 없애

山勢의 脈을 무시…鑛物수탈 편의따라 재구성"

「大東地志」확인결과 朝鮮때 10里는 5.4㎞

「大東輿地圖」연구20년… 李祐炯씨 곧 著書발간

朝鮮시대「山줄기」분포도

현재의 우리나라 산맥

1986년 7월 24일 조선일보 기사 '국내산맥 이름, 일제가 바꿨다.'

4

산경표를 살렸다가 죽인 최남선

937년 매일신보 연재 기사로 일본식 산맥체계 소개

우리는 흔히 신문이나 방송에서 그동안 "잊혔던 백두대간을 되찾았다."는 말을 듣는다. 과연 백두대간은 잊혔던 것일까? 이는 대단히 무책임한 표현이며, 역사를 모르는 발언이라고 밖에는 생각되지 않는다. 왜냐하면 우리의 민족정신을 고취하던 백두산과 백두대간 개념은 일제 강점기가 시작되기 이전인 1905년부터 철저히 금지당하기 시작했기 때문이다.

을사늑약으로 통감정치가 시행되면서 대한제국의 학부(초대 학부대신 이완용)에서는 교과서에 대한 검인정 제도를 도입했으며, 국어, 역사, 지리 과목의 교과서 가운데 심사에서 탈락하는 경우가 나오기 시작했다. 특히 지리교과서의 경우 독립운동가 정인호가 펴낸 지리교과서가 대표적인 탈락 사례에 해당한다. 1905년이면 야쓰 쇼에이의 『한국지리』가 나온 해이며, 당시 태백산맥이나 낭림산맥 등 일본식의 새로운 산맥체계를 도입한 교과서는 무난히 통과하던 시절이었다.

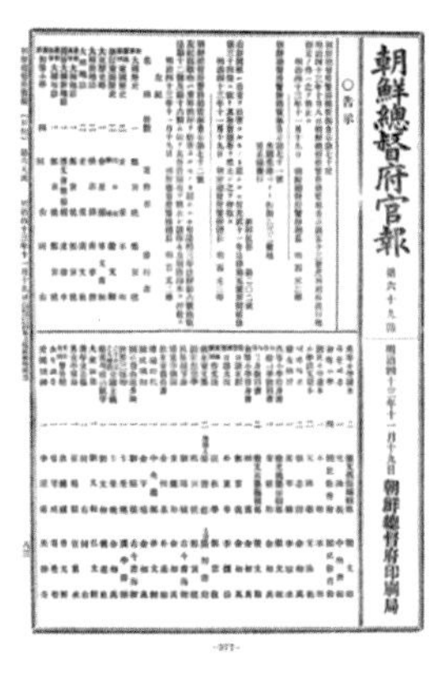
朝鮮總督府官報

○告示

朝鮮總督府印刷局

조선총독부 관보

일본은 효과적인 조선 지배를 위한 방편으로 51종에 달하는 국어, 역사, 지리 교과서를 포함한 서적의 발행과 배포를 금지하고 압수했다. 이러한 출판물들이 사회의 안녕과 질서를 방해한다는 것이 금지와 압수의 이유였다. 이는 1910년 11월 19일에 고시된 『조선총독부관보(제69호』를 통해서 확인할 수 있다. 관보에 실린 목록 중에서 지리교과서는 5종으로, 장지연의 『대한신지지』(2책), 현채의 『대한지지』(2책), 정인호의 『최신고등대한지지』와 『최신초등대한지지』, 『문답대한신지지』(박문서관편집) 등이다. 이들 지리교과서는 공통으로 '대한'이라는 제목을 앞세우고 있는데, 이는 '대한제국'의 교과서를 의미한다. 내용상으로는 백두산을 조종산으로 하여 지리산까지 이어지는 백두대간 개념으로 우리나라 전체 지세 및 각 도의 산과 지리를 기술하고 있다.

최신고등대한지지(정인호 저)

지금까지는 일제강점기 당시 지리교육과 관련하여 한국 지리교과서 필자들이 자발적으로 백두대간 대신 일본인이 명명한 낭림산맥과 태백산맥을 받아들인 것으로 알려져 있다. 그러나 민족정신과 애국정신을 고취했으며, 백두대간 개념으로 우리의 산을 기술한 지리교과서가 국권피탈 석 달 만에 금지되고 압수된 사실에 대해서는 별로 이야기된 바가 없었다는 점 또한 백두대간이 간직한 지극히 불편한 진실 중 하나로 꼽힌다.

1910년 일제가 금지했던 백두대간은 육당 최남선에 의해서 1913년에 되살아났다. 최남선은 조선광문회를 통하여 조선의 역사와 지리, 국어 관련 고전을 간행했는데, 지리서로는 이중환의 『택리지』, 그리고 『산경표』, 『도리표』가 활자본으로 세상에 빛을 보았다. 1913년 조선광문회본 『산경표』는 당시 신문관 인쇄인 최성우가 소장하고 있던 필사본 『산경표』를 저본으로 하여 출간된 책이다. 이렇게 최남선은 『산경표』를 통하여 백두대간을 되살렸지만 참으로 애석하게도 1937년 매일신보에 연재된 기사, '조선상식'에서 일본 지리학자의 낭림산맥과 태백산맥 체계로 조선의 산맥을 기술함으로써 백두대간은 다시금 사망하고 말았다.

《조선상식문답》(1946)

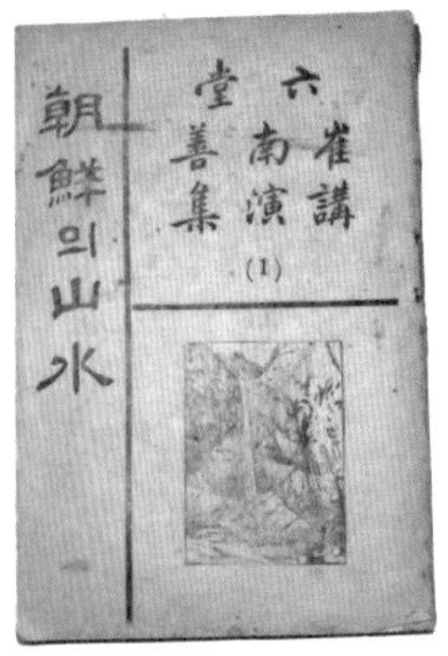

"백두산으로부터 내려오는… (중략) 강원도의 동해안으로 내려가니 여기서부터 태백산맥(太白山脈)이라고 부릅니다." (최남선 《조선의 산수》 본문 중에서)

최남선은 이 연재 기사를 광복 이후인 1946년 《조선상식문답》이라는 책으로 펴냈으며, 1947년에 발행한 《조선의 산수》에서도 태백산맥을 기준으로 동쪽과 서쪽을 각각 '이조선(裏朝鮮)의 명산', '표조선(表朝鮮)의 명산' 등 일본식의 지역구분을 적용하여 태백산맥 체계를 더욱 굳건히 만들어 보급하였다. 최남선과 조선사편수회가 식민사학으로 끼친 해악은 100여 년 가까운 세월, 청산되지 않고 있다. 지리학에 있어서도 마찬가지로 금지된 백두산과 백두대간은 여전히 해금되지 않았다.

이 시점에서 우리는 1945년 해방과 더불어 풀렸어야 할 '금지된 백두대간'이 이우형이라는 개인 연구자의 희생과 헌신으로 말미암아 1986년, 비로소 세상에 다시금 알려졌다는 사실을 잊어서는 안 된다. 한편으로 백두대간의 부활은 백두대간을 살렸다 죽인 최남선 자신이 펴낸 바로 그 연인본(鉛印本) 『산경표』 덕분이라는 사실 또한 역설적이기만 하다.

5

규장각에서 17번째로 찾아낸 『팔도로표산경(八道路表山經)』

필사 시기를 알 수 있는 유일한 『산경표』

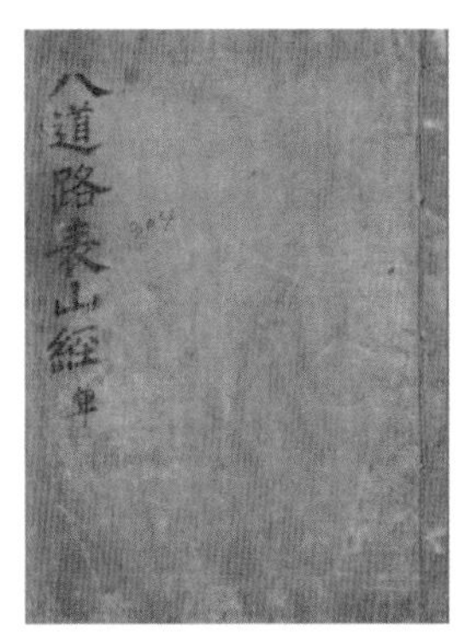

『팔도로표산경』 표지

앞서 소개한 국립중앙박물관 소장본 『기봉(箕封)』의 서근제(書根題) 발견 스토리보다 극적인 것이 규장각본 『팔도로표산경』 발견이다. 거의 매일 검색하다시피 해도 나오지 않던 이 책은 검색어를 '노표'와 '산경' 두 가지로 나누어 입력하니 요술처럼 나타났다. 『산경표』나 『도리표』, 『정리표』 등으로는 전혀 잡아낼 수 없는 책이었다. 16번째인 『기봉』에 이어서 17번째 『산경표』인 『팔도로표산경』을 발견한 순간의 기쁨을 지금도 잊지 못한다.

규장각에 『팔도로표산경』 열람 신청을 해놓고 보니 비교적 최근에 들어온 책이라서 마이크로필름이나 PDF 파일 서비스가 안 되는 경우였다. 오로지 직접 가서 열람하고 필요한 부분을 직접 촬영하는 방법밖에 없었다. 2020년 1월 7일, 겨울비를 맞으며 찾아간 규장각이 그렇게 반갑고 고마울 수가 없었다. 박사학위논문 최종 심사까지 별로 시간이 없을 때였는데 새롭게 필사본 『산경표』를 발견했으니, 힘이 저절로 나고 용기가 샘솟는 듯했다.

널찍한 열람실에 앉아서 기다리고 있으니 마음이 차분해졌다. 『팔도로표산경』은 생각보다 큰 사이즈였다. 아마도 앞서 16종의 필사본 가운데서도 이만한 크기가 없을 듯

했는데, 작성해 놓은 표와 대조해 보니 실제로 그랬다. 세로 길이가 긴 만큼 단수에 있어서도 기존의 12단이 아니라 13단 체재였다. 이리저리 살피다 보니 뭔가 좀 이상했다. 보존 처리를 위해서 그랬는지는 모르겠으나 표지와 책등[서배, 書背] 부분이 벌어져 있어서 안쪽을 들여다볼 수 있었다.

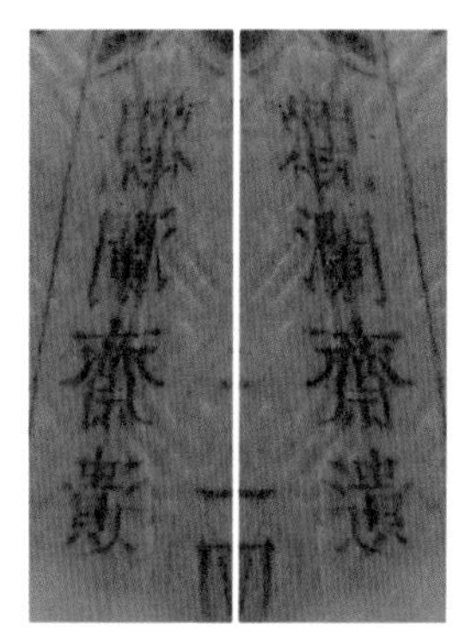
관란재유고(觀瀾齋遺稿)

지금 생각해 봐도 그건 참 운명의 순간이었다. 서배 쪽 이면에 붙여놓은 배접 용지에 활자체 글씨가 몇 자 보였다. 글씨는 좌우가 바뀐 상태였으니 종이를 뒤집은 채로 서배를 포함해서 표지 안쪽 전체에 붙여놓은 게 분명했다. 더구나 어미(魚尾) 부분과 판심제(版心題)를 서배에 맞췄다는 것까지 확인이 가능했다. 문제는 글씨가 잘 안 보인다는 점이었다. 할 수 없이 스마트폰을 벌어진 틈에 집어넣고 글자를 촬영했다. '*蘭齋遺(稿)'인데 '고'자는 표지에 가려서 안 보이고, 뒤집힌 상태에서도 세 글자는 확실히 판독이 가능했다. 요철 상태의 표면은 표지에 사격만자(斜格卍字) 문양을 찍으면서 생긴 흔적이었다. 뭔가 건수를 하나 올렸다는 생각에 나도 모르게 홍분되기 시작했다. 집에 와서 포토샵으로 좌우 반전을 시켜 보니 그제야 글자가 제대로 보였다.

그다음은 일사천리였다. 한국문집총간 DB를 뒤져보니 『관란재유고』는 조선 시대 관란재(觀瀾齋) 고회(高晦, 1636~1711)의 문집이다. 본집은 고회의 5대손 명린(命麟) 등이 가장초고(家藏草稿)를 바탕으로 수집·편차하여 1862년 활자(活字)로 인행한 초간본(初刊本)이라 했으니 답은 나왔다. 『관란재유고』의 낙장을 표지 배접 용지로 붙이고 있는 『팔도로표산경』은 1862년, 또는 그 이후에 만든 필사본임이 분명해졌다. 아울러 고회의 5대손 명린 또는 그 주변 인물이 『팔도로표산경』을 필사했고, 표지 제작 시에 『관란재유고』 낙장을 배접 용지로 사용했을 가능성도 있었다.

지금 생각해도 『팔도로표산경』은 참으로 극적인 발견이다. 특히 표지 안쪽 배접 용지를 들여다볼 수 있는 경우는 드문데, 어떻게 그런 절묘한 기회가 나에게 주어졌는지

믿어지지 않을 뿐이다. 그 후로 규장각의 『팔도로표산경』은 뜯어놓았던 표지 부분이 봉합되어 영원히 안쪽을 들여다볼 수 없게 되었으며, 내용은 PDF 파일로도 열람이 가능하게 되었다. 아마도 규장각에 있는 책의 신, 『산경표』의 신이 나에게 잠시 고문헌 수리 복원의 와중에 표지 안쪽을 볼 수 있도록 배려해 주었던 것은 아닐까?

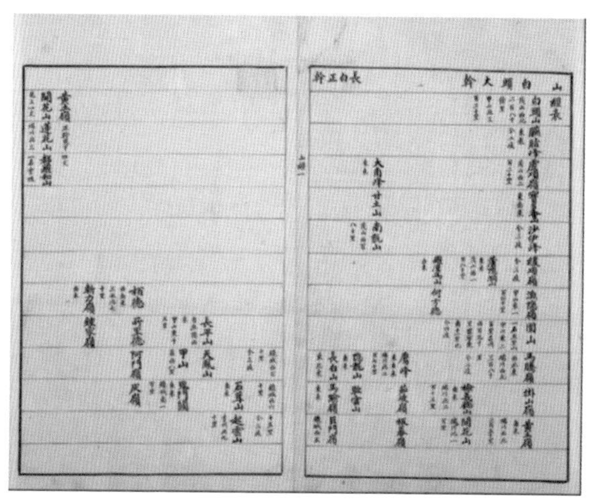

『팔도로표산경』의 산경표 백두대간과 장백정간 부분. 맨 아래 13단을 비워 놓았다.

최근 규장각 사이트에 들어가보니 『산경표』를 검색어로 입력하자 『팔도로표산경』이 바로 나왔으며, 해제가 공개되고 있었다. 그런데 예상했던 대로 『팔도로표산경』의 필사 시기를 아래와 같이 미상으로 적어놓았다. 이로 보아서 『팔도로표산경』의 표지 안쪽을 보고서 필사 시기를 알아낸 사람이 한 명밖에 없었다는 사실이 확인되었으며, 다시 한 번 전율이 스쳐 가는 느낌을 받았다.

"『산경표』는 일명 『산리고(山理攷)』라고도 하는데, 우리나라 각 산맥에 소속된 산(山), 봉(峰), 영(嶺)의 위치를 13단의 표로 나타낸 것이다. 저본(底本)은 조선 영조대에 신경준(申景濬)이 편찬한 것으로 추정하기도 하나 확실하지 않아 편자와 편찬연대는 미상이다."

6

『산경표』와 똑같은 체재의 족보, 『만가보(萬家譜)』

『산경표』라는 지리서가 나오기까지는 그 사상적인 배경으로 풍수지리를 빼놓을 수 없다. 백두산을 중심으로 주산과 진산, 조산, 중조산 및 대간룡으로 산줄기를 파악하는 것이라든가 음양오행 사상에 따라서 이 땅의 산줄기를 수근목간(水根木幹) 또는 수모목간(水母木幹)으로 파악하는 것 등이 그 예이다.[11]

여기에 더해서 위계질서를 중시하는 성리학적인 조선시대의 사고 체계와 족보 및 보학(譜學)의 발달 또한 『산경표』가 성립되기까지의 주요 배경으로 꼽히곤 한다. 실제로 필자는 『만가보(萬家譜)』라는 필사본 족보를 접하는 순간, 12단 체재의 기술 방식에 있어서 『산경표』와 너무도 똑같아서 두 눈을 의심한 적이 있다.

조선시대의 필사본 『산경표』는 목판본 책이나 금속활자본 책과는 달리 미리 만들어놓은 공책에 글을 적어나갔다. 검은색 줄 열두 칸과 사주 단변이나 쌍변을 새긴 목판이 공책을 만들기 위해 사전에 제작됨으로써 종이에 일일이 손으로 선을 긋는 수고를 덜 수 있었다. 이러한 목판에 먹물을 칠해서 찍어내면 '오사란공책(烏絲欄空册)'이 되고, 붉은색은 '주사란공책(朱絲欄空册)'이 된다.

『산경표』의 경우 필사하려면 보통 51장짜리 '오사란공책'이 필요하다. 낱장 상태에서 필사한 후 51장(102쪽) 완성 후에 표지를 씌워서 제본했거나, 아니면 처음부터 51장짜

11 충북대학교의 모 교수는 국토연구원 김영표 박사가 제작한 '수근목간매화도'라는 포스터를 두고서 백두대간이 음양오행설에 바탕을 둔 미신이며, 받아들일 수 없다는 입장을 밝힌 바 있다.

만가보 표지이(고산 윤선도 종가)

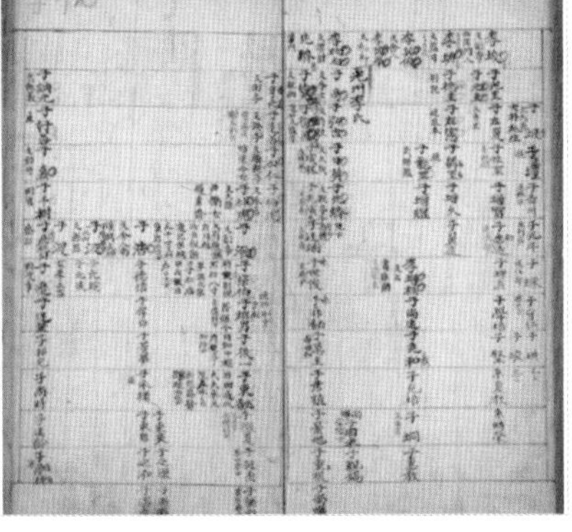

만가보 내용(고산 윤선도 종가)

리 공책을 만들어서 필사했던 것으로 보인다. 그러나 중간에 실수할 경우, 낱장인 상태에서는 얼마든지 새 공책 종이로 교체가 가능한 데 비해서 미리 묶어놓은 공책은 그렇지 못하기 때문에 틀린 부분만 도려내고 오자를 수정한 흔적을 볼 수 있다.

필사본 『산경표』 19종의 공통점 중 하나는 어느 곳에도 필사 시기나 필사자의 이름이 들어가 있지 않다는 사실이다. 오로지 백두대간부터 호남정맥까지 1대간 1정간 13정맥의 지명과 각 진산에 해당하는 군현 지명이 거리 및 방향 등의 위치 정보와 함께 빼곡히 칸을 메우고 있을 뿐이다.

'표(表)'라는 제목이 붙은 경우는 상당히 드문 편인데 『동국군현연혁표』 외에 『산경표』 및 『정리표』 등 세 가지가 있다. 이 중 장서각 소장 『동국군현연혁표』는 1770년 신경준이 여지고의 내용을 뽑아서 직접 편찬한 책이다.

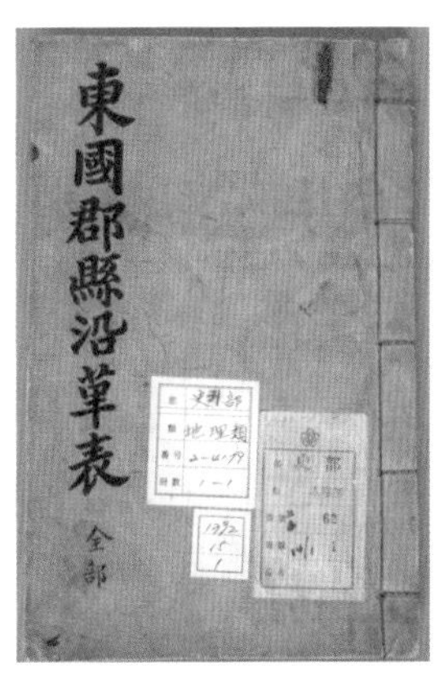

동국군현연혁표_장서각

현재까지 알려진 바로는 『만가보』는 1800년대 말경 필사본이 나온 데 비해서(윤선도 종가 소장본), 『산경표』는 1770년 여암 신경준이 편찬한 이후 1800년경부터 1913년 이전까지 1백여 년간 20종의 필사본이 나왔다. 사상적인 배경은 차치하고라도 서지적으로 보았을 때 『만가보』와 『산경표』 둘 다 오사란공책에 필사되었다는 점이 주목되는 사실이다. 이로 미루어 보아서 필사용 공책은 18세기 이전부터도 필요에 따라서 여러 가지 체재로 제작되었으며, 『산경표』 외에 특히 『만가보』와 같은 족보 필사용으로 12단 형식이 주로 사용된 것으로 보인다.

7

『여지편람』「산경표」는 여암 신경준의 수고진본(手稿眞本)일까?

두 종류의 『여지편람』에 관한 소고

1990년에 간행된
『산경표』 영인본

1990년 도서출판 푸른산에서는 조선광문회본 『산경표』를 저본으로 한 영인본 『산경표』를 펴냈다. 이 책은 『산경표』 102쪽(51장)과 지도 및 해설을 포함하고 있다. 편찬자인 박용수는 해설을 통하여 『산경표』의 저자가 신경준(1712~1781)이며, 편찬 시기를 1769년(영조 45) 경이라고 단정하였다. 그가 제시한 내용은 두 가지로 한국학중앙연구원 장서각에 소장되어 있는 『여지편람(輿地便覽)』(2책, 필사본)의 내제가 「산경표」이며, 영조가 1769년에 신경준에게 『여지편람』의 감수를 맡겼다고 한 기록을 근거로 들었다.

이에 대하여 양보경은 1992년에 발표한 「여암 신경준의 지리사상」(월간 〈토지연구〉 3-3,한국토지개발공사)에서 장서각 소장 『여지편람』과는 다른 또 하나의 『여지편람』 6책을 일본 정가당문고에서 소장하고 있으며, 영조가 『동국문헌비고』 편찬 시에 『여지편람』의 범례가 중국의 『문헌통고』와 비슷하다고 언급한 점 등을 고려해 볼 때(문헌통고 범례와 전혀 다른) 『산경표』의 저자를 신경준으로 단정하기에는 무리가 있다고 지적했다.

이들 주장의 진위를 확인하기 위해서 한때 필자는 『여지편람』을 소장하고 있는 일본의 정가당문고미술관을 방문한다는 계획을 세워놓았다가 우한폐렴이 창궐하는 바람에 무산된 적이 있다. 그러나 궁하면 통한다고 일본 히토쓰바시대(一橋大) 도서관 자료 검색을 통하여 1962년에 발표된 박창희(당시 히토쓰바시대 유학생)의 『여지편람』 관련 논문을[12] 찾아낼 수 있었다.

그에 따르면 『여지편람』은 여암 신경준이 편찬했으며, 1924년부터 정가당문고미술관에서 소장하고 있는 것으로 확인되었다. 아마도 일제강점기 당시에 누군가 규장각, 또는 장서각에서 밀반출한 것으로 추정된다.

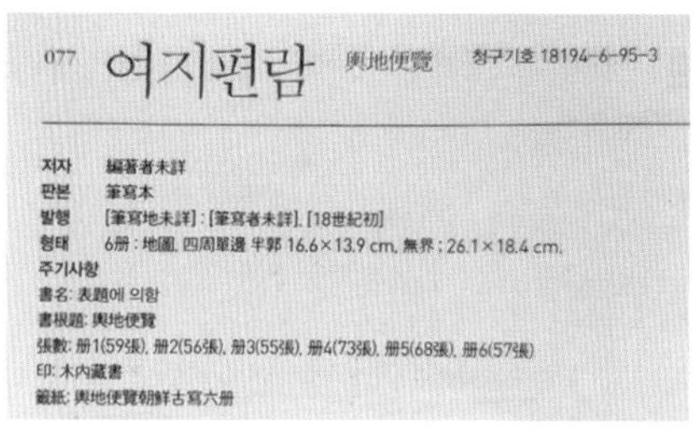

077 여지편람 輿地便覽 청구기호 18194-6-95-3

지자 編著者未詳
판본 筆寫本
발행 [筆寫地未詳] : [筆寫者未詳], [18世紀初]
형태 6冊 : 地圖, 四周單邊 半郭 16.6×13.9 cm, 無界 ; 26.1×18.4 cm.
주기사항
書名: 表題에 의함
書根題: 輿地便覽
張數: 冊1(59張), 冊2(56張), 冊3(55張), 冊4(73張), 冊5(68張), 冊6(57張)
印: 木內藏書
籤紙: 輿地便覽朝鮮古寫六冊

일본 정가당미술문고 소장 여지편람의 서지사항

또 한 가지 필자가 밝혀낸 것은 『여지편람』이 일본고전적종합목록에[13] 등재되어 있으며, 이 책의 서지 사항에 '조선 신경준 봉명찬(朝鮮 申景濬 奉命撰)'이라 하여 『여지편람』이 조선 왕(영조)의 명을 받들어서 신경준이 편찬했음을 밝히고 있다는 사실이다. 또한 1962년(소화37)에 복사본이 제작되었는데, 현재 히토쓰바시대학 도서관 소장 『여지편람』이[14] 바로 그것이며, 전술한 박창희의 논문이 부록으로 들어갔음을 짐작케 한다. 물론 정가당미술문고 소장 『여지편람』의 찬자가 신경준이라고 해서 장서각 소장 『여지편람』도 신경준이 편찬했다는 주장은 성립될 수 없다. 그러나 만약 필사본이 아니라 원본 『산경표』가 발견된다면 신경준 찬표설이 입증될 수 있는 일말의 가능성이 열려 있는 셈이다.

---

12 『静嘉堂文庫所蔵』「輿地便覧」について, 朝鮮学報(25), 141~147쪽, 朴菖熙, 1962,

13 "史部 輿地便覽 坿附錄 朝鮮 申景濬 奉命撰 昭和三十七年 用靜嘉堂文庫藏本景照6冊"
(http://kanji.zinbun.kyoto-u.ac.jp/kanseki?record=data/FA002010/tagged/902422007.dat&back=1)

14 『여지편람』 일본 히토쓰바시대 도서관
(https://opac.lib.hit-u.ac.jp/opac/opac_details/?lang=0&amode=11&bibid=1000158345)

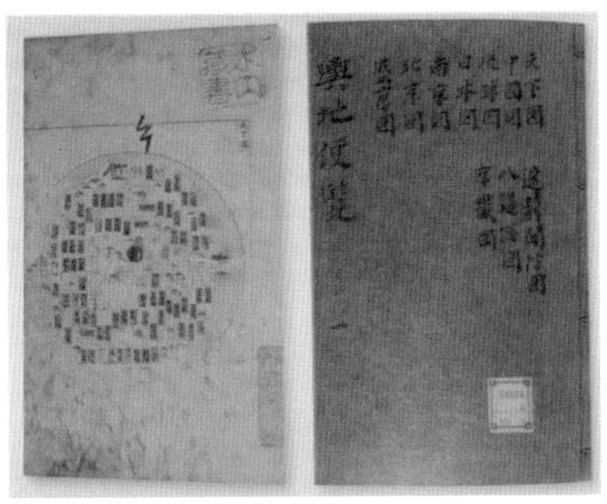

4침 선장본인 일본 정가당미술문고 소장 여지편람. 원래는 5침 선장본이었으나 일본으로 유출된 후 새롭게 제본한 것으로 보인다.

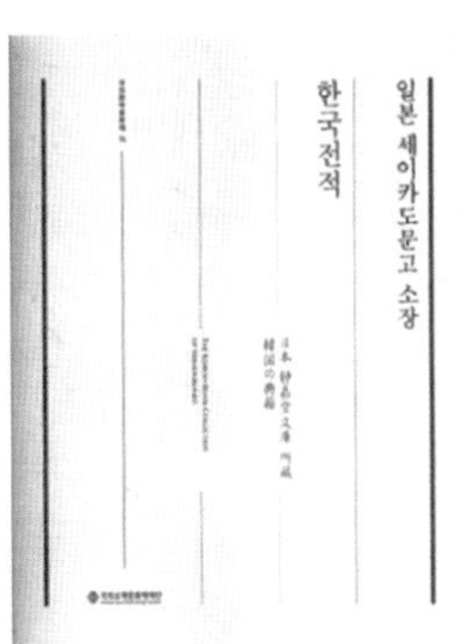

2018년 간행된 이 책에 여지편람 등이 수록되어 있다.

한국에서는 1980년에 『여지편람』 원본을 촬영하여 국립중앙도서관에서 흑백 마이크로필름(M古75-043-2)으로 소장하고 있다.[15] 여기에 더해서 해외한국학자료 발굴 차원에서 2018년 《일본 세이카도문고 소장 한국전적(日本静嘉堂文庫所藏韓國の典籍)》(국외소재문화재재단)이 간행되었다. 한국학중앙연구원 옥영정 교수팀이 정가당미술문고 소장 한국 도서와 문헌 자료들을 컬러로 촬영하고 해제를 붙여 펴낸 이 책은 필자의 연구에 큰 보탬이 되기도 했다. 결국 코로나가 창궐하던 2020년 당시 『여지편람』 확인을 위해 2주간의 자가격리를 감수해 가면서까지 일본에 다녀올 필요가 없어진 셈이다. (도록에 소개된 『여지편람』 채색 지도와 내용은 소략하기 때문에 나중에라도 직접 가서 확인해 보고 싶은 게 필자의 솔직한 심정이다.)

다시 장서각 소장 『여지편람』으로 돌아와서 논하자면, 이 책은 건(乾) 「산경표」, 곤(坤) 「정리표」 2책으로 1995년 이찬이 남긴 해제에서는 신경준의 『산경표』와 동일한 것으로 설명하고 있다. 즉, 신경준이 직접 작성한 수고진본은 아니며, 그 필사본이라는 의미로 해석될 수 있다. 이찬의 해제는 『산경표』를 신경준이 만들었다는 것을 전제로 하고 있다. 그러나 그 주장이 무엇을 근거로 한 것인지는 밝히지 않아서 문제가 된다.

15 국립중앙도서관 한국고문헌종합목록 (https://www.nl.go.kr/NL/contents/N10500000000.do)

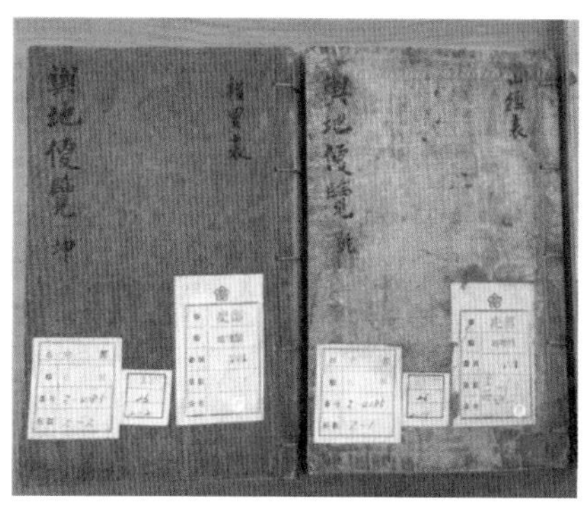

장서각 소장 여지편람. 건「산경표」, 곤「정리표」 2책

장서각 소장『여지편람』「산경표」는 내용과 형식 면에서 현존하는 필사본『산경표』 19종 가운데 가장 오래된 것이다. 그러나 문제는 짝을 이루는「정리표」의 경우 표지 글씨 및 책의 크기 등 서지 사항 등이「산경표」와 다르다는 점이다.[16] 이를 통해『여지편람』의 두 책이 서로 다른 시기에 다른 필사자가 작성한 필사본임을 확인할 수 있으며, 따라서 최소한 1769~1781년 사이, 신경준 생존 시에 작성된 원본『여지편람』이 따로 있었을 것이라는 추론이 성립된다. 이러한 추론은 일본에 있는『여지편람』을 여암 신경준이 편찬했다는 박창희의 연구 결과와 장서각 소장『동국군현연혁표』가 1770년 신경준이 편찬한 것이라는 등의 사실을 근거로 한다.

사족으로『산경표』의 내용을 근거로 하여 찬자가 여암 신경준이 아니며, 1800년 전후의 누군가가 만들었을 것이라는 주장이 있으나, 이는 원본이 아니라 필사본『산경표』 몇 종을 비교한 후 내린 결론이라는 점을 지적하고 싶다. 원본 없는 필사본이 있을 수 없으며, 필사본만 가지고 논하는 것은『산경표』 찬자와 찬표 시기 구명에 있어서 의미 없는 일이기 때문이다.

16 장서각의『여지편람』(K2-4185) 해제에서도『여지편람』의 두 책은 아래와 같이 소장처와 소장자 인장이 서로 다름을 밝히고 있다. "권수면 상단에 정방형의 '李王家圖書之章', 제2책의 권수면 하단에 정방형의 '金永稷印'이 날인되어 있다."(이성호)

8

하버드 옌칭도서관에 있는 『본국산경(本國山徑)』

인문학, 특히 동양학 분야에서 하버드를 하버드답게 만든 것은 옌칭[燕京]도서관이 있기 때문이라 해도 과언이 아니다. '옌칭'은 주로 한국, 중국, 일본, 베트남 관련 자료를 보유하고 있는데, 필자의 경우 역사지리학 관련 고문헌을 열람하기 위해서라도 빠른 시일 내로 한 번 꼭 가보고 싶은 도서관이기도 하다.[17]

하버드 옌칭도서관과 연구소. 작은 사진은 건물 입구의 현판

한국의 학자 가운데서도 옌칭도서관 덕을 본 사람이 많은데, 그중 으뜸은 단국대학교 윤내현 교수일 것이다. 그는 1970년대 말 하버드 옌칭연구소에 교환교수로 있으면서 한국에서는 접할 수 없는 자료를 활용하여 《중국의 원시시대》라는 명저를 냈으며, 고조선 연구 분야에서 기념비적인 업적을 세웠다. 1980년대 그가 모 일간지에 연재하던 고조선 관련 글이 충격으로 와닿았던 기억이 아직도 새롭기만 하다. 신용하 교수 같은 분도 1960년대 당시 '옌칭'을 함께 드나

17 옌칭도서관에 소장되어 있는 자료의 규모는 총 1,191,123권(2007년 6월 30일 기준)이며 한국관의 경우는 그중에서 134,317권이다. 해마다 새로 들여오는 자료는 옌칭도서관 전체 3만 권 정도인데 한국관의 경우 지난해 5,411권의 자료를 새로 들여왔다. 하버드옌칭연구소의 소장자료는 하버드도서자료검색 웹페이지, HOLLIS Catalog를 통해서 확인할 수 있다(www.lib.harvard.edu). 모든 목록을 영문은 물론 한글 및 한자를 입력해도 찾을 수 있다.
(출처: 민족의학신문http://www.mjmedi.com)

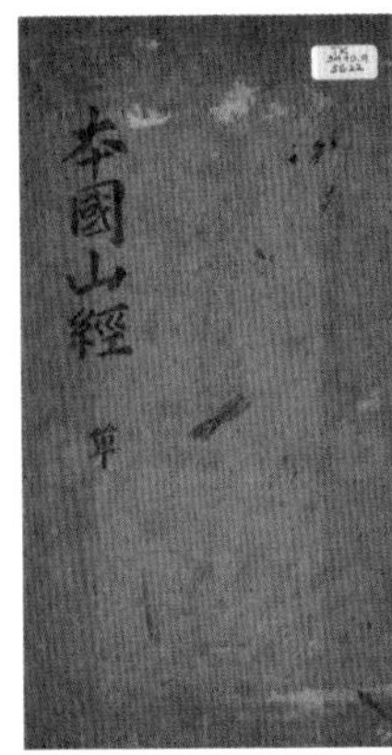

본국산경 표지. 오침선장본에 사격만자 문양이 선명하다.

본국산경 첫장을 숫자 대신 '天'으로 적어 놓았다.

지리산 아래 부기는 낙남정간이지만 본문 지두에는 낙남정맥으로 표기하고 있다.

본국산경 마지막 74장은 '師'로 끝난다.

들었던 선후배 한국 학자들 덕분에 고조선 분야의 대작을 낼 수 있었던 것으로 안다.

미국 하버드 옌칭도서관은 19종의 필사본 『산경표』 가운데서 가장 완성도가 높은 판본 『본국산경』을 소장하고 있다. 『산경표』가 12단인 것과는 달리 본문 체재가 9단 편집이며, 따라서 전체 분량도 51장에서 74장으로 늘어났다. 이와 똑같은 체재는 연세대 소장 『동국산경표』이다. 다른 점은 『본국산경』이 가로 21.3cm, 세로 34.6cm로[18] 19종 가운데 가장 큰 축에 속하는 반면, 『동국산경표』는 가로 15.3cm, 세로 22.7cm로 국립산악박물관 소장본을 제외하고는 가장 작은 판본으로 꼽힌다.

두 책 모두 면당 단수는 12단에서 9단으로 줄었다. 그러나 첫 단에서는 12단 체재와 마찬가지로 앞장 마지막 지명을 뒷장에 다시 달고 있으며, 대간, 정맥 등 산줄기 이름은 난외 윗부분인 지두(紙頭)에 적었다. 특히 『본국산경』은 장정도 고급스럽고, 전문 필사자[사자관, 寫字官]가 공들여 옮겨 적은 흔적이 역력하다. 업무용이라기보다는 누군가 소장본 또는 선물용으로 상당한 노력과 비용을 들여서 제작했을 것이라는 추측

18 세로 34.6cm는 19종 산경표 가운데서 가장 큰 것이다. 가로 길이는 『팔도로표산경』이 23cm로 가장 크다.

이 가능하다. 이외에도 『본국산경』의 특이한 점 한 가지는 여타의 필사본과는 달리 본문의 순서를 숫자로 표기하지 않고 천자문의 차례대로 나타낸 것이다. '천(天)'이 첫 번째 장이 되며, '천지현황 우주홍황 일월영측 진숙열장(天地玄黃 宇宙洪荒 日月盈昃 辰宿列張)'식으로 나가다가 마지막 74장은 '사(師)'로 끝난다.

『본국산경』의 표지를 자세히 보면 비록 사진이지만 사격만자 문양이 선명하게 드러나 있음을 볼 수 있다. 또한 조선 고유의 전통적인 '오침선장' 제본 방식도 확인할 수 있다. 중국이 육침선장, 일본이 사침선장이었던 데 비해서 조선의 고서는 거의 대부분 오침선장본이다. 앞서 다뤘던 일본 정가당미술문고 소장 여지편람의 경우는 사침선장이었다. 고서 전문가의 견해에 따르면 이는 미술관 측에서 입수한 후 원래 오침선장본이었던 것을 사침선장본으로 '표지갈이'했을 가능성이 높은데, 그게 일본인들의 방식이라는 것이다. 『본국산경』은 그나마 미국으로 팔려 가서 원형을 유지하고 있으니 다행이라는 생각이 든다.

필사자 및 필사 시기 미상인 『본국산경』을 옌칭도서관에서 접수한 시기는 1959년 무렵이다. 표지 상단 왼쪽에 'AUG. 27. 1959'라는 스탬프가 찍혀 있다. 이와 함께 옌칭도서관은 『본국산경』과 표지 색깔이 같으나 크기가 약간 작은 『정리표』를[19] 소장하고 있는데, 두 책 다 인터넷 검색이 가능하며, 신청하면 메일을 통해 PDF 파일로 받아볼 수 있다.

정리표 표지

『정리표』는 12단의 본문 왼쪽 여백에 장차(張次)를 표기했으며, 거경정리표 17장과 군현상거표 48장, 중국 각 지방과의 거리표 1장 등 총 66장이며, 뒷부분에 공백 5장이 있다. 『본국산경』과 마찬가지로 표지 스탬프인에는 'NOV 1. 1961'이라고 찍혀 있다. 아마도 옌

19 TK3490.6 6241 Havard-Yenching Library(https://iiif.lib.harvard.edu/manifests/view/drs:8077711$1i)

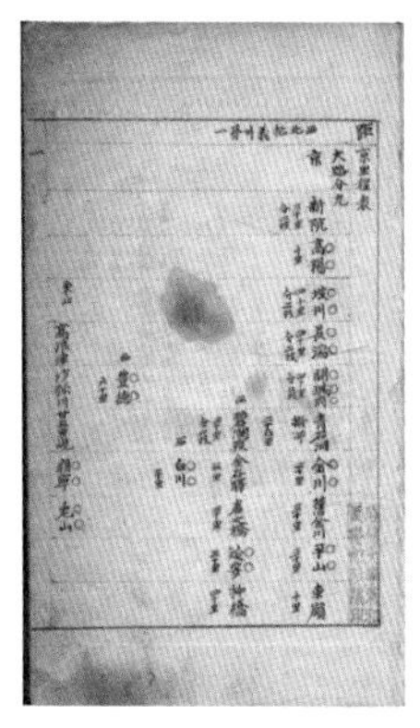

거경정리표. 9단인 본국 산경 산경표와는 달리 12단 체재이다.

칭도서관의 한국 전문 사서가[20] 1959년부터 1961넌 사이에 일관된 기준으로 『산경표』와 『정리표』 등 지리서를 수집한 결과로 보인다.[21] 자세한 서지 사항은 없으며, 책의 세로 길이가 32cm인 점만 밝히고 있다.[22]

1959년이면 한국은 6·25전쟁의 폐허에서 겨우 벗어난 가난한 나라였던 시기이다. 『산경표』보다 더 귀중한 고서라도 당시 하버드에서 원하는 자료는 뭐든 사들일 수 있는 상황이었던 것으로 보인다. 이미 일제강점기에 일본이 조직적으로 희귀자료를 훑어갔고, 전쟁의 와중에서 그나마 좀 남아있는 것들이 하버드로 갔던 것이리라.

연세대학교 소장 『동국산경표』는 『본국산경』과 같은 9단 74장인 필사본이면서도 크기는 전체 19종 필사본 가운데 가장 작다. 표지 이면에 낙서가 들어가 있는 용지를 재

---

20 옌칭도서관은 고대 희귀본 자료를 포함하여 동아시아 관련 자료를 광범위하게 보유하고 있는 도서관으로 꽤 이름있는 곳이다. '옌칭(Yenching)'은 중국의 옛 수도 이름 '연경(燕京)'을 중국식으로 발음한 것이다. 1928년부터 1965년 이전까지는 Chinese -Japanese Library of the Harvard-Yenching Institute at Harvard University라는 긴 이름으로 불렸으나, 1965년부터 하바드 옌칭도서관(Harvard Yenching Library)이라는 명칭을 사용하고 있다.

2008년 현재 한국관을 담당하는 사람은 강미경 총괄사서로 이곳에 온 지는 2년이 채 안 되었다고 한다. 그 이전에 한국관을 담당했던 윤충남 박사는 십수 년에 걸쳐 한국본 희귀자료를 정리하고 해제까지 붙여 출간했을 정도로 이곳의 자료 정리에 공로가 많으신 분이다. 윤충남 박사가 하버드 한국관의 역사를 정리한 《하버드 한국학의 요람》(The Cradle of Korean Studies at Harvard University)이 2001년에 을유문화사에서 출판됐다. 그분은 2006년에 은퇴하여 그 자리를 지금의 강미경 씨가 이어가고 있다. 이곳 도서관에는 사서들을 위한 별도의 사무공간은 없고 층마다 빽빽이 들어차 있는 서고 옆에 간이벽으로 만든 조그마한 공간에서 근무한다. 지하 1, 2층은 한국 관련 자료들이 있는 곳인데 서가 옆에 마련된 조그마한 사무실에서 한국관에 속한 6명의 직원이 근무한다.
(출처: 민족의학신문 http://www.mjmedi.com)

21 조선광문회본 도리표 역시 옌칭도서관 소장 도서인데 1956년 2월 23일 입수했다는 스탬프가 찍혀 있다. TK3490.6 9080(https://iiif.lib.harvard.edu/manifests/view/drs:457626009$2i)

22 이 책은 국립중앙도서관에서도 PDF 파일의 형태로 원문을 열람할 수 있다. 원본 소장처인 옌칭도서관과는 달리 가로 19.7cm, 세로 31.5cm라는 정확한 책의 크기도 밝혀놓았다.

활용하고 있는 점 등으로 볼 때 소장본이라기보다는 휴대 편의성을 목적으로 한 특징이 보인다. 따라서 도리표 등과 함께 지방 관아의 하급 관리들이나 보부상 등이 빈번하게 참고했던 업무용 자료였을 가능성이 크다.

국립민속박물관에도 『본국산경』이 있다고 해서 한동안 필자의 애를 태운 적이 있다. 하필이면 논문 제출 기한이 지난 2020년 4월에 수장고 공사가 끝난 후 열람이 가능하다는 바람에 확인을 포기하고 말았다. 결국 2021년에 확인해 보니 어이없게도 하버드 옌칭도서관 판본을 프린트한 복사본 『본국산경』이었다. 담당 사서가 조금이라도 성의가 있어 서지사항에 '사본'이라는 두 글자만 적어두었더라도 몇 년간에 걸친 기다림은 없었을 텐데 말이다.

9

18세기 위대한 실학적 지리학의 계보와 백두대간 개념의 완성

정상기의 '동국대지도'에서 김정호의 '대동여지도'까지

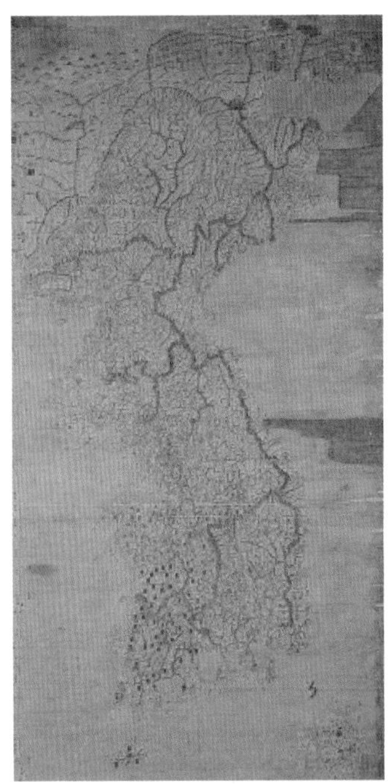

동국대지도(보물 제1538호. 채색 필사본. 세로 272.7cm, 가로 147.5cm)
(출처: 국립중앙박물관)

국립중앙박물관 1층 특별전시실에는 '동국대지도'와 '대동여지도'가 나란히 걸려 있다. 몇 년 전 지도예찬 특별전 이후 수장고로 들어가 있으리라 생각했던 두 지도를 올봄에 다시 대하는 순간, 정상기(1678~1752)와 김정호 사이에 존재하는 100여 년이라는 시간적 간격이 새삼스럽게 다가왔다.

조선의 위대한 두 지리학자는 각각 18세기와 19세기를 대표한다. 정상기의 '동국대지도'는 1750년 무렵, 김정호의 '대동여지도'는 1861년에 제작되었음에도 불구하고, 두 지도는 공통으로 백두대간과 정맥을 명백하게 표현하고 있다. 다른 점으로는 전자는 필사본 채색지도인 반면 후자는 목판본 지도이며, 대동여지도가 몇 배 더 크다. (22첩 모두를 붙여놓은 대동여지도는 현재 규장각에 한 점 걸려 있으며, 강원도 영월의 호야지리박물관에는 실사출력한 대동여지도를 걸어놓았다.)

100리 척을 사용한 정상기의 동국대지도는 신경준의 20리 척 동국여지도와 더불어 100여 년 후 김정호의 대동여지도 제작을 가능하게 만든 지도학적 사건으로 평가된다. 그러한 동국대지도가 제작될 당시 정상기로 하여금 백두대간 개념을 수용하게 만든 학문적 성과물로 반계 유형원(1622-1673)의 『동국여지지』를 빼놓을 수 없다. 1656년(효종 7)에 편찬된 이 책은 최초의 사찬 전국지리지로 백두산을 조종산으로 하는 개념에 더하여 백두산 남쪽 줄기를 근본으로 하여 뻗어나간 백두대간이 조선 산맥의 근본이라는 점을 분명히 밝히고 있다.

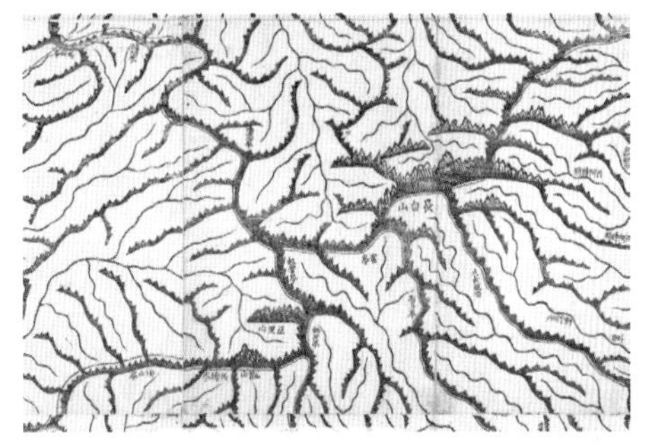

대동여지도 부분(보물 제850-1호. 목판본 접철식 전국지도집. 세로 약 6.6m, 가로 4m)(출처: 국립중앙박물관)

여기에 더하여 1720년대부터 집필을 시작한 성호 이익(1681-1763)의 『성호사설』 천지문에는 백두대간 관련 내용이 8개 항목에 걸쳐서 일관된 기술로 나타난다. 특히 제1권 천지문 동국지도 항목은 끝부분에 '나의 친구 정여일[23]이 세밀히 연구하고 정력을 기울여 100리 척을 만들어서 정밀한 측량을 거쳐서 지도 8권을 작성'하였다고 적고 있다. 따라서 동국지도는 정상기가 만든 것임을 알 수 있다.

이상과 같은 내용을 살펴볼 때 우리는 정상기가 활동했던 시대에 이미 백두산을 중심으로 한 백두대간 개념이 실학자들의 지리서나 사전류의 책에 정확하게 기술되기 시작했음을 알 수 있다. 또한 그 이전이나 이후의 어떤 지도보다 굵직하고도 뚜렷하게 백두대간과 정맥이 묘사되어 동국대지도에 묘사되어 있음을 발견하게 된다.

유형원-이익의 계보를 잇는 실학적 지리학자로 이중환(1690-1756)을 빼놓을 수 없다. 성호 이익의 문인인 그는 1751년(영조 27) 조선 최고의 인문지리서인 『택리지』를 펴냈다. 『택리지』의 복거총론 가운데 '산수' 앞부분에는 당대 조선의 어떠한 지리서보다

23 정상기는 성호 이익의 4대 제자 중 한 명이다. 자(字)는 여일(汝逸) 호(號)는 농포(農圃)이다.

백두대간과 정맥에 대하여 상세히 기술하고 있다. 이는 백두대간의 15개 산줄기가 정확하게 묘사된 동국대지도와 같은 조선전도류의 지도에 의존하지 않고는 불가능했던 것으로 보인다.

이익-정상기-이중환의 학문적 관련성 내지 친연성을 입증하는 근거로는 이중환의 스승이기도 했던 이익 자신이 동국대지도를 제작한 정상기와 '40년을 하루같이 평생의 벗'으로 교류했다는 기록에서 찾아볼 수 있다. 또한 정상기 사후 그의 셋째 아들 정항령은 이익을 스승으로 삼고 문안하며 자주 편지를 보내기도 했던 것으로 나타난다. 이와 같은 분위기 속에서 이중환은 복거총론 산수를 통하여 『성호사설』 천지문과 『동국대지도』가 담고 있는 백두대간 관련 지리 정보를 공유했던 것으로 보인다.

한편 이익-정상기-이중환에 이어서 정항령과 지도 제작을 함께하였던 신경준은 『여지편람』 「산경표」와 『동국문헌비고』 「여지고」 '산천1 총설'에서 백두대간 개념을 완성시키기에 이르렀다. 1656년 유형원의 『동국여지지』에서 시작된 백두대간 개념은 이익-정상기-이중환-정항령-신경림을 거쳐서 약 110년 후인 1770년에 완성된 셈이다. 1776년에 이긍익(1736-1806)이 펴낸 『연려실기술』은 기사본말체 역사서이기는 하지만, 별집 제16권 「지리전고」에 백두대간의 산을 기술한 부분이 들어 있어 주목된다. 특히 지리전고 총지리 부분의 기술 방식과 내용은 『동국문헌비고』 「여지고」의 '산천1 총설'과 유사한 것으로 확인된다.

이상과 같은 위대한 지리학적 계보의 끝에는 1861년 고산자 김정호가 완성한 22첩 『대동여지도』와 백두대간이 찬란한 금자탑으로 빛난다. 이 업적에는 목판본 『대동여지도』 완성 후인 1863년에 나온 『대동지지』 또한 빼놓을 수 없다. 30권 15책인 『대동지지』는 현재 필사본으로 전하고 있으며, 김정호가 직접 쓴 진본은 고려대학교에서 소장하고 있다(평안도 편은 김정호의 친필이 아니며 나중에 누군가 정서하여 첨부한 것으로 알려져 있다). 아쉽게도 『대동지지』 가운데 평안도 편 일부와 산수고 및 변방 편 등은 결본이다.

10

고산자는 『대동여지도』 제작에 『산경표』를 참조했을까?

『대동지지』 인용서목을 통해서 본 『산경표』와 『대동여지도』

답부터 말하자면 『산경표』를 참조하지 않았다. 미완성인 채 전하는 고산자의 『대동지지』 필사본 제1권 인용서목[引用書目, 현대의 참고문헌 목록]에 『정리표』는 있으나 『산경표』는 없기 때문이다. 『산경표』는 『정리표』와 더불어 고산자 김정호(1804~1866?) 생존 당시인 19세기 초반 무렵부터 필사가 이루어지던 책이다. 문제는 여기서부터 출발한다.

고산자는 과연 『산경표』의 존재를 몰랐을까? 아니면 『동국문헌비고』 「여지고」 '산천총설'을 통하여 충분한 자료를 확보했기 때문에 별도로 『산경표』를 인용서목에 넣지 않았던 것일까? 『대동지지』 인용서목 분석을 통하여 『산경표』, 특히 백두대간이 『대동여지도』에 어떻게 반영되었는지 알아본다.

혜강 최한기

『대동지지』 인용서목에 관해서는 그동안 지리학자들이 관심을 별로 보이지 않았다. 그러나 1770년 백두대간 개념 완성 전후의 지도 제작에 나타난 실학적 지리학의 성과를 확인한다는 측면에서 충분히 검토되어야 하는 부분이다. 먼저 이 서목에는 중국사서 22종, 한국사서 43종, 도합 65종의 사료가 정사, 관찬사료, 사찬사료 순으로 정리되어 있다. 『대동여지도』 제작과

위당 신헌

보급에 있어서 주변 실력자들의 도움을 받은 것과 마찬가지로 사료에 있어서도 민간에서 구할 수 있는 것은 최한기(1803~1877)의 후원으로, 관찬 사서나 자료는 최성환(1813~1891)과 신헌(1810~1884)의 도움이 있었던 것으로 알려졌다.

한국사서 43종 가운데는 지리서 17종이 포함되어 있다. 『여지승람』, 『문헌비고(여지고)』, 『연려실기술(지리전고)』 외에 『화성지』, 『남한지』, 『송경지』, 『강도지』, 『관북지』, 『관서지』, 『호남지』, 『발해고』, 『탐라지』, 『택리지』, 『동국지리변』, 『지리군서』, 『정리표』, 『여지도』 등이며, 다산 정약용(1762-1836)의 저서인 『수경』과 『강역고』, 『관북연혁고』를 포함하면 지리서는 모두 20종이 된다.

이긍익의 『연려실기술』은 이중환의 『택리지』와 더불어 김정호가 『대동지지』 편찬 작업에 참고한 것으로 인용서목에서 확인할 수 있다. 반면에 백두대간을 처음 언급한 이익의 『성호사설』이나 백두대간 개념이 완성된 신경준의 『여지편람』 「산경표」는 『대동지지』 인용서목에서 찾아볼 수 없다. 물론 『동국문헌비고』와 『증보문헌비고』 모두 인용서목에 들어가 있는 것으로 보았을 때 『산경표』 없이도 『문헌비고』 「여지고」를 통하여 백두대간에 관해서 파악할 수 있었던 것으로 해석할 수도 있다.

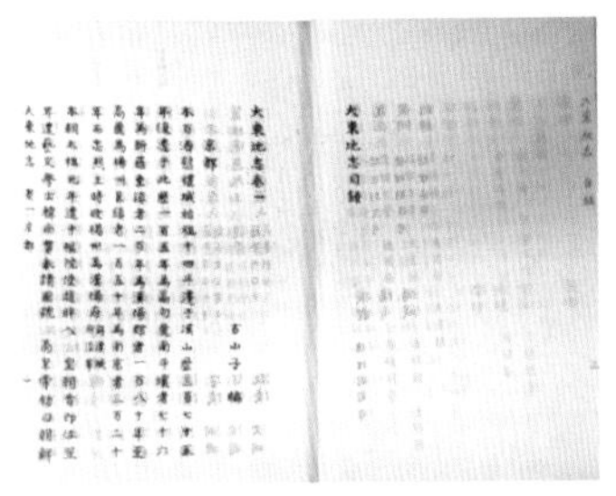
대동지지 권1경도

『대동지지』 인용서목에서는 정약용의 저서 3종이 포함되어 있는 점 또한 주목된다. 이는 앞서 언급한 바와 같이 자료의 선택에 있어서 김정호 자신의 의지가 반영된 것이 아니라는 점에 대한 고려가 필요한 부분이다. 주로 최한기, 최성환, 신헌 세 사람이 구할 수 있는 범위 내에서의 관찬, 사찬 자료를 제공했기 때문인 것으로 보인다. 이는 전적으로 이들 세 명의 안목과 기준에 달려 있었던 것이며, 100여 년 전 제작된 신경준의 지도나 지리서를 이들이 구할 수 없었거나 배제했을 가능성도 연구 대상으로 남겨 놓는다.

인용서목 마지막 부분에 들어 있는『정리표』는『여지편람』「정리표」가 아니라 이곤수(李崑秀, 1762~1788)가 필사한 것이다.(우리는 이 대목에서 원본『정리표』와『산경표』가 이곤수 활동 당시인 1787년 이전에 이미 존재해 있었음을 알 수 있다.) 19세기 중반 무렵이면「정리표」 필사본 정도는 김정호가 직접 나서서 쉽게 구할 수 있는 자료였다. 그럼에도 불구하고 특히 이곤수의 것을 선택한 데는 특별한 배려가 있었던 것으로 보인다.

이곤수는 21세 때인 1782년(정조 6) 성균관 유생으로 별시문과에 병과로 급제하였으며, 1784년 시강원설서를 거쳐, 1787년, 26세 때 황해·평안 양도의 어사로 나가 민정을 살피고 시정책을 건의하였다.『대동지지』 인용서목에 들어가 있는『정리표』는 아마도 1787년 암행어사 활동에 필요한 자료 준비 차원에서 이곤수 자신이 필사했던 책으로 보인다. 뛰어난 문재(文才)로 정조의 총애를 받았던 이곤수는 수재(壽齋)라는 호를 하사받기도 하였다. 그러나 이곤수는 1787년 9월 함경도 관찰사로 부임하는 아버지를 따라가다가 병사했다. 불과 26세의 나이에 요절하고 말았으니 정말 많은 아쉬움을 남긴 인물로 다가온다.

11

『산경표』는 어떻게 만들었을까?

지리학자의 입장에서 본 『산경표』

여기 검은 가로줄 11개가 쳐진 51장, 102쪽짜리 빈 공책이 한 권 있다. 당신은 최초로 『산경표』를 쓰는 18세기 조선의 선비 아무개라고 해두자. 그냥 머릿속에 들어 있는 지명과 산 이름, 고개 이름만으로 51장을 채워나갈 수 있을까? 게다가 1리부터 330리까지 진산과 300여 개 각 읍치까지의 거리라든가, 동·서·남·북·동남·동북·서남·서북 등 여덟 개로 표현된 진산과 읍치의 상대적인 방위를 그 산 이름 옆에 그보다 작은 글씨로 하나도 틀리지 않고 적어 내려갈 수 있을까?

빈 공책 앞에서 붓을 들고 백두산부터 몇몇 산은 써 내려갈 수 있겠지만, 산 이름 옆에 부기로 적어야 하는 방향과 거리까지는? 게다가 두 개에서, 많게는 네 개까지 갈라져 나가는 지맥은 몇 장을 건너뛰어서 이어지기도 하는데, 이는 그냥 원본을 놓고 필사하면서도 헷갈리는 부분이다. 여기까지 설명했으면 아마도 대부분의 독자는 짐작할 수 있으리라. 그냥 머릿속에 들어 있는 지식을 쏟아놓은 것이 『산경표』가 아니며, 그런 식으로 만든 표(表)가 아니라는 사실을.

표를 만들기 위해서는 원자료[raw data]가 있어야 한다. 『산경표』의 경우 자연지명과 인문지명, 행정지명 외에 거리와 방향 등 위치 정보가 필수적이다. 만약 『산경표』를 찬표한 사람이 영조 연간에 활동한 인물이라면 위에서 언급한 원자료 가운데 가장 최신의 것이 망라된 『여지도서』를 참조했을 것으로 보인다. 『신증동국여지승람』 이후 270여 년 만에 나온 전국 읍지인 『여지도서』는 각 읍 첫머리에 채색지도까지 넣은 관찬 지리지로서 18세기 중엽의 조선 지방 사회를 전국적으로 이해하는 데 중요한 자료이다.

다음 단계의 원자료는 백두대간 15개 산줄기와 지명이 표기된 조선전도와 군현 지도가 필수적이다. 『산경표』를 작성하려면 오사란공책 또는 낱장의 공책지를 펼쳐 놓고 왼쪽에는 지리서, 오른쪽에는 지도를 두고 대조해 가면서 백두산부터 하나씩 적어내려가는 과정을 밟을 수밖에 없다.(이는 필자가 산경표를 직접 필사하는 과정에서 확인한 사실이다.) 낱장의 공책지를 사용했으리라는 추측은 더러 몇 장 건너뛰어서 이어지는 산의 경우 미리 묶어놓은 공책보다 더 수월하게 작성하여 낱장들을 편집할 수 있고, 순서가 바뀌거나 오탈자 등 실수가 생길 경우 새 공책지를 사용할 수 있기 때문이다. 지도의 경우, 특히 백두대간을 가장 선명하고도 정확하게 표현한 정상기의 동국대지도 또는 신경준의 동국여지도가 가장 유력하다. 그러한 지도에 산경표의 모든 지명이 나와 있지는 않지만, 대략적인 산의 순서나 방향, 대간이나 정맥의 큰 갈래를 파악하는 기준이 되기 때문에 중요하다. 지도상의 위치 정보 또는 공간 정보를 표라는 형식에 담는 과정은 그리 쉬운 게 아니다. 지도상의 정보를 그대로 옮겨 적는 게 아니라 지리서에 있는 위치 정보를 10단계로 나누어 산별로 일일이 조합하는 과정을 거쳐야 하기 때문이다.

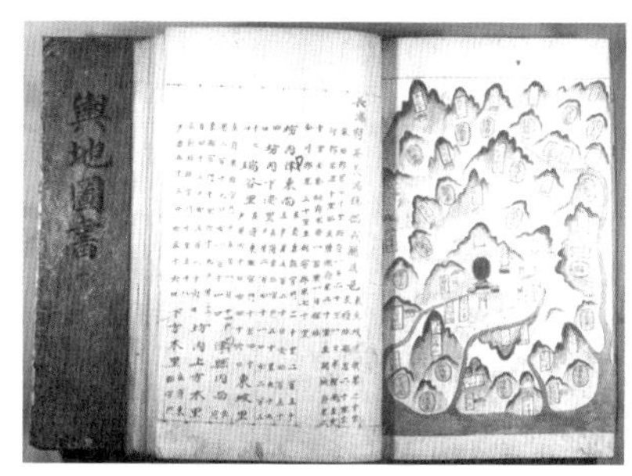
『여지도서』 풍덕부
(출처: 한국민족문화대백과사전)

이상의 내용을 종합하면 『산경표』를 만든 이는 일단 『동국문헌비고』 「여지고」를 포함, 당대 최신의 사찬 관찬 지리서를 두루 꿰고 있으며, 그러한 책들을 마음대로 곁에 두고 볼 수 있는 인물이어야 한다. 특히 『여지도서』가 중요한데, 1757년(영조 33)~1765년 사이에 각 군현에서 작성하여 올려보낸 읍지를 집대성하여 편찬된 것이 『여지도서』 55책 전질이기 때문이다. 『여지도서』에는 특히 18세기 당시 가장 최신의 읍치와 진산 및 이들에 대한 위치 정보가 들어 있다는 점에 주목할 필요가 있다.

이제 남는 질문은 두 가지다. 과연 『산경표』를 만든 사람은 누구일까? 그리고 『산경표』는 왜 만들었을까?

12

『산경표』에 대한 엉터리 이야기들

대기업에서 모셔간다는 자칭 특급 강사의 『산경표』와 백두대간 관련 강연 내용을 보고는 경악을 금치 않을 수 없었다. 모 대학 교수의 '백두대간이란 진정 무엇인가'라는 강연이나 한국사를 담당한 학원 강사의 '백두대간 아는 척하기' 같은 강연도 『산경표』와 백두대간에 관해서 정확하게 모르고 가르치려 하니, 아마도 강사 본인이 지금 무슨 이야기를 하는지 알고나 말하는 건지 의심쩍기만 하다. 엉터리 강사들이 더 많으나 세 건에 한해서만 다루겠다.

먼저 특급 강사 신모 씨의 유튜브 강연은 '한국인을 알면 한국이 보인다 9부' 중 전반부 10여 분간에 걸쳐서 나오는 『산경표』 내용이 전적으로 엉터리이다. 신 씨의 강연 제목에서도 알 수 있는 것처럼 『산경표』는 산하에 생명을 불어넣은 지도라고 주장을 하고 있다. 조선시대 백두대간 개념이 완성된 지리책 『산경표』가 어떻게 갑자기 '산하에 생명을 불어넣은 지도'가 되었는지 귀신이 곡할 노릇이다.

조선광문회본 『산경표』 첫 장을 제시하면서 이 『산경표』가 족보체계로 이루어진 지도라고 일관되게 틀린 설명을 계속하고 있다는 점도 문제다. 게다가 김정호의 대동여지도는 『산경표』라는 지도가 있어서 만들어질 수 있었다고 줄기차게 밀어붙인다. 더 문제인 것은 산경도와 『산경표』를 나란히 놓고 비교 설명하면서 여전히 산경도와 『산경표』를 동일시하고 있다는 점이다.(산자

분수령에 대한 신 씨의 자의적 해석은 지면 관계상 거론하지 않겠다.)

기타 대동여지도나 혼일강리역대국도지도에 관한 언급도 사실과 다르다. 신 씨에게 권한다. 대동여지도에 관해서는 김기혁 교수, 이기봉 박사의 저서를, 『산경표』 백두대간에 관해서는 양보경 교수의 논문이나 필자의 책을 여러 번 읽어보고 강연 내용을 수정하기 바란다.

2019년 8월경 유튜브에 올라온 윤 모 교수의 역사대학 강연 10분 정도 분량이 '백두대간이란 진정 무엇인가'라는 제목으로 소개되고 있는데 오류가 많이 발견된다. 첫째로 "(2019년 현재) 아직 지리학자들은 백두대간이라는 용어를 사용하지 않습니다. 진짜로."라고 확신에 찬 발언을 하고 있다. 이는 '진짜로' 사실이 아니며, 윤 교수가 백두대간 연구에 관해서 전혀 관심이 없거나 무지의 소치로 생각할 수밖에 없다.

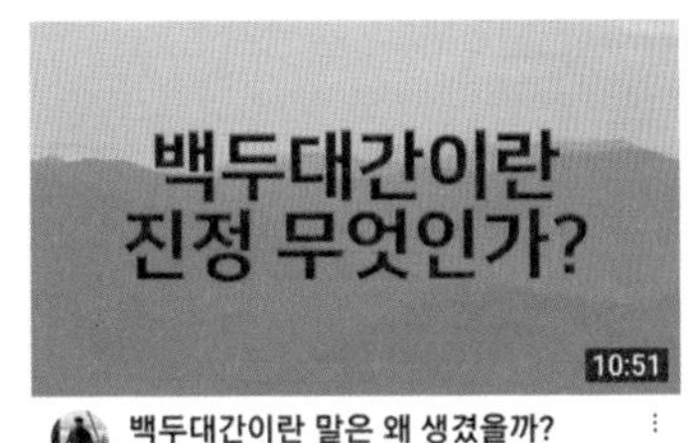

대한지리학회장을 역임하고 성신여대 총장인 양보경 교수의 경우 이미 1990년대 초반부터 한국사시민강좌를 통하여 조선시대의 자연인식체계로서의 백두대간과 『산경표』에 관해서 처음 논문을 발표했으며, 지금까지도 꾸준히 백두대간에 관한 연구를 계속하고 있는 지리학자이다. 2002년에는 '세계 산의 해'를 맞이하여 대한지리학회에서는 백두대간 학술심포지엄을 개최하여 양보경, 공우석, 이민부, 정치영 등 열세 명의 지리학자의 백두대간 논문을 묶어서 《백두대간의 자연과 인간》이라는 책을 낸 바 있다. 이 책은 당시 필자가 근무하던 월간 〈사람과 산〉에서 펴냈기 때문에 너무나 잘 알고 있다. 지리학계의 백두대간에 대한 관심은 2012년 10월 한국문화역사지리학회가 개최한 '백두대간에 대한 담론과 실천의 현대적 진화'라는 학술대회로도 이어진 바 있다.

둘째로 윤 교수가 호도하고 있는 부분은 일본인 지질학자 고토 분지로의 한반도 지질 연구가 서구식 개념이고 근대적 가치관이라서 맞는다고 인정하면서 그 사람들의 입장(지리, 세계관)을 받아올 수밖에 없었다고 설명한 부분이다. 특히 자연을 백두대간 개념처럼 유기체적인 존재로 보는 선조들의 자연관과 세계관이 있었는데, 이를 없애버리고 산맥 개념만 받아들였다고 주장하고 있다. 마치 1910년 이후 일제강점기 당시에 우리가 스스로 백두대간을 버리는 등(혹자는 잊혔다고도 말하는데, 우리 민족이 기억상실증 환자란 말인가?) 무슨 선택권이라도 있었던 것인양 정말 뜬구름 잡는 이야기를 하고 있는 셈이다.

1910년 조선총독부 관보를 통하여 당시 지리, 역사, 국어 등 민족의식을 고취하는 일체의 교육 내용과 교과서가 압수 내지 금지되었다는 사실이 이미 밝혀졌는데 뭘 받아들였단 것일까? 게다가 본격적인 식민통치가 시작되면서부터 백두대간 대신 불완전한 지질학적 개념으로 정리된 태백산맥으로 이 땅에서 100여 년간, 지금까지도 교육해 오고 있는 게 역사적 사실이다. 이를 깡그리 뭉개버린 채 자신의 반쪽짜리 지식을 역사대학 수강생들에게 전하고 있는 셈이니 참으로 슬픈 일이 아닐 수 없다.

한반도의 강산, 백두대간 아는척하기 [1#한국地]
두선생의 역사공장 · 조회수 5.1만회 · 1년 전

'한반도의 강산 백두대간 아는 척하기'는 산맥개념이 식민잔재일까? 라는 물음을 던지고 끝부분에서 산경도와 산맥도 둘 다 맞는 것이라는 결론을 내리고 있다. 강사인 두모 씨가 역사를 알기 전에 지리와 지도를 아는 게 필수라면서 한국사를 위한 지리 수업을 펼치는 점은 지극히 가상하고도 고마운 일이다. 고교에서 지리 선택을 하지 않은 공시생들을 가르치려다 보니 얼마나 답답했으면 '아는 척'이라도 해가면서 가르칠까마는 이왕 아는 척하려면 정확히 알고 가르치는 게 맞다.

첫째, 두 씨는 앞서 예로 든 신 씨의 경우처럼 『산경표』와 산경도를 구분하지 못하고 있다. 여기서 더 나아가 두 씨는 산경도를 18세기 신경준이 제작한 것으로 설명하고 있다. 그의 강연 중간쯤에서 "신경준이 『산경표』와 산경도를 통해 백두대간을 정리"했다는 내용이 나온다. 여기서 정확히 해 둘 것은 산경도는 1986년 7월 24일 조선일보 기사를 통해서 이우형 씨가 만든 것이 처음 공개되었다는 사실이다. 이후 1991년 한국학중앙연구원(당시 정신문화연구원)에서 펴낸《한국민족문화대백과사전》에 이우형 씨가 백두대간 항목을 집필하면서 직접 그린 산경도가 소개된 바 있다. 즉, 산경도는 조선시대 신경준이 만든 것이 아니라 전적으로 20세기 신산자라 일컬어진 이우형 씨의 작품이다. 이 씨는 모 월간지를 통해서도 조선시대『산경표』에 의거한 산경도라는 지도를 현대 지도 위에 겹쳐서 백두대간 15개 산줄기를 표현하여 펴낸 적도 있다. 그다음 나온 산경도로 인터넷에 많이 돌아다니고 있는 것은 조석필 씨의 저서《태백산맥은 없다》에 별지로 들어간 산경도이다. 그러나 그 내용에 있어서는 이 씨와 조 씨의 산경도 모두 같다.

둘째, 두 씨의 오류는 잘못된 답을 제시하고 있는 점이다. 앞에서 태백산맥이 어떤 과정을 거쳐서 100년 동안 백두대간 대신 교과서에 수록된 것인지 안다면 그게 어찌 식민잔재가 아니라고 말할 수 있으며, 둘 다 맞다고 할 수 있을까? 태백산맥과 백두대간은 둘 다 맞다 틀리다의 문제가 아니라 학문적으로 다른 개념이라고 설명해야 옳다. 아울러 당시 고토 분지로가 불과 2년 동안의 답사 끝에 단독으로 결론을 내린 한반도 지질 연구는 불완전한 것이었다. 앞으로 100년간 미래 세대에게 가르쳐야 할 통일 한국의 산맥체계는 백두대간과 태백산맥을 극복한 새로운 산줄기 개념(《한국의 산맥》 권혁재, 2000)이어야 한다는 사실도 설명해 주어야 할 것이다.

13

산경도(山經圖)가 산경표(山經表)라고?

2012년 3월 20월 EBS는 수능특강 5분 사탐 한국지리편에서 'Korean Geography 9강 분수계-백두대간이 주목받는 이유'를 방영했다. 2022년 8월 기준 유튜브에서 조회수 8,177회이며 매일 꾸준히 증가하고 있다. 그런데 대단히 심각한 문제는 정확히 4분 22초짜리, 이 짤막하지만 공신력 높은 강좌에서 산경도가 『산경표』와 같다는 무지막지한 오류가 비롯되었다는 사실이다.

결론부터 말하면 산경도와 『산경표』는 다르다. 산경도는 지도이고 『산경표』는 지리책이기 때문이다. 도대체 이런 잘못은 어디서부터 시작된 것일까? 더 가관인 것은 산경도와 『산경표』를 여암 신경준이 만들었다는 부분이다. 게다가 현재까지도 이 방송 내용대로 산경도와 『산경표』를 동일시하면서 앵무새처럼 되뇌는 백두대간 관련 강좌가 인터넷에 돌아다니면서 오류의 악순환이 계속되고 있으니 EBS부터 하루속히 바로잡고 볼 일이다.

산경도와 『산경표』를 동일시하는 오류에 대해서 유튜브 강좌를 뒤지다가 뒤늦게 발견한 부분이 바로 EBS 수능 특강이다. 만약 2012년 기준으로 68만 명의 대입 수험생이 치른 수능 사탐 과목에서 이 문제가 나왔다면 생각만해도 아찔한 일이 벌어졌으리라는 생각이 든다.

방송 내용대로 답을 고른 대부분의 수험생이 오답 처리되고 EBS를 상대로 한 대형 소송까지 예상되는 부분이지만, 다행히 그런 일은 일어나지 않았고 10년이라는 세월이 흘렀다. 그러나 그것으로 끝이 아니었다. 이후 10여 년간 인터넷에 등장하는 백두대간 관련 강좌는 모두 EBS와 똑같은 오류를 반복하는 악순환이 계속되고 있어 지속적으로 심각한 폐해를 빚어내고 있는 상황이다.

산경도는 백두대간의 1대간 1정간 13정맥 등 15개 산줄기를 표시한 지도로서 1986년 지도제작자 이우형 씨가 처음 만들었다. 그는 대동여지도를 연구하다가 우연히 인사동 고서점에서 찾아낸 조선광문회의 인쇄본 『산경표』(1913)가 대동여지도의 산줄기와 일치함을 발견해 내는 성과를 거두었다.(물론 이 과정에서 산의 개념이 봉우리[peak]라는 점을 기준으로 하는 서양의 산과 면을 기준으로 하는 우리의 산 개념이 다르다는 사실을 깨달아야 했다.) 이러한 사실을 기본으로 그는 백두대간 산줄기에서 지맥을 제외한 15개 본줄기만을 표현, 조선일보를 통해서 처음으로 산경도를 발표했다. 일제의 태백산맥이 아니라 조선시대 이래 우리의 산줄기인 백두대간이 세상에 처음 알려진 순간 이우형 씨가 제작한 산경도가 함께 빛을 본 것이다. 이후 산경도는 1991년 《한국민족문화대백과사전》의 초판본에 백두대간 항목과 함께 소개되었으며, 이 씨가 경영했던 지도제작사, 광우당에서 '조선시대 『산경표』에 의거한 산경도'라는 컬러판 지도가 발행되기에 이르렀다.

사실 21세기 초반에 지리학계와 언론을 뜨겁게 달구었던 산맥 논쟁의 발단은 바로 이 '산경도'라고 해도 과언이 아니다. 소축척인 1대 300만 지형도 위에 산맥 대신 15개 산줄기를 추가함으로써 누구라도 그 산경도가 산맥도를 대신할 수 있다는 생각을 갖게 만들기에 충분했기 때문이다. 이러한 생각은 일본 지리학자 야쓰 쇼에이가 1904년 한국지리에서 소개한 태백산맥 이래 100년 넘게 한국 지리 및 사회교과서에 등장하는 산맥도 대신 우리의 고유한 산줄기 체계인 백두대간이 실려야 한다는 주장까지 나오게 했다. 여기에 더하여 북한은 1995년 일제 잔재를 청산한다는 명분 하에 태백산맥이나 낭림산맥 등 일제가 만든 산맥체계를 없애고 대신 '백두대산줄기체계'를[24] 발표하기에 이르렀다.

이우형 제작 산경도의 문제점은 조선시대 『산경표』에 의거했다고는 하지만 15개 산줄기 가운데 지맥을 배제했기 때문에 정확하게 산경표에 근거한 것은 아니라는 사실이다. 만약에 산경표에 근거한, 보다 더 정확한 산경도를 제시한다면 고산자 김정호가 만든 것으로 전하는 '대동여지전도(大東輿地全圖)'가 맞다. 이 한 장의 대동여지전도에는 15개 산줄기와 여기서 가지 쳐 나온 지맥(산경표에서 상세히 다루고 있는)이 대부분 표현되어 있기 때문이다.

따라서 이우형 제작 산경도의 정확한 제목은 '『산경표』 가운데 지맥을 제외한 본줄기만 표현한 산경도'라고 해야 옳다. 그렇지 않은 상태에서 '『산경표』에 의거한 산경도'라고 한다면 심각한 오해를 불러일으킬 소지가 다분하다. 이우형 산경도를 본 대부분의 산악인은 당시에 왜 북한강과 남한강 사이에는 산줄기가 없냐는 의심을 품었으며, 오대산에서 용문산에 이르는 이 마루금을 종주하고 '한강기맥'이라는 이름을 붙이기도 했다. 사실 그 산줄기는 산경표에 엄연히 백두대간의 지맥으로 나와 있는데도 말이다.

EBS 방송 내용 중에서 3분 45초부터 나오는 화면과 자막은 사실과 전혀 다르기 때문에 더욱 엉터리임을 스스로 입증하고 있다. "수많은 산악인이 산경도를 갖고 백두대간을 종주"한다는데, 그냥 방송작가가 막연히 그럴 것이라는 생각을 옮긴 것에 불과하다. 실제로 백두대간 마루금 종주를 하는 이들은 산경도가 아니라 기본적으로 1대 2

24 백두대산줄기체계는 1996년 1월 북한에서 태백산맥 개념을 없애고 발표한 새로운 산맥 체계이다. 남북한의 500m 이상 산 4천 개를 분석하여 백두산에서 지리산 지나 하동 구재봉(768m)에 이르는 8개의 산줄기, 1,470km를 백두대산줄기로 명명하였다. 그러나 이 백두대간줄기에서 가지 쳐 나온 전체 산줄기는 80여 개 이상에 달하여 더 복잡해졌다.

만 5천 지형도에 의존해 왔다. 백두대간 마루금 종주를 산경도 갖고 한다는 얘기는 마치 21세기의 대한민국 육군이 디지털 작전지도나 위성영상 대신 대동여지도를 갖고 전쟁에 임한다는 말과 다르지 않다.

"하천의 오염을 막기 위해 환경 단체들은 하천의 흐름을 강조한 산경도를 이용하고 있다"고 한 4분 1초 부분도 사실과 다른 내용이다. 분수계와 하천 유역에 관한 지리 정보는 산경도가 아니라 현대의 지형도 내지 1대 5천 수치지형도, 항공사진, 위성영상 이미지 등 다양한 자료에 의존하고 있기 때문이다.

방송된 지 10년이 지나서야 EBS의 잘못을 발견한 필자 자신도 자괴감이 들지만, 우리 사회와 지리학계가 정말 반성해야 할 일이라는 생각이 든다. 앞으로 좀 더 관심을 두고 백두대간과 산경표에 관한 올바른 내용을 알리는데 지속적인 노력을 기울일 것을 약속드린다. 한편으로 해당 내용은 신속하게 수정하거나 더 이상 오류의 악순환을 막기 위해서라도 유튜브에서 즉시 내릴 것을 EBS 측에 강력히 촉구한다.[25]

25 방송에 첨부된 인터넷 주소(https://www.ebsi.co.kr/ebs/lms/lmsx/retrieveSbjtDtl.ebs?sbjtId=S20120000147&mnuCd=3)로 들어가 보니 벌써 10년쯤 전에 접은 회사라고 댓글이 달려 있다. 이런 무책임한 경우가 어디 있을까?

14

대통령도 손석희도 몰랐던 백두대간

청와대 본관에 걸려 있는 『금수강산도(錦繡江山圖)』

〈금수강산도〉. 가로가 세로보다 긴 벽 때문에 백두산쪽이 고지도처럼 길게 표현되어 있다.

이젠 역사의 뒤안길로 사라져가는 청와대 본관, 중앙계단에 〈금수강산도〉라는 그림이 걸려 있다. 두세 차례 얼핏 지나가는 뉴스 화면을 통해서, 그것도 부분적으로나마 접한 그 작품은 영락없는 지도였다. 그것도 강렬한 진초록으로 백두대간과 정맥을 나타낸 '산경도'나 다름없었다. 청와대 본관을 직접 가서 확인해 볼 수도 없는 노릇이고 해서 그 후로는 청와대 관련 뉴스만 나오면 혹시 그 그림이 또 나올까 늘 학수고대했던 기억이 있다.

역시나 기다리는 자에게 기회는 오기 마련, 2022년 4월 25일 임기를 얼마 남겨두지 않은 시점에서 문재인 대통령의 특별대담 방송이 있었고, 첫머리에 전 JTBC 사장 손석희와 나란히 중앙계단을 오르는 장면이 잡혔다. 그리고 놀랍게도 바로 그 〈금수강산도〉 아래 계단참에서 발길을 멈춘 문 대통령이 손 사장에게 〈금수강산도〉에 대하여 간략하게 설명하면서 "그림이 좋기도 하고 한반도 전체를 보여주는"이라고 하자, 손 사장은 그림을 올려다보면서 "이게 산맥하고 강하고 다 드러나 있네요."라고 짤막하게 대답하는 장면이 잡혔다.

조마조마한 마음으로 대통령이든 손 사장이든 그 산줄기가 백두대간이며 정맥이라는 말이 나오기를 기대했지만, 실망스럽게도 그들은 계단을 다시 올라가 집무실로 향했다. 등산을 좋아해서 히말라야까지 다녀오고, 버킷리스트 중 하나였던 백두산 등정을 한 문 대통령도 그렇고, 그래도 한때 국민 MC로 국민들의 기대를 모았던 손석희마저 백두대간을 모르나 싶어서 급실망하는 순간이기도 했다.

〈금수강산도〉는 노태우 정부 시절 청와대를 새로 지으면서 김식(1953~) 화가가 그린 것으로 가로 11.46m, 세로 5.33m에 달하는 대작이다. (대동여지도 22첩을 모두 이으면 가로 3.6m, 세로 6.85m이니 금수강산도의 크기와 비교해 보자.) 지난 2018년 5월 9일 청와대 사랑채에서 열린 청와대 소장품 특별전 도록에 보면 〈금수강산도〉는 '김정호의 대동여지도와 옛지도를 현대적으로 변용하여 한반도를 그린 작품'이라는 짤막한 설명을 달고 있다. 그림을 자세히 들여다보면 산줄기와 산줄기 사이에 붉고 선명한 선으로 강줄기를 표현하고 있다. 백두산에서 지리산까지의 백두대간과 1정간 13정맥 그리고 강줄기가 담긴 고지도를 회화적으로 형상화했으니, 『금수강산도』의 바탕은 백두대간이라는 사실을 간과해서는 안 된다.

2022년 5월 10일, 청와대가 국민들에게 개방되는 역사적인 사건이 벌어졌다. 혁명이 아니고서야 대통령 집무실과 관저가 그렇게 순식간에 일반인들이 자유롭게 드나드는 관광지로 개방될 수 있을까? 이런 사례는 세계사적으로 봐도 전무후무한 일임이 틀림없다. 게다가 청와대 뒷산인 북악산까지 자유롭게 오르내릴 수 있으니 꿈 같은 나날이다.

그리고 불과 넉 달 동안 무려 153만 명이나 청와대를 다녀갔다. 그러나 〈금수강산도〉를 본 누구도 그게 백두대간이라는 것을 알거나 얘기하는 사람은 없다. 종일 그림 앞에 서서 금수강산도와 백두대간을 설명하고 싶은 심정일 뿐이다. 지금 와서 〈금수강산도〉 제목을 바꿀 수 없는 노릇이니, '백두대간'이라는 부제라도 달아줘야 하지 않을까?

15

일제강점기에도 신문에 나온 백두대간

백두대간은 1910년 일제강점기의 시작과 더불어 금지되었다. 그런데도 오늘날 대부분의 신문과 방송에서는 일제강점기 이후 이 땅의 산줄기를 태백산맥이라 부르면서 백두대간이 잊혔다가 1980년대에 되찾았다고 보도해 왔다. 그러나 우리 민족이 기억상실증 환자도 아니고 스스로 백두대간을 잊었을 리가 있는가?

사실은 잊혀진 것이 아니라 민족의식을 고취하는 백두산 중심의 지리인식체계로 기술된 교과서를 몰수당함으로써 백두대간이 금지된 것이다. 이러한 사실은 1910년 11월 19일 조선총독부 관보(69호)를 통해서 확인할 수 있다.

그런데 최근 필자는 일제강점기에 이루어진 백두산 등반기 두 편을 검토하는 과정에서 뜻밖의 사실을 발견했다. 놀랍게도 육당 최남선(1890~1957)의 《백두산근참기(白頭山覲參記)》와 민세 안재홍(1891~1965)의 《백두산등척기(白頭山登陟記)》에서 두 필자는 백두산에서 뻗어 내린 산줄기를 각각 '백두산 정맥'과 '대정간'으로 표현하고 있었다. 육당은 《백두산근참기》를 동아일보에, 민세는 《백두산등척기》를 조선일보에 연재함으로써 일제강점기에도 우리 민족의 백두대간이 여전히 살아 있음을 증명한 것이다.

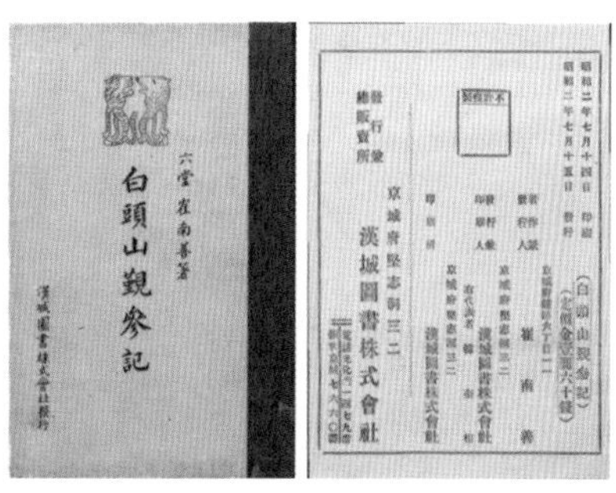

(좌)백두산근참기 1927년 초판본 (우)백두산근참기 초판본 판권지(출처: 국립중앙도서관)

먼저 《백두산근참기》에 따르면 최남선은 1926년 7월 24일 열차 편으로 서울에서 출발하여 혜산진 거쳐 7월 31일 허항령에 도달했으며, 삼지연과 신무치, 무두봉, 천평,

연지봉, 정계비를 거쳐 8월 3일 백두산 장군봉에 올랐다. 백두대간과 관련한 기술은 7월 31일, 허항령에 오른 후 남긴 다음 부분에서 발견할 수 있다.

"허항령은 백두산 정맥의 한 고지로, 올라가자면 하루 이틀 해라도 지우리라고 하던 것인데, 벌써 마루턱에 올라섰다."(《백두산근참기》 38쪽, 최남선, 일신서적공사, 1986)

최남선은 백두산행을 무사히 마친 것이 "단군 천왕의 영우(靈佑)"라고 감사하면서 아래와 같은 의미심장한 시조를 남기기도 했다.

지리산 천왕봉에 님의 신끈 글러 보고
금강산 비로봉에 허리띠를 만졋더니
백두산 장군봉두(將軍峰頭)에 입도 마처 보도다
(《백두산근참기》 중 기행시조 부분, 《육당 최남선 전집》 6_ 152쪽, 현암사, 1951)

1924년부터 역사 연구를 시작한 최남선은 《불함문화론》이라든가 《심춘순례》(1926), 《백두산근참기》(1927), 《금강예찬》(1928)을 통하여 일본 지식인들의 조선 역사 왜곡이라는 현실에서 조선의 민족정기를 세우고 조선심의 핵심을 지켜내기 위하여 노력했던 것으로 나타난다. 위 시조에서 보는 바와 같이 특히 지리적인 관점에서는 백두산에서 금강산, 지리산으로 이어지는 백두대간 개념이 최남선의 '조선심'의 바탕을 이뤘던 것으로 보인다.

1891년생으로 최남선보다 한 살 아래인 안재홍은 최남선과 마찬가지로 일본 유학을 마친 지식인이자 언론인이었다. 최남선의 최종 학력이 16세 때 와세다대학 고등사범부 역사지리과에 입학한 지 1년 만에 퇴학한 반면, 안재홍은 와세다대학 정경학부를 제대로 졸업하여 대조를 이룬다. 최남선이 1930년대에 변절, 태평양전쟁 막판에 일제의 앞잡이가 되어 조선 청년들을 전쟁터에 내몰기까지 한 반면에 안재홍은 아홉 차례의 옥고를 치렀고, 국내 독립운동의 대표적인 민족운동가이자 조선학 운동을 주도한 신민족주의 역사학자, 좌우합작의 민족통일국가 수립에 헌신한 정치가, '신민족주의론'을 주창한 사상가로 꼽힌다. 감히 두 사람의 이름을 나란히 올려놓기가 민망할 지경이다.

백두산에 오른 민세 안재홍(가운데). 양쪽 두 사람은 김상용(좌), 황욱(우)으로 추정된다.(출처: 민세 안재홍선생기념사업회)

1931년에 출간된 《백두산등척기》 표지. 현대적인 감각이 돋보인다. 안석주 그림, 이여성 디자인(출처: 근대서지연구소)

안재홍의 백두산등척기는 1930년 7월 24일부터 8월 7일까지 16일간의 일정을 담고 있으며, 백두대간에 관한 기록은 백두산 등정 후 신무치 거쳐 혜산진으로 하산하는 길에 남겼다.

"돌아오는 길에 또 삼천리에 세로로 뻗은 대정간을 넘게 되니
이 또한 등산하는 사람의 통쾌한 일이요, 성대한 일이 아닐 수 없다."
(《백두산등척기》 148쪽, 안재홍 지음, 정민 풀어씀, 해냄, 2010)

최남선과 안재홍의 기록에서 나타나는 '백두산 정맥', '삼천리에 세로로 뻗은 대정간'은 모두 백두대간을 정확하게 인식하고 있다. 그러한 지리 인식은 의심의 여지 없이 1913년, 최남선 자신이 조선광문회에서 납 활자본으로 펴낸『산경표』에서 비롯된 것이다. 물론 두 사람의 기록 속에는 장백정간을 '마천령산맥'이라고 한다든가(안재홍), 지질학적인 설명으로 백두산에서 칠보산까지 이어진 '백두화산맥'을 언급하고 있어(최남선) 오롯이 우리 민족 고유의 산줄기 체계인 백두대간만을 적용하지는 않았음을 발견할 수 있다.

No.	제목	지은이	출판사	해제
1	꿈속의 알프스	임덕용	평화출판사	(심산)
2	등산	김영도 외 17인	(사)대학산악연맹	
3	등산 50년	김정태	한국산악회	
4	백두산 등척기	안재홍	유성사	(변기태)
5	북한산 역사지리	김윤우 편저	범우사	(변기태)
6	산경표	박용수	푸른산	
7	산악포커스	김근원	산악문화사	
8	스포츠클라이밍 따라하기	김종곤	도서출판 정상	
9	심산의 마운틴 오딧세이	심산	도서출판 풀빛	(김진덕)
10	아이거 북벽, 지상에서 가장 아름다운 도전	정광식	도서출판 경당	
11	암벽등반의 세계	갑수, 원종민, 한동철	산악문화사	
12	역동의 히말라야	남선우	산악문화사	(변기태)
13	우리는 산에 오르고 있는가	김영도	수문출판사	
14	조선의 산수	최남선	동명사	
15	종합등산기술백과	손경석	성문각	
16	태백산맥은 없다	조석필	산악문화사	
17	하얀 능선에 서면	남난희	수문출판사	(심산)
18	한국명산기	김장호	평화출판사	
19	한국임장순례. 남부권·중부권	김용기	조선일보사	
20	K2 죽음을 부르는 산	김병준	평화출판사	(심산)

*(이름)은 해제한 도서임.

2007 한국산서회 선정 산서 베스트20

한편《백두산등척기》는 한국산서회가 2007년에 선정한 산서 베스트 20 가운데 4위를 차지했으나, 2017년 산서 베스트 30에서는 빠졌다. 2007년 6위와 16위인《산경표》와《태백산맥은 없다》역시 2017년에 모두 빠지고 없다.

뿐만 아니라 30권의 베스트 산서 가운데 백두대간에 관한 책을 한 권도 찾아볼 수 없으니, 백두대간에 관하여 한동안 냄비처럼 끓어올랐던 산악계의 관심은 한낱 저널리즘에 휘둘린 허상에 불과했던 것은 아닐지 의심이 가는 대목이다.

그나마 남난희의 1984년 76일간에 걸친 태백산맥 2천 리 단독종주기《하얀 능선에 서면》이 낙동정맥과 백두대간 마루금 종주기인 것을 위안으로 삼을 뿐이다.

한국산서회의 베스트 산서 목록에서 백두대간 관련 서적이 빠진 것을 보면, 산림청의 백두대간 주무 부서 명칭에서 '백두대간'이 사라진 것과 어쩌면 그리도 일치하는지 혀를 찰 노릇이다.

西紀 1990年 3月 25日 日曜日 15版 (14)

사람들

태백산맥 縱走記 「하얀능선에 서면」 出刊

남난희의 태백산맥 종주기《하얀 능선에 서면》 출간 소식을 알린 조선일보 1990년 3월 25일자 기사

산림청 조직도

산림청은 2003년 백두대간보호법이 제정된 이래 2004년 백두대간보전과를 신설함으로써 언론을 통해서도 백두대간 주무 부처임을 세상에 널리 알린 바 있다. 그러나 이 백두대간보전과는 2017년 백두대간보전팀으로 바뀌었다가 2021년에는 급기야 산림생태복원과로 둔갑하면서 백두대간은 온데간데없이 사라지고 말았다. 그나마 사무관 1명과 주무관 1명 등 백두대간 담당 직원을 살려둔 것은 다행스러운 일이다.

한국문학대백과사전에 실린 사진. 김상용(우)과 황욱(좌)으로 추정되는 인물

백두대간에 대한 국민적인 관심사에 비추어볼 때 산림청의 이러한 처사는 시대에 역행하는 것이며, 나중에 역사의 법정에 설 만한 잘못임에 틀림없는 일이다. 산림청은 지금이라도 당장 백두대간보전과를 원상복귀시켜야 마땅하다. 이에 관해서는 국민적 여론을 모으는 등 공론화시키기 위하여 추후 별도의 기사로서 다루고자 한다.

참고로 안재홍의 백두산 등반대에는 산악인으로 황욱(양정고보 교사)과 김상용(시인)이 동반하였다. 그러나 기대와는 달리 《백두산등척기》에는 그들의 산행과 관련된 구체적인 활동에 관한 언급은 없었다. 《한국문학대백과사전》에서는 김상용 시인의 항목에 백두산에서 황욱과 함께 찍은 것으로 추정되는 사진을 설명 없이 게재해 놓았다.

* 안석주(安碩柱, 1901~1950) : 《백두산등척기》의 표지 그림을 그린 안석주는 〈우리의 소원은 통일〉의 노랫말도 지었다. 그의 장남 병원(安丙元, 작고)이 작곡한 이 노래의 원제는 〈우리의 소원은 독립〉. 1947년 3월 1일, KBS 전신인 서울중앙방송국의 어린이 시간인 오후 5시 30분에 전국으로 전파를 탐으로써 널리 알려지게 되었다. 안석주는 2008년 민족문제연구소가 발표한 친일인명사전 수록 예정자 명단 연극/영화 부문에 포함되었으며, 2009년 친일반민족행위진상규명위원회가 발표한 친일반민족행위 705인 명단에도 포함되었다. 그의 친일 행적은 1941년, 조선인은 지원병으로 갈 수 없는 현실에 좌절하던 조선 청년이 마침내 지원병 제도의 문호 개방에 힘입어 지원병으로 참전한다는 내용의 어용 영화 〈지원병〉의 영화 각본을 쓰고 연출했던 것으로 나타났다.

16

백두대간 마루금, 어둠 속에서도 빛나리

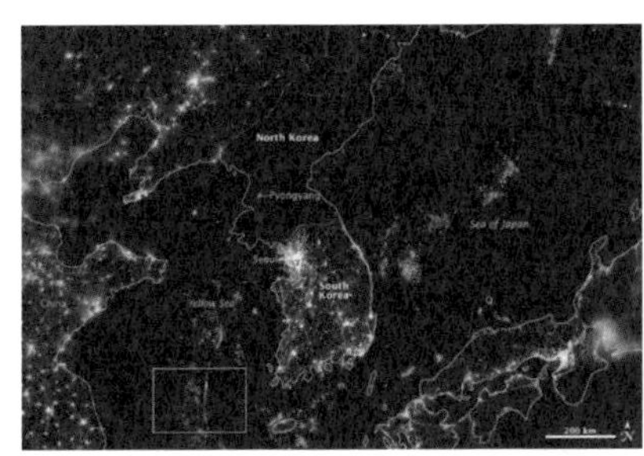

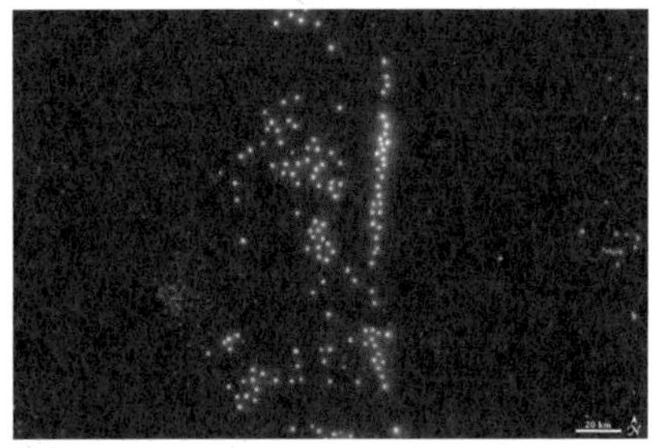

Suomi NPP로 촬영한 도시의 야경
(좌)한반도를 포함한 도시의 야경 / (우)항해 선박 불빛 확대(출처: Earth Observatory)

위 그림은 2012년 9월 24일 NASA와 NOAA가 함께 운영하는 Suomi NPP 위성이 야간의 한반도를 촬영한 영상이다. 여기에다 백두산에서 지리산까지 백두대간 마루금을 넣어보니까 '야간 백두대간'이라는 그럴듯한 주제도가 하나 완성되었다. 사실 밤에 가장 빛나는 곳은 도시 지역이고 백두대간과 같은 산악 중에서도 산악지역은 가장 어두운 암흑 속에 감춰져 있지만, 선으로 표시한 마루금은 밤에도 빛나는 것처럼 보인다. 청소년들에 백두대간을 알려주고 싶은 교사들에게는 아주 좋은 자료라는 생각이 들어서 만들어 보았다.

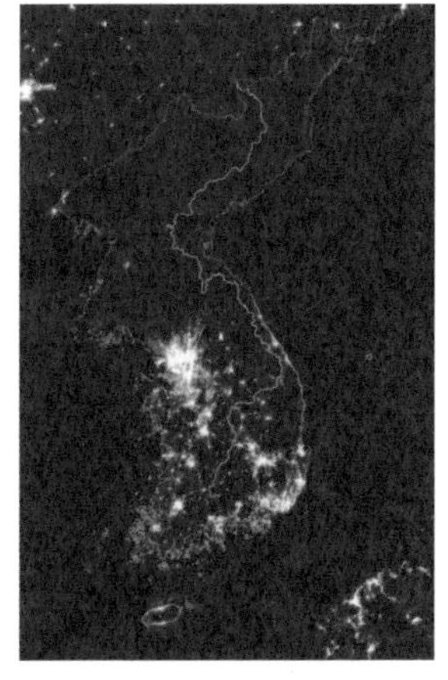

야간에 한반도의 가장 어두운 지역에 해당되는 백두대간 마루금
(편집: 이문희)

남북한의 주요 도시

남한의 수도권과 부산, 대구, 울산, 광주, 대전과 같은 광역시 지역 및 중국 만주 심양 지역, 백두산과 가까운 엔지, 훈춘 그리고 러시아의 블라디보스토크와 같은 주요 도시들이 불야성을 이룬 반면, 그 사이에 끼어있는 북한은 마치 섬처럼 어둠 속에 고립되어 있는 모습이다. 특히 서쪽 임진강 하구에서 동해안 고성군 명호리까지 한반도 허리에 걸쳐 있는 238km의 휴전선이 희미하게 나타나고 있는 것은 같은 야간 철책선 경계 조명 때문이다.(『한국지리정보학회지』 22-1, 19~27쪽, 「비무장지대 및 군사분계선의 길이에 관한 연구」, 김창완, 2019)

휴전선 철책지대를 대낮처럼 밝히고 있는 야간 경계 조명

어떤 사람은 북한은 대부분 산악지역이기 때문에 어둡게 나타나는 게 당연하다고 말하기도 한다. 심지어 북한은 미군의 폭격을 두려워하여 야간 등화관제를 실시하기 때문에 가로등도 다 끄고 집집마다 불빛이 새어나가지 않도록 창문에 암막 커튼을 쳐서 어두워 보일 거라고도 말한다. 휴전 이후 70년 가까이 그렇게 살아왔다면 정말로 기네스 기록감이라는 생각이 든다.

그런데 북한의 다른 지역은 다 암흑 세상인데 유독 평양만 불빛이 좀 비치는 건 무슨 까닭일까? 평양만 야간등화관제 예외 지역일까? 북한 전역에 걸친 70년간의 야간 등화관제 주장은 앞뒤가 맞지 않는 이야기임을 금방 알 수 있다. 또 한 가지는 요즘 폭격기들은 70년 전처럼 조종사가 지상 목표물을 눈으로 확인하고 폭탄을 투하하지 않는다는 사실이다. 밤에 등화관제를 했건 안 했건 야간항법장치에 따라서 폭격기가 날아가 입력된 GPS 좌표대로 폭탄을 투하하거나 원거리에서 가공할 위력의 공대지 미사일을 발사하면 그만이기 때문이다.

북한이 남한보다 산지 면적이 넓은 것은 사실이지만, 평양을 빼고는 주요 도시의 불빛이 거의 보이지 않는다는 것 또한 사실이다. 어두운 만큼 전력 소비량이 적다는 것을 뜻하며 야간 위성 영상은 그대로 그 나라의 경제력을 보여주는 바로미터가 된다.

지난 2005년 당시 국방장관이었던 도널드 럼즈펠드는 국방부에 모인 기자들에게 한반도 야간 위성사진을 보여주면서 다음과 같이 말했다.

"나는 매일 이 사진을 보면서 한반도 문제를 생각한다. 같은 언어를 사용하는 같은 민족이고 남북으로 체제만 달리해 사는데 너무나 큰 차이가 있다."

2009년 미국 브라운대 연구진은 미 해양대기청(NOAA)의 위성사진에 나타난 국가별 야간 조명 개수 증감이 해당 국가의 GDP 추이와 딱 맞아떨어진다는 연구 결과를 발표했다. NOAA에 따르면 북한의 야간 조명수는 남한의 2%에 불과하다. 우주에서도 경제 형편을 볼 수 있는 세상이 온 것이니 아무리 감추려 해도 소용없는 일이다. 한편 미국 중앙정보국 자료로는 2011년 현재 전세계에서 한국은 전기 생산 12위, 전기 소비 10위이나 북한은 2009년 현재 전기 생산 71위, 전기 소비 73위를 기록하고 있다는 점이 야간 위성 영상에서 드러나는 차이를 충분히 설명하고 있다.

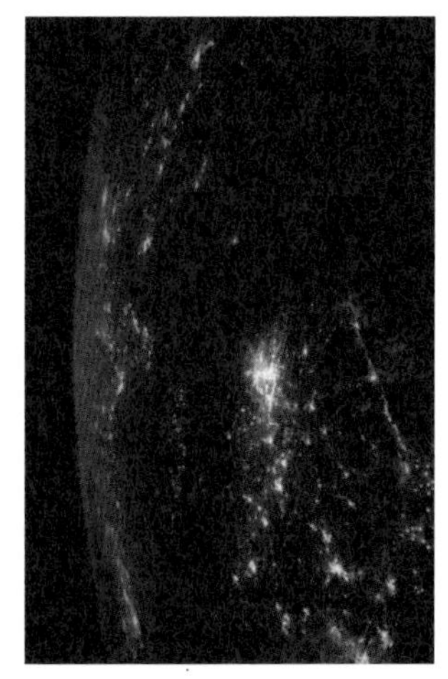

우주에서 본 한반도 야경
(출처: NASA)

오른쪽 사진은 2015년 9월 26일 국제우주정거장(ISS)에서 지내는 미국 항공우주국(NASA)소속 우주비행사 스콧 켈리 씨가 촬영하여 자신의 트위터에 올린 사진이다. 지난 2013년 기준으로 남한의 전력 설비 총용량은 87,000MW(메가와트)지만, 북한은 7,200MW로 남한의 8.3% 수준에 그쳤다. 지금도 북한 지역에서는 하루 평균 1~3시간밖에 전기를 쓸 수 없는 실정이니 북한의 야간 위성사진이 암흑으로 나오는 건 당연한 일이다. 켈리 씨는 자신의 트위터에 "전기 없이 살아가는 북한 주민의 모습을 눈으로 보면서 안타까운 마음이 든다."고 적기도 했다.

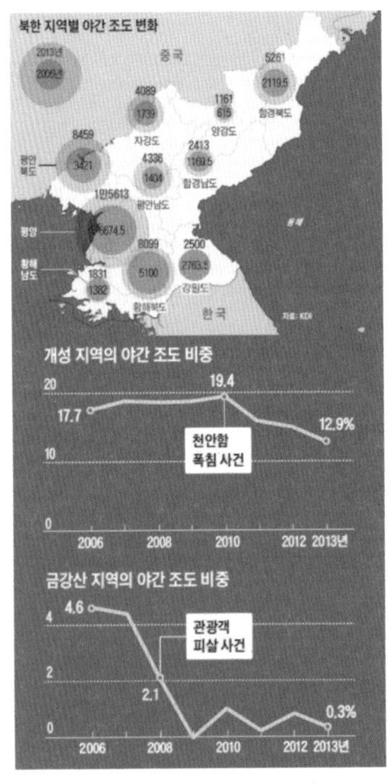

북한 지역별 야간 조도 변화
(출처: 한국개발연구원)

한편 한국개발연구원의 2012년 연구(「인공위성 야간 조도 통계로 본 북한」 김규철)에서 위성사진 밝기 분석에 따르면, 북한 주민의 후생 수준은 1992년을 100으로 봤을 때 1999년까지는 큰 변화가 없다가 2000년 이후 상승해 2013년 170을 넘어선 것으로 추정됐다. 이는 2000년대 들어 장마당(시장)이 활성화되면서 주민의 경제 형편이 나아졌다는 탈북자들의 증언과 일치한다. 미국 존스홉킨스대학 한미연구소에 따르면, 북한의 장마당은 2000년대 들어 급증, 436개(지난해 기준)에 달하는 것으로 조사됐다. 골목 시장까지 합치면 800여 개에 이르는 것으로 알려졌다.

북한에서 야간 불빛이 가장 밝은 곳은 평양으로, 북한 인구의 13% 정도가 사는 평양의 밝기는 북한 전체 밝기를 100%라고 봤을 때 29%에 달했다. 중국과 교역이 활발한 평안북도(15.7%)와 개성공단이 있는 황해북도(15.1%)가 다음 순서였다. 밝기 비중이 가장 낮은 지역은 함경도와 가까운 양강도로 2.2%에 그쳤다. 북한에서 이러한 밝기 비중의 차이는 수도인 평양과 지방의 경제적 차이가 극심한 것을 단적으로 보여주는 지표가 된다. 위 그림에서 개성 지역의 야간 조도는 2010

년 천안함 폭침 사건 이후 감소했다(개성공단에는 2005년부터 남한에서 11년간 전기를 공급했으며, 2016년 2월 11일 단전되었다.). 금강산 지역 역시 2008년 관광객 피살 사건 이후 야간 조도가 급격히 감소한 것으로 나타났음을 확인할 수 있다.

비록 휴전선에서 끊어져 더 이상 갈 수 없는 백두대간이지만 지도상으로는 얼마든지 마루금을 이어볼 수 있다. 특히 한반도 야경에서 (인위적이기는 하지만) 노란색으로 지리산에서 백두산까지 가장 어두운 땅을 잇고 있는 백두대간 마루금은 마치 하나의 빛줄기처럼 광채를 발하고 있다. 그 시기가 언제가 될지는 알 수 없으나 북한도 경제가 발전하여 암흑세상에서 벗어날 수 있으리라는 희망을 품어본다. 그리고 그러한 희망을 버리지 않고 남북한 백두대간 완주를 준비하는 모든 이들에게 북녘땅 백두대간 종주는 기적처럼 그 문이 활짝 열리는 날이 오리라 믿는다.

17

백두대간, 일제의 금지 조치에도 계속 알려졌다

『詳密朝鮮山水圖經』에 담긴 15개 산줄기와 12개 강줄기

1910년 국권피탈 이후 조선총독부는 민족정신을 고취하는 51종의 책자를 발간 금지 및 압수하기 시작했다. 이러한 출판물들이 사회의 안녕과 질서를 방해한다는 것이 금지와 압수의 이유였다. 이는 1910년 11월 19일에 고시된 『조선총독부관보』(제69호)를 통해서 확인할 수 있다. 관보에 실린 목록 중에서 지리교과서는 5종으로, 장지연의 『대한신지지』(2책), 현채의 『대한지지』(2책), 정인호의 『최신고등대한지지』와 『최신초등대한지지』, 『문답대한신지지』(박문서관 편집) 등이다. 이들 지리 교과서는 공통적으로 '대한'이라는 제목을 앞세우고 있는데, 이는 '대한제국'의 교과서를 의미한다. 내용상으로는 백두산을 조종산으로 하여 지리산까지 이어지는 백두대간 개념으로 우리나라 전체 지세 및 각 도의 산과 지리를 기술하고 있다.

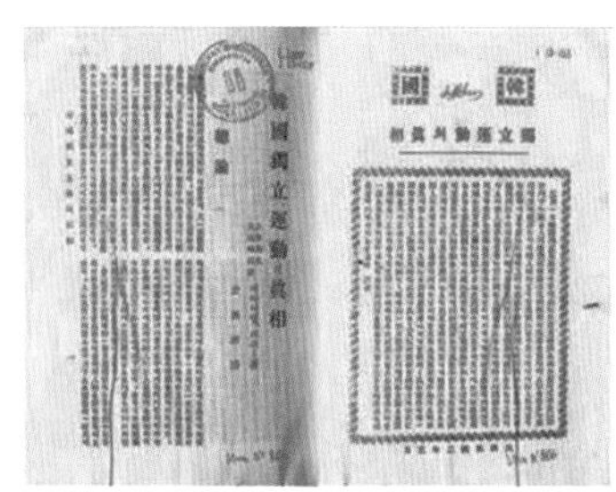

금지된 책을 소지하거나 읽은 조선인에게 일제가 가했던 무자비한 형벌을 목격한 미국인 기자 나다니에 페퍼의 글

일제의 금지를 어기고 위와 같은 책들을 소지하거나 배포할 경우는 어떤 일이 벌어졌을까? 당시 미국인 기자 나다니엘 페퍼(Nathaniel Peffer, 1890~1964)는 《한국독립운동의 진상》(김여제 번역)을 통해서 아래와 같이 증언하고 있다.

"한국의 역사는 절대로 엄금이다. 합병조약이 강제로 체결되자 일본인은 즉시 한국의 국사란 국사는 전부 압수하여 불태워버렸다. (중략) 한국의 문화를 한 자 한 획이라도 기록한 문자는 철저히 수색하여 폐기시켜버렸다. 그리고 이런 문자는 가지고만 있어도 그 소유자는 감옥에 수감됨을 면치 못하였다. (중략) 한국 국사는 가지고만 있어도 범죄가 된다. 나도 달포 전에 자기 조국의 역사를 본 죄로 구타를 당한 후 15일 이상 30일 이하의 구류를 당한 한국인을 목격하였다."

이렇게 서슬 시퍼렇던 시절인 1911년 장은(漳隱) 원영의(元泳義, 1852~1928)는 광동서국(光東書局:唯一書館)에서 101쪽짜리 『상밀조선산수도경(詳密朝鮮山水圖經)』(이하 『산수도경』)이라는 지도책을 펴냈다. 2부로 구성된 이 책은 국한문을 혼용하여 가급적 많은 사람들이 읽을 수 있도록 배려한 점이 눈에 띈다. 이는 범례 첫 번째 항목에 그대로 드러나 있다.

"강습의 참고와 여행의 실험을 위하여 산수도경을 지음"이라든가 "산수의 복잡하고 세밀함을 생략하고 산계와 수계를 나누어 편집함으로써 열람의 편리함을 제공함"과 같은 부분에서 저자의 뚜렷한 의도와 독자에 대한 배려를 읽을 수 있기 때문이다. 또한 백두대간 산계를 다섯 단계로 구분함으로써 산경표보다 진일보한 면모를 보여주고 있는 점 또한 이 책의 두드러진 특징 중 하나가 된다.

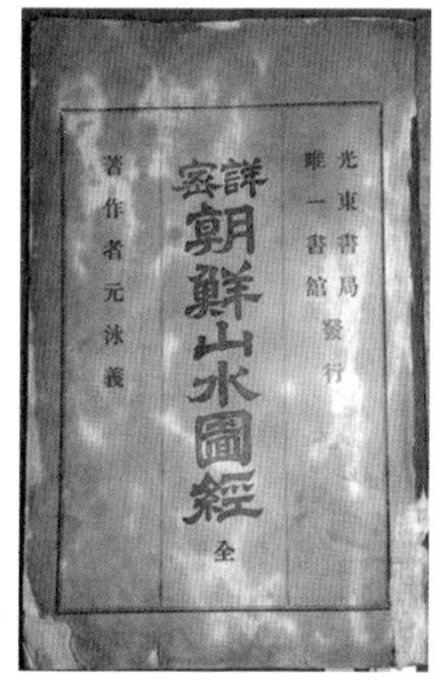

제1장에 소개한 북부고지백두대간

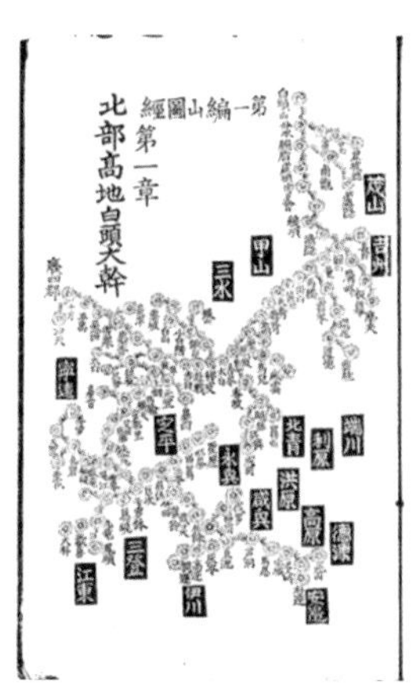

상밀조선산수도경 속표지

즉, 1차 대간(大幹)-2차 정간(正幹)-3차 지(支)-4차 기(岐)-5차 록(麓)으로 분류하였는데, 이는 『한반도 산맥체계 새정립 연구: 산줄기 분석을 중심으로』(국토연구원, 2004)의 분류와도 흡사한 면이 있어서 주목된다.

그렇다면 DEM이나 GIS, 위성영상 이미지는커녕 최소한 1대 5만 지형도조차 없었던 시절 원영의는 어떻게 해서 5차 산맥까지 구분할 수 있었던 것일까? 아마도 그 답은 『산경표』에서 찾을 수 있을 것 같다. 원영의는 『산경표』를 철저히 분석하여 분기(分岐) 산줄기를 추적함으로써 정간 이하 지맥, 기맥, 록에 이르기까지 백두대간을 세분할 수 있었던 것으로 보인다. 이 점에 관해서는 좀 더 깊이 있는 논의가 필요하며, 국토연구원이나 최근 농촌경제연구원에서 수행한 백두대간 GIS 연구 결과와도 견주어 본다면 흥미로운 결과가 나올 것으로 예상된다.

『산수도경』은 산줄기만 다룬 것이 아니다. '산수'라는 제목 그대로 1편에서 신경준의 『산경표』에 나오는 백두대간을 새롭게 해석하여 지도와 함께 설명하고 있으며, 2편은 12개의 강줄기를 구분하고 있다.

1912년 최남선의 조선광문회에서 『정리표』와 『택리지』, 1913년 『산경표』가 나온 걸 보면 원영의의 『산수도경』 발간은 그야말로 일제의 금지에 항거한 역사에 있어서 선구적인 위치를 차지한다. 더구나 태백산맥으로 왜곡시킨 조선의 산줄기를 백두산부터 지리산까지 백두대간 개념 하에 열다섯 개의 산줄기로 당당하게 기술한 점은 한국 지리학사에 있어서도 새롭게 평가받아야 하는 부분이다.

일단 『산수도경』이 『산경표』와 다른 점은 범례에서 산줄기의 위계를 나눈 것에서도 나타나 있지만, 가장 큰 차이점으로 백두대간을 북부, 동부, 남부, 세 부분으로 나누어 북부고지 백두대간, 동부고지 백두대간, 남부고지 백두대간으로 구분한 것이다. 여기서 중부가 아니라 동부로 명명한 것은 아마도 서울을 중심으로 했을 때 '동쪽에 해당되는 백두대간'이라는 뜻을 담고 있는 듯하다. 『산수도경』과 『산경표』의 산줄기를 알기 쉽게 비교해 보면 다음 페이지의 표와 같다.

원영의는 『산수도경』이라는 책만 낸 것이 아니라 같은 시기에 「조선산수전도(朝鮮山水全圖)」라는 대형 지도까지 발간했다. 이 지도는 가로 53cm, 세로 93cm로 일반 종이보다는 두꺼운 장지에 인쇄되었으며, 지도 제목 옆에 '장은제(漳隱製)'라고 자신의 호인 '장은'을 넣어서 제작자가 원영의임을 명백하게 알 수 있도록 한 점이 조선시대 여타의 지도와는 뚜렷하게 구별되는 특징으로 꼽힌다. 지도의 제목과 제작자를 크게 써넣은 것은 원영의 자신이 당시 이 「조선산수전도」를 『산수도경』과 더불어 상업적인 판매 목적으로 제작했을 것이라는 사실을 뒷받침한다.(『산수도경』은 1911년 당시 50전에 판매, 1913년 『산경표』는 30전에 판매했다.) 그렇게 '민족정신 고취' 등과 무관한 것처럼 포장해야만 지리교과서류에 대한 총독부의 검열과 판매 금지 조치를 피할 수 있었으리라는 당시의 상황과 어느 정도 맞아떨어지기 때문이다.

일제강점기에 원영의가 남긴 『산수도경』의 진가를 알아본 사람은 노산 이은상이었다. 노산은 1938년 8월 2일 조선일보 석간 3면 지리산탐험기(3) 글머리에서 조선의 모든 산이 백두산에서부터 비롯되었기 때문에 지리산을 알려면 백두대간을 알아야

『산경표』와 원영의의 『산수도경』 비교

산경표	산수도경
백두대간	북부고지 백두대간
	동부고지 백두대간
	남부고지 백두대간
장백정간	관북고지 장백간지
낙남정맥	낙남고지 봉황간지
청북정맥	청북고지 낭림간지
청남정맥	청남고지 낭림간지
해서정맥	예서고지 개련간지
임진북예성남정맥	임북고지 개련간지
한북정맥	한북고지 분수간지
한남정맥	한남고지 칠현간지
한남금북정맥	*
금북정맥	금북고지 속리간지
금남정맥	금남고지 마이간지
낙동정맥	낙동고지 태백간지
금남호남정맥	*
호남정맥	호남고지 장안간지

1911년 원영의가 제작한 조선산수전도

노산 이은상이 백두대간을 소개한 조선일보 1938년 8월 2일 자 기사

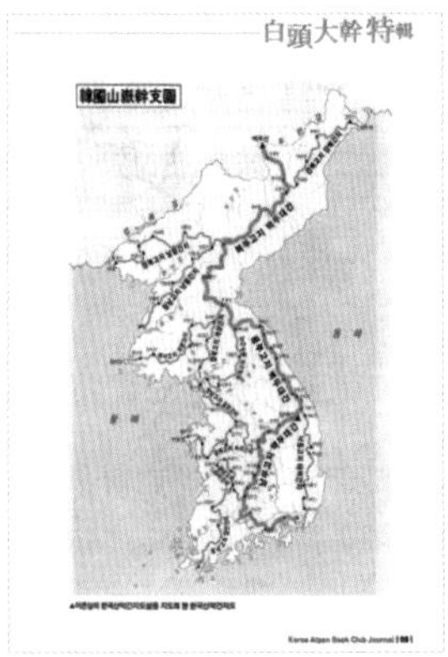

「백두대간 지도의 시대별 변천사」에서 새롭게 제작된 지도

함을 설파했다. 또 「지리산의 계보고(智異山의 系譜考)」라는 제목으로 『산수도경』 가운데 북부고지 백두대간, 동부고지 백두대간, 남부고지 백두대간, 낙남고지 봉황간지를 「지리산정계도(智異山正系圖)」라는 지도와 함께 소개했다. 물론 이 지도는 이미 원영의가 1911년에 제작한 「조선산수전도」에서 제주도와 범례 위치를 바꾼 것 그대로였다.

노산은 『산수도경』 가운데 일부 내용을 1938년 조선일보에 실은 이후, 1969년 그가 한국산악회 회장에 재임하던 시절 경북학생산악연맹에서 창간한 〈산악〉지에 전체 15개 산줄기 가운데서 낙남고지 봉황간지만 빼고 14개 모두를 개념도와 함께 '한국산악간지도설'이라는 제목으로 소개하였다. 그리고 이 내용은 2005년 한국산서회 16호 『백두대간 지도의 시대별 변천사』(최선웅, 49~73쪽)에서 새롭게 제작된 지도와 더불어 다시 한 번 세상에 알려지게 되었다.

* 《한국민족문화대백과사전》 '산맥' 항목의 참고문헌에서 필자인 박진 교수는 《민족문화논총: 노산이은상박사고희기념논문집》(삼중당, 1973)에 노산의 「한국산악간지도설」이 실려 있다고 했는데, 확인 결과 그렇지 않은 것으로 드러났다. 해당 논문집에는 노산이 직접 쓴 글이 실려 있지 않은데, 자신의 고희기념 논문집에 노산 자신의 논문이나 글을 싣지 않은 건 당연한 일이기 때문이다. 이 논문집에는 모두 노산과 관련 있는 학계나 문화계 인물들의 글이 실려 있으며, 당시 그가 한국산악회 회장이었기 때문에 산악인으로서는 김정태 씨가 쓴 한국적 알피니즘에 관한 글이 유일한 것으로 나타났다.

한편『상밀조선산수도경』은 전국박물관소장품검색 e뮤지엄에도 네 군데 박물관의 소장 자료로 올라와 있는데 경상북도산림과학박물관, 국립수목원 산림박물관, 수원 광교박물관, 국립산악박물관 등이다. 그러나 네 박물관 모두 이 책의 가치나 특징을 모르고 있으며, 서지 사항이 소략하거나 잘못된 부분도 있어서 수정 보완이 시급하다.

3장

백두대간의 현대적 의미

1

대간정맥 고개 넘어 동서남북 이어지던 조선 9대로

부산에서 서울까지 고속도로는 428km이다. 승용차로 가면 4시간 30분, 최고 시속 300km로 달리는 고속철도 KTX를 타면 2시간 40분 걸린다. 미래 교통수단인 '하이퍼루프(Hyperloop: 진공 튜브 속을 달리는 자기부상열차)'는 시속 1,200km로 서울에서 부산까지 20분밖에 안 걸린다고 한다. 그렇다면 오로지 두 발로 걸어야 했던 조선시대에는 부산에서 서울까지 얼마나 걸렸을까?

조선시대에는 한양을 중심으로 전국을 잇는 아홉 개의 길이 있었다.[26] 부산 동래에서 한양까지의 길은 '동래로' 또는 '영남대로'라고 불리며 백두대간 문경새재를 넘어서 960리, 꼬박 14일이 걸렸다. 한양에서 북쪽 압록강변 의주까지의 길인 의주대로는 1,080리, 걸어서 15일 남짓 걸렸다. 의주대로는 대중국 교통로였으며 중국을 오가는 사신 일행이 많이 다녀서 '연행로', '사행로'라고도 불렀다. 또 '관서대로', '경의대로', '서북로'라고도 불렀는데, 신경준의 『도로고』에는 '경성서북저의주로제일(京城西北低義州路第一)'이라고 적혀 있다. 의주길을 제1로로 친 것인데, 나라에서 특별한 관리를 했다는 뜻이기도 하다. 의주대로는 한양 숭례문에서부터 홍제원, 고양, 파주, 장단, 개성, 평양을

26 대로 : 시대별로 기준이 다르며, 6대로, 9대로 혹은 10대로 등으로 나눴다. 여암 신경준(申景濬)은 '도로고'(1770년·영조 46)에서 전국의 대로를 한양 중심으로 의주로 가는 길은 제1로, 경홍 제2로, 평해 제3로, 동래 제4로, 제주 제5로, 강화 제6로 등 6대로로 각각 명명했다. 같은 해 홍봉한(洪鳳漢)은 왕명을 받아 저술한 『동국문헌비고』「여지고」에서 전국의 대로를 한양 중심으로 의주 제1로, 경홍 제2로, 평해 제3로, 동래 제4로, 상주→통영 제5로, 삼례→통영, 제 6로, 해남→제주 제7로, 갈원→보령 제8로, 강화도 제9로 등 9대로로 구분했다. 고산자 김정호(金正浩)는 '대동지지'에서 한양~의주 제1로, 경홍 제2로, 평해 제3로, 동래 제4로, 봉화 제5로, 강화 제6로, 수원 제7로, 해남 제8로, 충청수영 제9로, 통영 제10로 등 10대로로 나눴다.

거쳐 의주에 이른다. 현재 이 의주대로는 휴전선으로 막혀서 임진각까지 밖에 갈 수 없다.

한양에서 부산까지 가려면 남한강을 건너서 죽령(696m)이나 조령(642m), 이화령(548m), 추풍령(221m) 등 백두대간 고개를 넘어야 한다. 반면에 한양에서 의주까지 가는 도중에는 임진북예성남정맥, 해서정맥, 청남정맥, 청북정맥의 고개를 넘어야 하고, 임진강, 대동강, 청천강 등 큰 강만 해도 세 개를 건너야 한다. 그러나 의주대로가 지나는 이들 정맥 상의 고개는 해저정맥 자비령의 경우 489m이며, 청북정맥이나 청북정맥의 대로가 지나는 고개는 백두대간 고개에 비해서 그리 높지 않은 편이다. 그렇기 때문에 영남대로보다 120리가 더 긴데도 소요 시간은 하루 정도 더 걸리는 것으로 나타난다. 구글지도에서 직선거리로 따져보았을 때 서울-신의주는 360km이며, 서울-부산은 320km로 서울 기준으로 부산보다 신의주가 40km 더 멀리 있다.

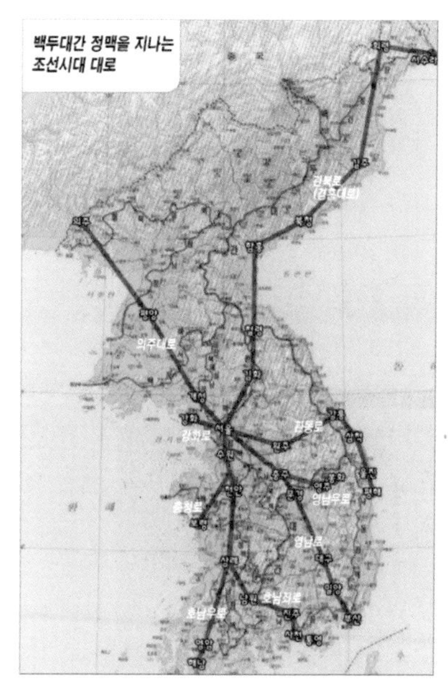

서울을 중심으로 펼쳐진 조선 시대의 9대로

한양에서 회양-원산-북청-경성-회령-경흥을 거쳐 함경도 서수라까지의 길인 관북로(경흥대로)는 신경준의 도로고에서는 '경성동북저경흥로제이(京城東北抵慶興路第二)'라고 하여 의주대로 다음의 길로 치고 있다. 『동국문헌비고』「여지고」에서는 두만강 하구에 있는 한반도 최북한 포구, 서수라까지 총 길이 2,429리로 적고 있다. 이 길은 해발 685m인 철령을 통하여 백두대간을 넘는다. 북청 유배길에 철령을 넘으면서 백사 이항

복(1556~1618)이 남긴 시로도[27] 유명해졌으며, 한국사에서는 '철령위' 위치 관련 논란으로 쟁점이 된 고개이다. 동해안을 따라서 이어지는 관북로는 부령에서 장백정간 무산령(606m)을 넘어 회령에 이른다.

관동로 역시 대관령(832m)으로 백두대간을 넘어 강릉에서 동해안을 따라 남쪽으로 이어가다가 삼척, 울진 거쳐서 평해까지 이르는 880리 길이다. 『도로고』에서는 '경성동저평해로제삼(京城東抵平海路第三)'이라 하여 조선 9대로 가운데 세 번째로 꼽혔다.

129쪽의 지도를 보면 백두대간을 넘어가는 영남대로에 비해서 호남우로는 금북정맥의 차령(190m), 호남정맥의 노령(276m) 등 비교적 낮은 고개를 넘어간다. 호남좌로는 금북정맥, 호남정맥에 이어 남원에서 백두대간 여원치(480m)를 지나 운봉에 이른 후 팔량치(513m)를 넘어 함양에 이른 후 산청-진주-고성-통영으로 이어진다.

조선시대의 9대로 가운데 가장 높은 고개는 백두대간 상에 위치하는 관동로의 대관령(832m)이며, 그다음이 영남좌로 상의 죽령(696m), 세 번째는 관북로 상의 철령(685m) 순이다. 가장 낮은 고개는 금북정맥의 차령(190m)이며, 영남우로 상의 백두대간 추풍령(221m)이 그다음 낮은 고개로 꼽힌다. 오늘날 추풍령으로는 고속도로와 국도, 지방도, 철도가 나란히 지나가고 있다.

27 "철령 높은 봉에 쉬어 넘는 저 구름아/고신원루를 비 삼아 띄워다가/님 계신 구중심처에 뿌려본들 어떠리"

2

『산경표』 백두대간을 펼치면 새로운 것이 보인다

한반도 남쪽에서 가장 높은 산은 해발 1,915m 지리산이다. 백두산에서 뻗어 내린 장장 1,625km의 백두대간이 바로 이 지리산 천왕봉에서 마지막으로 솟구쳤다가 낙남정맥으로 이어진다. 지리산에서 덕유산, 소백산과 태백산으로 이어지는 백두대간은 신라와 백제, 고구려 삼국의 국경선을 이루기도 했다. 특히 국경선이 지나는 남원, 장수, 함양은 백제와 신라, 가야 삼국이 격돌했던 역사의 현장이었다. 최근 들어 백두대간과 금남호남정맥, 호남정맥 등 세 개의 산줄기를 중심으로 한 과거의 국경 지역에서는 당대의 산성과 봉수 등 군사시설이 다수 발굴되는 성과가 있었다. 이러한 고대사 분야의 연구 성과는 노령산맥 등 기존의 산맥체계로는 설명 불가였으며, 『산경표』에서 완성된 백두대간 개념을 적용함으로써 얻어질 수 있었다는 점이 주목된다.

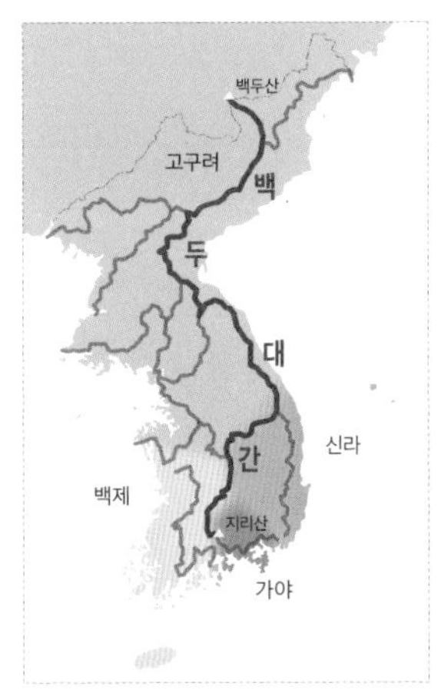

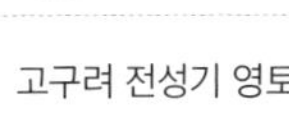
고구려 전성기 영토

백제 전성기 영토

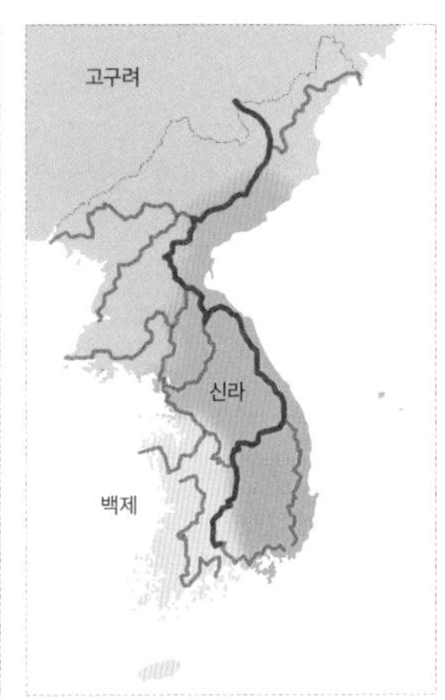

신라 전성기 영토

삼국시대 신라 전성기 당시 속리산에서 지리산까지 남북으로 이어지는 백두대간 마루금 300여 킬로미터는 백제와 신라를 동서로 가르는 천연의 장벽이자 그대로 국경이기도 했다. 섬진강 상류를 중심으로 하여 동쪽의 남원, 운봉 지역, 금강 상류를 중심으로 한 장수 지역 등은 백두대간과 금남호남정맥, 호남정맥으로 둘러싸인 고원지대이며, 지형적 이점을 최대한 살린 가야시대 이래의 산성과 봉수들이 촘촘히 배치되어 있었다.

남원 아막성을 중심으로 백두대간에 위치한 산성은 유정리산성, 가산리산성, 고남산산성, 장교리산성, 준향리산성, 노치산성, 덕치리산성 등 10여 개가 있는 것으로 밝혀졌다. 조선시대의 직봉이나 간봉과 관련이 없는 9개의 봉수가 남덕유산 남원 덕천리까지 백두대간 산줄기를 따라 배치되어 있는데, 이들은 주변 산성과 밀접한 관련성을 보이는 것으로 나타났다.[28]

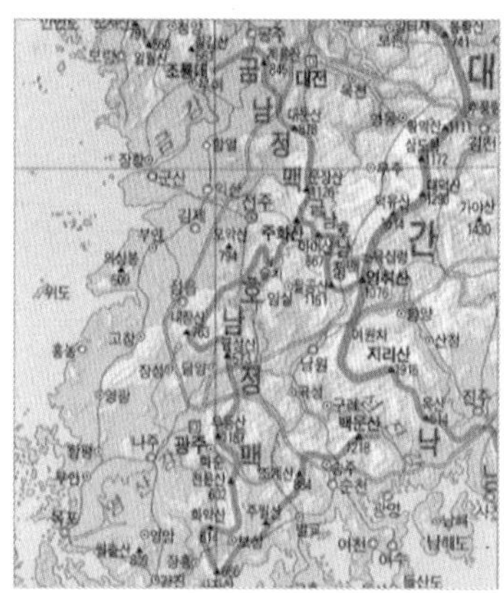

산경표 백두대간의 산줄기. 백두대간 영취산에서 금남호남정맥이 가지쳐 나가 다시 금남정맥과 호남정맥으로 갈라진다.

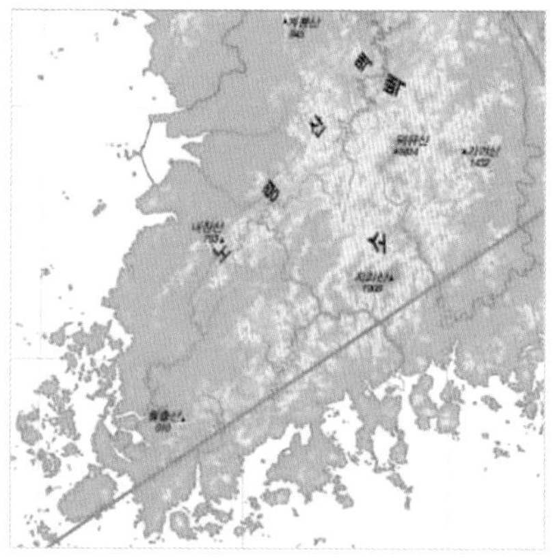

산맥도 상의 노령산맥과 소백산맥(출처: 국가지도집, 2017)

28 「호남동부지역 산성 및 봉수의 분포 양상」, 『영남학』 13, 211~261쪽, 곽장근, 경북대학교 영남문화연구원, 2008

이 지역은 금남호남정맥의 수분치가 북쪽의 금강과 남쪽의 섬진강의 분수계를 이루고 있으며, 백두대간이 남원과 운봉의 경계를 이루는 동시에 해발 500m 내외의 운봉고원은 남강의 발원지를 이루는 등 지형적 특징이 뚜렷하게 드러나는 곳이다. 특히 남원과 운봉 일대에는 지리산과 덕유산의 풍부한 삼림과 철광석을 바탕으로 한 주요 철기 생산지가 밀집해 있었으며, 팔랑치, 육십령, 치재 등 백두대간의 주요 고개와 금강, 남강, 섬진강 하천 상류에서 이어지는 교통로에 의존한 교역이 활발하게 이루어진 곳이기도 하다. 이에 관하여 산경표 백두대간을 적용한 일련의 연구를 통하여(곽장근, 2010~2020) 가야시대 이래 금강 상류지역의 교통망 및 후백제의 방어체계 등이 새롭게 밝혀진 바 있다.

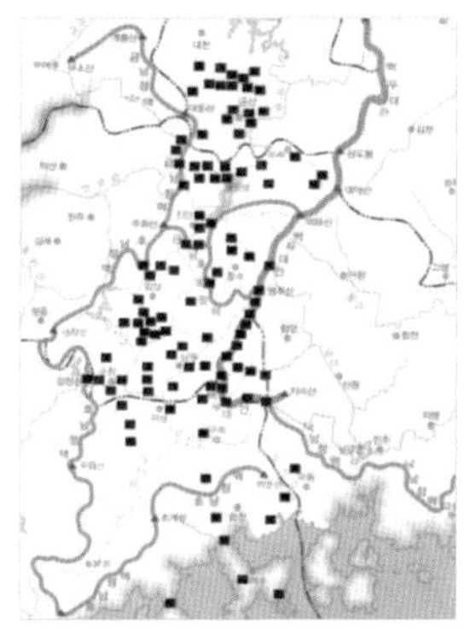

백두대간과 정맥에 분포하는 호남동부지역의 산성

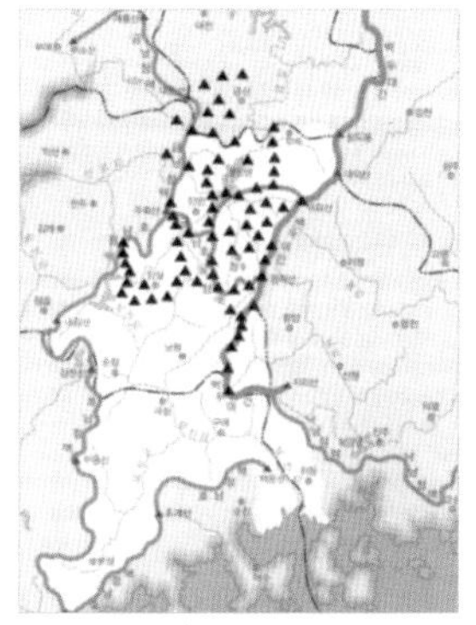

백두대간과 정맥에 분포하는 호남동부지역의 봉수

위 그림은(곽장근, 2008) 태백산맥이나 소백산맥, 노령산맥 등의 지질구조선에 입각한 산맥체계를 바탕으로 해서는 그 분포의 연결성 내지 역사지리적 의미를 드러낼 수 없는 호남동부지역의 백두대간, 금남호남정맥, 호남정맥, 금남정맥 일대의 산성과 봉수 분포도이다. 종래의 산맥지도와는 달리 이와 같이 고고학적인 발굴 성과 내지는 고대사의 연구 성과 등을 『산경표』의 백두대간 체계를 적용한 분포도에 담음으로써 이 지역이 가야시대 이래의 철 생산과 교역 중심지였으며, 백제와 신라 사이에 벌어졌던 전쟁의 양상 또한 더욱 정확하게 파악할 수 있음을 보여주고 있다.

전북 진안의 태평 봉수대
(출처: 문화재청)

남원과 운봉 등 백두대간 지역에서 백제와 신라의 전쟁은 602년(백제 무왕 3) 8월 백제군이 신라의 아막산성(阿莫山城)을 포위하면서 시작된 바 있다. 이 성은 경상남도 함양읍과 전라북도 남원시 동면 경계 부근인 팔랑치 고개에 위치한다. 해발고도는 513m이고, 북쪽의 상산(霜山)과 남쪽의 삼봉산(三峰山: 1,186m) 사이의 안부에 있다.

아막산성에서는 신라 진평왕이 보낸 정예 기병 수천 명의 항전으로 말미암아 백제가 패퇴한 이후 확전되는 양상으로 이어졌다. 이 전쟁은 백제 무왕이 보병과 기병 4만의 대군을 동원했음에도 불구하고 참패로 끝났으며, 운봉을 통하여 옛 가야 지역인 함양과 산청을 거쳐 진주 방면으로 나아가고자 했던 백제의 의도는 좌절되고 말았다.

무왕은 611년 신라 가잠성을 포위, 함락시키는 등 636년(무왕 37)까지 15년간 모두 10회에 걸쳐서 신라를 침공했다. 백두대간 지리산과 덕유산 일대를 무대로 한 백제와 신라의 주전장은 남원, 운봉 지역을 우회한 백제의 공격으로 신라 서부 시역인 함양-합천, 삼가-산청, 단성-남강 본류 일대로까지 확대되는 결과로 이어졌다. 이러한 백제의 신라 침공은 642년(의자왕 2) 합천 대야성까지 함락시킴으로써 옛 가야 지역 진출을 위한 공세가 절정에 이르렀다. 대야성은 신라가 562년에 대가야를 멸망시킨 후 경남 서부지역 통치와 방어의 거점을 삼은 곳이었다. 따라서 이러한 대야성을 잃었다는 것은 육십령과 팔랑치를 거쳐 백두대간을 넘어온 백제군 앞에 수도인 경주 방어선이 위태로워졌음을 의미한다. 그러나 백제는 655년(의자왕 15) 고구려, 말갈과 함께 신라 북쪽 30여 성을 함락시킨 것을 마지막으로 더 이상의 침략 전쟁을 이어나가지 못했으며, 660년(의자왕 20) 나당연합군의 공격으로 멸망하고 말았다.

3

백두대간 넘어 대형산불을 일으키는 바람 '양간지풍(襄杆之風)'

해마다 건조한 봄철이 되면 산림청 관계자들은 초긴장 상태에 들어간다. 전국에 걸쳐서 산불이 가장 많이 발생하는 시기라서 그렇다. 특히 동해안 영동지역의 대형산불은 대부분 '양간지풍'이라는 고온건조한 태풍급 바람이 부는 4월경에 집중적으로 일어났다. '양간지풍'은 백두대간 동쪽 양양부터 간성까지, 더 멀리는 북한의 통천 해안지역까지 부는 바람으로 산불을 몰고 온다고 해서 '불바람[화풍, 火風]'이라고도 한다.

'양간지풍'으로 인한 대형산불과 피해 상황은 조선왕조실록에서도 여러 건 찾아볼 수 있을 정도로 역사가 깊다. 그렇게 6백 년이 넘도록 일어나고 있는 자연재해이건만, 수많은 인명 피해와 재산 피해가 역사시대에 걸쳐 진행되고 있음에도 불구하고 손쓸 도리없이 당하고만 있는 게 현실이다. 조선시대에 가장 피해가 큰 산불은 1804년(순조 4년) 4월 21일 강원도 동해안에서 발생했다. 삼척·강릉·양양·간성·고성에서 통천에 이르는 바닷가 6개 고을에 민가 2,600채와 사찰 6곳, 창고 1곳, 배 12척 및 막대한 곡식이 불탔으며, 사망자만 61명에 달했다.

산불, 특히 강원도 동해안 양양~간성, 양양~강릉~삼척이라는 일정한 지역과 역사시대에 걸쳐서 일정한 시기에 되풀이되고 있는 대형산불의 원인은 무엇이고 그 예방책은 없는 것일까?

동해안 지역 산불 가운데 가장 규모가 컸던 경우는 2005년 양양산불과 2019년 고성산불을 들 수 있다. 2005년 4월 4일부터 6일까지 32시간 동안 발생한 양양산불은 7번 국도를 건너뛴 불길이 해안까지 번져서 낙산사 홍련암과 의상대만 남기고 대부분의 전각과 보물 479호인 낙산사 동종까지 모두 불태우고 말았다. 이재민은 163가구에 418명, 산림피해 면적은 973ha, 피해액은 394억 원에 달했다.

낙산사 화재는 『조선왕조실록』, 『승정원일기』 등에도 등장한다. 1489년(성종 20) 3월 25일 강원도 양양에서 큰 산불이 발생해 민가 205채와 낙산사 관음전이 불탔으며, 고성군 간성읍에서는 향교와 민가 200채가 전소했다는 기록을 볼 수 있다.

2019년 4월 4일 발생한 고성과 속초 산불은 백두대간 미시령에서 계곡을 따라 원암리와 신평리 일대로 불어내리는 강풍에 불길이 거세지면서 영랑호 둘레길 주변 산림 절반과 그 일대 가옥 및 호반에 건립된 신세계영랑호리조트 빌라 객실 등을 태우는 등 전쟁터를 방불케 했다. 1명 사망, 11명 부상, 건물 1653채(주택 395채) 손상·완파, 이재민 302세대 672명, 소실 면적 1,266.62ha, 피해액은 3,054억 원에 달했다.

순간 풍속이 초당 30m가 넘는 이 태풍급 바람은 불길을 수십 미터씩 솟구치게 만들어서 순식간에 대형산불을 초래한다. 특히 이 불기둥은 바람에 날려 7번 국도를 훌쩍 뛰어넘기도 하면서 산불 지역을 무섭게 빠른 속도로 넓혀 나가기 때문에 농가나 창고 등이 불에 타는 것은 물론 미처 대피하지 못하고 불길에 갇힌 주민이 사망하는 경우도 생겼다. 지금도 영랑호 주변의 산책로에는 2019년 당시 산불로 타버린 신세계영랑호리조트 빌라 객실들이 무너지거나 검게 그을린 채 남아 있는 것을 볼 수 있다.

그야말로 '도깨비불'이 아닐 수 없는데, 조선왕조실록 등에는 양간지풍에 대한 직접적 서술은 없지만 '불덩어리가 도깨비처럼 춤을 추며 날아다닌다' 같은 표현이 등장하고 있으니, '양간지풍' 산불은 예나 지금이나 변함없음을 증명하고 있다. 이러한 대형산불의 원인이 되는 '양간지풍'에 관해서 최근 밝혀지고 있지만, 이로 인해 발생하는 화재 피해에 대해서는 별다른 대책이 없는 실정이다. 일단 봄철 한반도 주변의 남고북저형 기압배치에서 발생한 바람이 기압골을 따라서 백두대간을 넘으면 고온건조한 강풍으로 영동지역에서 산불을 일으키는 원인으로 꼽히고 있다. 이 바람이 휩쓸고 다니다 버려진 담배꽁초 같은 작은 불씨 하나라도 만나면 산불로 이어지는 것이다.

한반도 주변의 기압 배치가 남고북저일 경우 양간지풍 발생 확률이 높다.

따뜻한 공기가 위에 있는 기온역전층 때문에 백두대간을 넘는 바람은 태풍급 강풍이 되어 산불을 일으킨다.(참조: 지리임닷컴)

보통의 경우 공기는 위로 올라갈수록 차가워지는데, 한반도 주변의 기압 배치가 남고북저형이고 차가운 공기가 아래 있고 따뜻한 공기가 위에 있는 기온역전층이 평균고도 1,000m인 중부지방 백두대간을 따라 분포할 경우 '양간지풍'이 발생한다. 이처럼 기온역전층이라는 수직적 구조 외에도 백두대간 주요 고개와 계곡 방향이 바람의 방향과 일치하는 수평적 구조가 더해질 경우 풍속이 더욱 빨라지는 효과가 나타난다.

현재까지 연구된 바로는 '양간지풍'으로 인한 대형산불을 막을 수는 없고, 피해를 최소화하는 여러 가지 방안이 나와 있다. 예를 들면, 강원도 동해안 지역 일대의 산지에 분포하는 소나무 숲은 산불에 대단히 취약한 반면, 활엽수인 참나무 등은 화재에 강해서 살아남는 경우가 상대적으로 많다는 조사 결과가 나왔다. 이를 근거로 한다면 산지와 가까운 농가나 도시 주택지역에는 참나무 등 화재에 강한 활엽수림을 조성하는 것이 대형산불의 피해를 줄이는 방법이 된다.

특히 2019년 고성 속초 지역 산불 사례를 본다면 미시령에서 영랑호까지의 축선으로 바람골이 형성되어 있으며, 중간쯤인 원암리 지역에서 발생한 화재가 북쪽 신평리로 번져나갔고, 동쪽 바닷가 영랑호 일대를 초토화시킨 바 있다. 따라서 이 바람골 지역에는 송진 등을 함유하고 있어 강력한 불쏘시개 역할을 하는 소나무를 심어서는 안 된다는 결론을 내릴 수 있다.[29]

29 산불피해지역에 대한 자연복원 효과가 인공조림보다 높고, 소나무림의 산불 피해 정도가 더 크다는 것이 실제 통계

산불 피해를 줄일 수 있는 다양한 방안으로 산지에는 방화 수림대를 조성하고 주택에는 스프링클러 설치 및 주택 방화수종을 심는 안이 제시되었다. 이는 문화재나 관광지, 소상공업 시설과 물류 산업단지도 마찬가지이다. 소방 측면에서는 위성과 드론을 이용한 산불 감시망 구축, 거점 소화전 설치 등이 산불 후 보상 및 복구책과 함께 강원연구원에서 연구된 바 있다.(참조: 강원연구원정책메모, 2019)

대형산불로는 역대급이었던 2019년 고성 산불 당시 전국 시도에서 소방차와 소방인력이 출동하였는데, 총 872대, 3,251명이 산불을 진화하는 데 투입되었다. 한편 산불 진화에는 헬리콥터로 물을 뿌리는 게 효과적이지만, 양간지풍과 같이 초속 25m 이상의 대풍급 강풍이 불 경우 소형 헬기는 접근 자체가 불가능하다는 맹점이 있다. 따라서 강풍에도 백두대간 일대 상공에서 비행이 가능한 초대형 헬기와 야간 진화 헬기도 꼭 필요하고, 헬기보다 더 많은 물을 뿌려줄 수 있는 고정익기로서 양양공항에 전진기지를 둔 제트 수송기 도입 또한 고려해 볼 만한 방안이라고 본다.

'양간지풍'이라는 용어를 처음 쓴 책은 1923년 『개벽』

보통 '양간지풍'의 출전으로서 1631년 간성 현감을 지낸 택당 이식(李植, 1584~1647)의 『수성지(水城志)』(1633)를 들고 있다. 그러나 실제로 이 읍지에는 바람 이야기가 두 군데 나오는데 동풍과 서풍, 그리고 천후산 석굴에서 부는 바람 등이다.

"(간성)군 지역에는 큰바람이 많이 분다. 서풍이 가장 강하고 모질다. 심할 때는 아름드리 큰 나무가 뿌리째 뽑혀 쑥대같이 나뒹굴고, 사람과 말이 날려 행보가 어렵다. 그리고 하루 이틀 사이에 벼가 말라 죽는다. 그러나 동풍이 불면 벼가 잘 여문다. 그래서 이곳 주민들은 언제나 동풍이 불기를 바란다." [30]

로 확인된다. 점차 숲의 형태가 활엽수림과 혼효림으로 바뀌는 것은 생태적으로 안정을 이루는 숲이 되는 천이 과정인데, 산림청은 막대한 예산을 투입해 인위적인 소나무림을 유지해 온 것이다.(참조: 『환경과 조경』 '산불피해지 조림 왜 하나? 자연복원 효과 더 커', 2022년 4월 20일)

30 『간성군 읍지(원 수성지)』 92쪽, 이식 저·박승한 역, 고성문화원, 1995
『간성읍지』(奎 17513) 「잡기」 53면, 이식 저, 1814

"천후산은 고을 남쪽 70리에 있다. 산에는 석굴에서 부는 바람이 많으며, 산 중턱에서 나온다. 이를 두고 하늘이 운다고 하며, 세간에 전하기를 양양과 간성 사이에는 큰 바람이 많이 부는 것이 이 산에 성인이 있기 때문이라고 한다."[31]

첫 번째 인용문 가운데 서풍이 '양간지풍'에 해당한다고 볼 수 있으며, 두 번째 인용문의 "양양과 간성 사이에는 큰 바람이 많이 부는 것(襄杆之間多大風)"이라는 표현에서 '양간지풍'이라는 말이 비롯되었을 수도 있다. 그러나 보다 정확한 기록은 양양문화원의 향토사료에서 확인할 수 있다.[32]

1923년 12월 1일 『개벽』(42호) 지의 관동지역을 소개하는 글 중에 '양간지풍과 통고지설'이라는 표현이 등장하고 있다. 4군 명물에서는 "통고지설이오 양강지풍이란 문자는 첫 먹은 아해도 다 안다. 참 통천고성의 눈은 말만 들어도 엄청나다. 증잘올때는 집이 다 뭇체서 이웃간에도 몃칠식 못본다 한다. 양양강릉의 바람도 어지간하다"고 소개하고 있다. 또한 일설에는 '양강지풍'이 이중환의 『택리지』에 나온다고 하지만 정작 『택리지』에는 그런 언급이 없다.

강원도나 경상북도 동해안 지역에서 발생하는 대형산불은 사실 백두대간이나 낙동정맥과 밀접한 관련이 있다. 따라서 바람 이름을 양양이나, 간성, 강릉 등과 같은 지역 명칭을 붙이는 것도 좋지만, 보다 넓은 지역에 걸쳐 기상 현상을 발생시키고 있는 근본적인 원인이자 지형적 요소인 백두대간을 고려하지 않을 수 없다. 외국의 경우 유사한 바람의 사례로서 푄이나 치누크가 있다. 우리나라 백두대간 지역에서 부는 바람은 통틀어 '대간풍'이라고 하는 것은 어떨까? 백두대간과 더불어 '대간풍'은 장차 유네스코 세계복합문화유산에 백두대간을 등재시키는 과정에서도 도움이 될 수 있으리라 믿는다.

---

31 『간성군 읍지(원 수성지)』 16쪽, 이식 저·박승한 역, 고성문화원, 1995

32 『양양문화』(32호) 「양강지풍과 양간지풍 어원의 출처를 살펴보다」, 양양문화원, 2021
http://yangyang.or.kr/g5/bbs/board.php?bo_table=book38&wr_id=28

4

백두대간 풍력발전, 자연 이용? 환경 파괴?

지속 가능한 친환경 발전 모델 개발해야

1993년 초판인 이 시집은 30년이 지난 21세기에도 빛을 잃지 않고 있다.

황동규 시인은 시집 《미시령 큰바람》(문학과 지성사, 1993)에서 "(전략) 강원도 나무들이 환하게 소리지르고/그 바람 점점 커져/드디어 내 상상력을 벗어난다./아 이 천지(天地)에//미시령 큰바람"이라고 노래했다. 표제시이기도 한 이 작품은 백두대간 미시령을 중심에 두고 그려낸 작품 중 단연 압권이다. 이 시집이 나온 8년 후인 2001년, 고개 아래로 터널이 뚫리면서 미시령은 한적한 옛길이자 국토 횡단 자전거 매니아들의 성지로 이름을 높이는 중이다.

황 시인의 《미시령 큰바람》을 모르는 사람일지라도 누구든 해발 826m 미시령 고갯마루 휴게소에 서 본 사람이라면 그냥 알 수 있다. 몸을 가누기 힘들 정도로 세차게 밀어붙이는 바람의 거대한 힘은 따로 설명이 필요 없다. 때로는 승용차 문을 열 수 없을 정도로 찍어 누르는듯한 미시령 바람. 해마다 4월 경이면 이 바람은 백두대간 미시령을 넘으면서 고온건조한 '화풍', '양간지풍'이 되어 대형산불을 일으키기도 한다.

시인의 작품으로, 또는 대형산불로 둔갑하는 '미시령 큰바람'은 백두대간 넘기 전 이미 용대리 어름에서 길이 67m의 풍력발전기 날개들을 돌려주고 온 참이다. 그러니 백두대간 바람은 산불만 나지 않는다면 좋은 바람임이 틀림없다. 하는 일 없이 종일 쏘다니기만 하는 바람인 줄로만 알았는데 전기를 만들어서 사람들에게 나눠주고 있으니 말이다. 그런데 지난 2003년 '백두대간보호지역에 관한 법률'이 제정된 이후 백두대간 마루금 일대에 그렇게 거대한 풍력발전기를 설치하는 것은 백두대간 환경을 파괴하는 것은 아닐까?

지난 2003년 백두대간 능선길 선자령 일원에 풍력발전기가 줄지어 늘어선 이래 높이 100여 미터에 달린 거대한 날개가 바람을 맞으며 돌아가는 장면은 이제 그리 낯설지 않은 풍경이 되었다. 그러나 풍력발전 시설 공사를 위해 길도 내고 땅도 깎아내면서 숲을 밀어내고 보니 해발 1,000m 안팎의 고도에서 드러난 맨땅은 그대로 산사태 위험지역이 되어버렸다.

풍력발전기에서 화재가 발생할 경우 상주하는 관리자가 없기 때문에 다 타버려서 저절로 꺼질 때까지 기다리는 게 유일한 대책이다. 게다가 불씨가 주위로 날려서 산불을 일으킬 위험성까지 있으니 친환경 발전의 가능성을 가로막는다는 문제가 있다. 새로운 풍력발전기가 들어서는 지역 주민들의 찬반 갈등은 또 어떻게 해결할 수 있을 것인가?

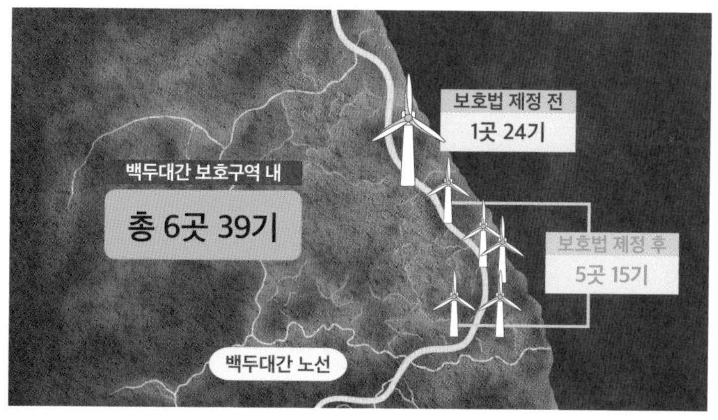

2021년 백두대간보호구역 풍력발전 현황(자료 출처: 산림청)

풍력 발전 설비 30~40%가 백두대간 권역에 이루어져 있다.
(출처: 태백시청)

산림청에 따르면 2021년 5월 현재 백두대간보호구역에 설치된 풍력발전기는 총 6곳에 39기이다. 2003년 백두대간보호법이 제정되기 이전에 선자령~곤신봉 일원에 24기가 들어섰으며, 2003년 이후 태백시 매봉산 일원 등 총 5곳에 15기가 건설되었다. 2022년 경상북도 영양읍 무창리, 양구리와 석보면 홍계리, 요원리 일대 낙동정맥 마루금에도 88기가 세워져 국내 최대 풍력발전단지를 이루고 있다.

이들 백두대간 지역은 초속 7.9~8.3m의 바람이 끊임없이 불기 때문에 풍력발전을 하기에는 최적의 장소이다. 따라서 친환경 신재생에너지를 추구하는 정부로서는 일정 부분 산림 훼손을 감수하고서라도 풍력발전기를 설치할 수밖에 없다는 입장이다. 그러나 풍력발전단지 인근에 사는 주민들에게는 이 괴물과도 같은 거대한 시설물에서 느껴지는 위압감은 둘째치고 저주파 소음 피해가 발생하고 있는 실정이다. 실제로 풍력발전기에서 발생하는 저주파 소음에 대한 첫 피해배상 결정이 나온 사례가 있다. 환경부 중앙환경분쟁조정위원회(중조위)가 2022년 6월 6일 풍력발전기 35기 인근에 거주하는 전남 영광군 마을주민 163명에게 1억 3,800만 원을 배상해야 한다는 결정을 내린 것이다.(참조: 동아사이언스, 2022년 6월 7일)

한국전력의 전력통계월보를 바탕으로 분석한 결과, 2022년 국내 전체 발전량 중 태양광·풍력 발전 비중은 4.3% 안팎에 그쳤다. 총발전량 576TWh(테라와트시) 중 태양·풍력 에너지는 24.5TWh로 추산됐다. 태양에너지는 21.8TWh로 3.7%, 풍력에너지는 2.7TWh로 0.5%를 차지했다. 0.5%밖에 안 되는 풍력발전을 위해서 백두대간보호지역을 훼손해도 좋을지에 관해서는 충분히 논란의 여지가 있다.

그 가운데 백두대간 권역 발전 용량만 30~40%에 이른다. 여기에다 2022년 현재 강원 도내에 사업 허가를 받아 설치 예정인 풍력발전단지는 발전 용량으로만 보면 지금보다 10배가량 많아질 것으로 추산되고 있다. 전국의 풍력 발전 단지는 98곳, 발전기 687기로, 발전 설비 용량은 1,496MW(메가와트)에 달한다.

전문가가 내놓은 해법 중 하나는 백두대간 지역보다는 기존 산지 개발지나 훼손지를 재활용하고, 사전에 부지를 발굴하는 방안이 눈에 띈다. 정부에 대해서는 산업부가 환경평가, 재해평가 등을 제대로 검토해서 풍력발전 인허가를 남발하지 않도록 해야 한다는 지적이 있다. 또한 주민이 참여하는 이익 공유제를 실시하는[33] 등 지속가능한 친환경 발전 모델 개발이 시급하다는 주장이 설득력을 얻고 있다.

---

33 국내 주민참여형 풍력발전단지 1호는 2021년 6월 준공된 태백시의 가덕산풍력발전단지다. 총사업비 1,250억 원을 투자하여 태백시 원동 가덕산 인근에 설치된 이 단지는 3.6MW급 총 12기, 총발전량 43.2MW급으로 약 17,000가구가 동시에 사용할 수 있는 발전 규모이다. 태백시는 이 발전단지에서 나오는 배당수익을 통해 지역 내 학생들을 위한 장학사업과 에너지 빈곤층을 위한 복지사업에 활용한다.

5

백두대간에는 전쟁과 질병, 기근이 없는 이상향이 있다

낙동강 1천 300리 따라 거슬러 올라가면 동점 지나서 마지막에 구문소(求門沼)가 있으며 물이 흐르는 커다란 동굴이 앞을 가로막는다. 이 바위 굴만 지나가면 모든 사람이 다섯 가지 복을 누리며 행복하게 산다는 이상향 '오복동천(五福洞天)'이 있다고 전한다.

굴 입구를 지키는 '자개문(子開門)'은 자시(子時, 23:00~01:00) 무렵 열려 있을 때만 들어갈 수 있다. 실제로 동굴 암벽에는 '오복동천 자개문'이라는 어른 팔뚝 굵기의 획으로 새겨진 글자가 선명하다. 1988년 향토사학자 김강산 씨가 새긴 '문을 구한다[求門]'는 글자 그대로 신비로운 구문소 전설을 더욱 그럴듯하게 만드는 글씨이다. 조선시대 정감록에서는 "낙동강 최상류에 가면 더 이상 갈 수 없는 석문이 나오는데, 문은 자시에 열렸다가 축시에 닫힌다. 문이 열릴 때 들어가면 사시사철 꽃이 피고 흉년이 없으며 병화도 없고 삼재가 들지 않는 이상향이 나타난다."고 하여 무릉도원과 같은 신세계를 꿈꾸는 이들의 호기심을 무한대로 자극했던 장소이기도 하다.

구문소 암벽에 새겨진 '오복동천 자개문' 일곱 글자

구문소는 '구멍소'라고도 불린다. 벼랑에 구멍이 뚫려서 난 굴에서 비롯된 것이라 보는데, 마을 사람들이 부르는 이름이다. 구문소 상류 쪽 마을이 구멍 혈(穴)자 써서

'혈내촌(穴內村)', 구멍 안쪽 마을이라는 뜻이라고 하니, 구문소라는 한자 지명보다 '구멍소'라는 지명이 더 일관성 있고 친근하게 들린다.

구문소를 지나 거슬러 올라가면 낙동강 발원지로서 태백시 한가운데 있는 황지에 이른다. '황지'는 하늘의 못이라는 뜻의 '천황(天潢)'이라 불리기도 한다.(삼수 변 '황'자는 '못' 또는 '저수지'라는 뜻을 갖고 있다.) 백두산 '천지(天池)'와 마찬가지로 물이 깊고 맑아 깨끗한 기운이 가득하여 성스럽다는 뜻에서 비롯되었으니, 정감록의 설명이 그리 허황된 것만은 아닌 듯하다.

구문소는 태백시 일원에서 발원한 황지천과 철암천, 두 하천이 만나 낙동강으로 흘러드는 곳에 있다. 황지천의 강한 물살이 절벽을 수천, 수만 년 동안 침식했고, 그 결과 절벽을 뚫어버리면서 환상적인 동굴 연못과 함께 통로가 생겼다. 물길이 산을 뚫고 흘렀으니 소위 '산자분수령'을 백두대간의 전부인 양 달달 읊어온 이들에게는 지극히 당혹스러운 현장이 아닐 수 없다. 구문소 바로 왼쪽 길은 벼랑을 뚫어서 만든 굴을 통과한다. 일제강점기인 1937년에 일본인들이 태백 지역의 석탄을 실어내기 위해 뚫은 터널이며, 사람과 차가 지나다닐 수 있다. 현재는 여기서 서쪽으로 70여 미터 지점의 산밑을 지나는 동점터널이 직선상으로 뚫려 있다.

구문소로 흘러내리는 물은 동굴이 뚫리기 전에는 어디로 흘렀을까? 다음 지도를 보면 놀랍게도 해발 600m 남짓한 산기슭을 돌아서 흐르던 지질시대의 구하도가 그대로 남아 있다. 대동여지도에는 백두대간과 낙동정맥 사이에 황지가 있고 여기서 흘러내리는 물이 산줄기를 끊고서 낙동강으로 이어지는 것을 볼 수 있다. 그래서 이름하여 '뚫은 내', '뚜르내', 한자어로 옮기면 '천천(穿川)'이라는 지명이 대동여지도에 올라 있다. 물이 산을 자르고 지나가는 '도강산맥(渡江山脈)'의 경우가 드문지라,

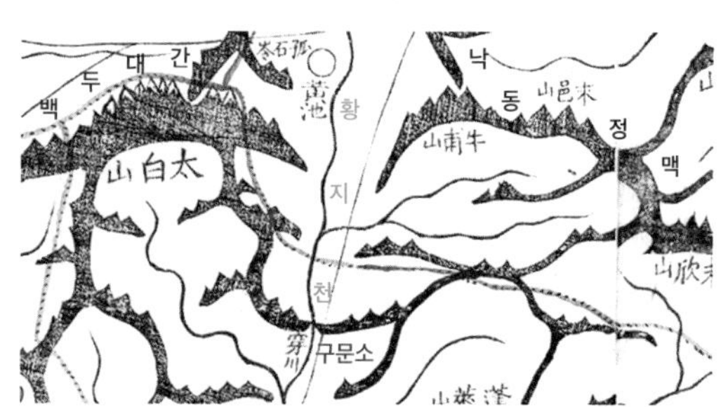

대동여지도에는 구문소 일대를 '천천[뚫은내]'이라는 지명으로 적고 있다.

지도 만들면서도 고산자가 궁금하게 여겼을 부분이다. 아마도 고산자는 그 당시 워낙 특수한 사례이기 때문에 지리지 등 기록도 확인하고 현장 답사까지 한 후에 지도를 만들지 않았을까?

145쪽의 지도는 김정호가 만든 대동여지도 가운데 태백산과 황지가 들어가 있는 부분이다. 한 가지 놀라운 사실은 황지천이라는 강을 낙동정맥 말흘산(실제로는 연화산)에서 가지 친 산줄기를 뚫고 지나는 곳에 '천천(穿川)'이라는 지명으로 나타내고 있다는 점이다. 만약 이 천천, 구문소 동굴이 없다면 어떤 일이 벌어졌을까? 황지 일대 백두대간 태백산과 낙동정맥 매봉산으로 둘러싸인 현재의 태백시는 물이 빠져나가지 못하기 때문에 거대한 호수가 형성되어 있어야 맞다. 황지는 지금도 하루 5천 톤 정도의 용출수가 지하에서 솟구쳐 나오는 곳이다.

이미 위에서 말한 바와 같이 황지의 다른 이름은 '천황', 하늘 못이다. 백두산 '천지'와 같은 격으로 불린 것이니 적어도 수만 년 전 태백시 일원은 호수와 습지로 이루어진 땅이었으리라는 상상이 가능하다. 실제로 구문소가 생기기 전에는 벼랑에 막힌 강물이 에스(S)자로 곡선을 그리며 백두대간 산줄기를 에돌아 흘렀으며, 그 흔적인 구하도 구간 3.6km가 남아 있다. 구하도는 구문소 서쪽으로 곡류하여 태백시상수도사업소 지역을 지나 다시 한번 꺾였다가 태백동점산업단지 지역 거쳐 동점역 부근에서 현재의 황지천으로 흘러드는 유로를 보인다.

태백 구문소와 황지천 구하도(출처: 지리뷰 캡처 화면)

다시 145쪽의 대동여지도를 보면 경상도에서 태백으로 가는 길은 황지천을 따라서 직선상으로 표현되어 있으며, 구문소 오른쪽(동쪽)으로 지나고 있다. 그러나 실제 그 일대는 가파른 벼랑이라서 길이 없는 곳이다. 조선시대 사람들은 동점에서 구하도를 따라서 지나는, 보다 평탄하며 사람 사는 마을을 거치는 길로 다녔던 것으로 보인다.

구하도에는 언제까지 황지천 물이 흘렀을까? 지난 2016년 강원대학교 지질학과와 한국기초과학지원연구원에서 수행한 구하도 연구가 답을 주고 있다.[34] 구하도를 수직 절단 퇴적층의 특성과 OSL 연대측정을 통하여 유로 변화를 연구한 결과에 따르면 약 3만 년 전 황지천 하도 유로의 구문소 부근 벼랑 부분이 관통됨으로써 강물이 두 갈래로 흐르기 시작하다가, 약 1만 년 전부터 현재의 황지천 유로만으로 물이 흐른 것으로 나타났다.

구문소 상류 쪽으로는 태백고생대자연사박물관이 지난 2010년 문을 열었으며 주변 일대의 지질과 지형을 관찰할 수 있는 관찰로가 잘 조성되어 있다. 그러나 구문소 위로 지나가는 산줄기가 태백산에서 가지 쳐 나온 백두대간 줄기가 아니라 낙동정맥 연화산에서 가지 쳐 나온 산줄기라는 사실에는 별로 관심이 없는 듯하다.

백두대간과 낙동정맥이 연결되어 있는 대동여지도는 실제와 다르며, 황지천의 곡류하도를 중심으로 서로 다른 산계로 분리되어 있다는 사실은 여러 사진 자료를 통해서도 분명히 확인할 수 있다.

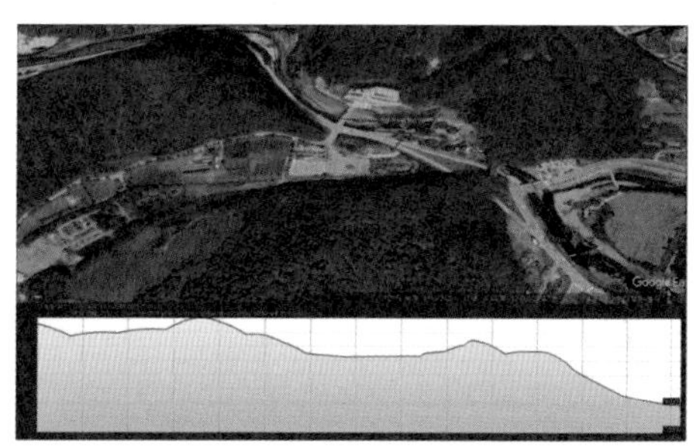

구글 영상을 기반으로 한 구문소 상류와 하류의 하상 종단면도. 10미터 이상의 표고차를 확인할 수 있다.

34 「태백 구문소 구하도 퇴적단면의 연대측정을 통한 하도(황지천)의 유로 변화 연구」, 『지질학회지』 53-1, 51~56쪽, 신승원·정대교·최정헌, 2016

우리나라에 분포하는 3개 유형 5가지 구하도의 형성 시기와 형성 과정을 분석한 연구에서는[35] 태백시 구문소 구하도의 경우 황지천과 철암천 사이 능선부(낙동정맥) 지하의 석회암에서 발생한 절리의 용식작용으로 인해 약 4만 년 전 두 하천이 동굴로 연결되어 합쳐지는 하천 쟁탈 과정으로 형성된 것이라 밝히고 있다. 이 경우 대체로 곡류하도의 가장 좁은 목부분이 절단됨으로써 하천이 직선화된다. 황지천 구문소 부분은 상류와 하류 지역의 고도차가 10m 이상 나며(147쪽 사진 참조), 구문소교 다리에서도 육안으로 확인할 수 있다. 이러한 고도차에서 발생하는 황지천의 강력한 침식작용 때문에 산줄기 벼랑을 뚫는 동굴이 형성되었으며, 깊은 소를 거치는 유로가 발달한 것으로 보인다. 구문소를 지난 물은 바로 철암천과 합류하여 3km 이상 낙동강이라는 이름을 얻어 곡류하다가 경북 봉화 땅에서 육송정과 석포리를 지난다.

태백 구문소 오르도비스기 지층(출처: 태백시청)

35 「우리나라 자연 구하도의 형성시기와 형성과정」 1~15쪽, 『한국지형학회지』 19-2, 이광률, 2012

⑥

백두대간에 담긴 풍수지리의 현대적 의미

풍수지리는 한국학의 가장 전통적인 주제 중 하나로서 그중『정감록(鄭鑑錄)』과 십승지지(十勝之地)는 빼놓을 수 없는 중요한 부분이다. 한국인의 의식구조를 형성하고 있는 저변에 풍수지리가 깔려 있기도 한데, 그중에서도 특히 살기 좋은 곳, '이상향 찾기'는『정감록』이후 18세기 조선 최고의 인문지리서 이중환의『택리지(擇里志)』에서 추구했던 '가거지 규명'에서 집대성된 것이라 볼 수 있다. 대략 임진왜란과 병자호란 이후 17세기경에 나온 것으로 추정되는 정감록의 저자는 정감(鄭鑑) 혹은 이심(李沁)으로 알려져 있다. 그러나 정감록이 정감과 이심의 대화 형식으로 서술한 까닭에 그렇게 보는 것이지 정확한 저자는 미상이다.

'십승지지' 또는 '십승지(十勝地)'라고도 하는 조선시대 10여 곳의 피난처는 난리를 피하여 몸을 보전할 수 있고 거주 환경이 좋은 곳으로 꼽힌 곳이다. '승지'는 원래 자연경관과 거주 환경이 뛰어난 땅을 뜻한다. 조선 중·후기 사회 혼란과 경제 피폐가 극심해지자 승지는 개인의 안위를 보전하며 동시에 자급자족하는 생활도 꾸려 나갈 수 있는 피난지라는 의미로 사용됐다. 승지의 입지 조건은 자연환경이 좋은 것을 기본으로, 외침이나 정치적인 침해가 없으며, 자족적인 경제생활이 가능한 곳이다.

정감록 10승지(6개도 11개시, 군 11개 읍, 면)와 백두대간

옛 지명	현재 지명		백두대간/정맥
풍기 차암 금계촌	경북	영주시 풍기읍	백두대간
화산 소령의 옛 땅인 청양현	경북	봉화군 춘양면	백두대간

보은 속리산 사증항	충북	보은군 속리산면	한남금북정맥
	경북	상주시 화북면	백두대간
남원 운봉 행촌	전북	남원시 운봉읍	백두대간
예천 금당동	경북	예천군 용문면	백두대간
공주 계룡산 유구 마구	충남	공주시 유구읍	금남정맥
영월 정동쪽 상류	강원	영월군 영월읍	백두대간
무주 무풍 북쪽 덕유산 아래 방음	전북	무주군 무풍면	백두대간
부안 호암 아래 변산 동쪽	전북	부안군 변산면	호남정맥
합천 가야산 남쪽 만수동	경남	합천군 가야면	백두대간

십승지의 위치에 관해 『정감록』의 「감결」에 나오는 대목 가운데 주목할 만한 몇 가지를 추려보면 아래와 같다.

"셋째, 보은 속리산 증항 근처로, 난리를 만나 몸을 숨기면 만에 하나도 다치지 않을 것이다. 다섯째는 예천 금당실로 이 땅에는 난의 해가 미치지 않는다. 그러나 이곳에 임금의 수레가 닥치면 그렇지 않다. 여섯째는 공주 계룡산으로 유구 마곡의 두 물골의 둘레가 2백 리나 되므로 난을 피할 수 있다. 열째는 가야산 만수동으로 그 둘레가 2백 리나 되어 영원히 몸을 보전할 수 있다."

열 군데의 십승지 모두 공통으로 들고 있는 것은 외적의 침입과 같은 난리를 당했을 때 피하여 목숨을 부지할 수 있는 장소라는 점이다. 그러나 예천 금당실의 경우 임금과 같은 권력자가 피할 경우, 난을 피할 수 없다는 한계를 보여주고 있다. 유구 마곡의 경우 다른 십승지와 차별화되는 점은 물골의 둘레가 2백 리라는 사실을 들고 있다. 그만큼 접근하기 힘든 곳에 위치한 오지라서 대규모 군대가 쳐들어올 수 없는 지리적 이점이 십승지의 성립 조건이 된다는 사실을 알 수 있다.

대동여지도를 기반으로 백두대간을 나타낸 산경도에서 십승지의 위치를 표시해 보면 151쪽 지도와 같다. 이 지도에서 보라색 선은 한양을 중심으로 뻗어 있는 조선 10대로이다. 여기서 경상북도 봉화, 영주, 예천, 영월, 전라북도 무주의 십승지는 백두대간 지역에 위치해 있으며, 동시에 10대로 중 하나인 영남대로와 멀리 떨어져 있는 곳임을 알 수 있다. 이 영남대로가 임진왜란 당시 왜군의 침공로였으며, 대로상의 주요 읍치가 초토화되었음은 모두가 아는 사실이다. 반면에 공주 유구, 남원 운봉 등은 호남대로와 가까이 있기는 하지만, 고원 지대라든가 복잡한 주변 지형 등으로 인해 접근이 어렵다는 지리적 이점을 가진 곳들이다.

십승지지 가운데 공주 유구(금남정맥)과 부안 상서(호남정맥 지맥) 외에는
여덟 곳이 백두대간 지역에 위치해 있다.

십승지 가운데 으뜸으로 꼽히는 풍기 금계촌에는 19세기 말 한반도가 제국주의 열강의 식민지 쟁탈전에 휘말리던 당시와 1945~1946년 해방공간의 혼란기에서 특히 북한의 함경도나 평안도, 황해도 등 외지로부터 사람들이 모여들었다. 병란을 피할 수 있다는 비결서를 믿고 온 이들로서 현재 금계촌 주민들의 대부분은 그때 온 사람들의 2세거나 3세라고 보면 정확하다. 이를 입증하고 있는 것은 금계리 마을이야기[36]로 풍기의 금계리와 욱금리, 삼가리는 마을 전체 인구의 70%가 이북 출신 정착민과 그 후손

36 http://www.geumgye.kr/bbs/content.php?co_id=first0103

들에 의해 형성된 곳이라는 사실을 알 수 있다. 이들이 십승지 마을의 주민이 된 것은 바로 『정감록』에 기록된 십승지에 가운데 일승지(一勝地)라는 사실을 믿고서 찾아왔기 때문이라는 공통점이 있다.

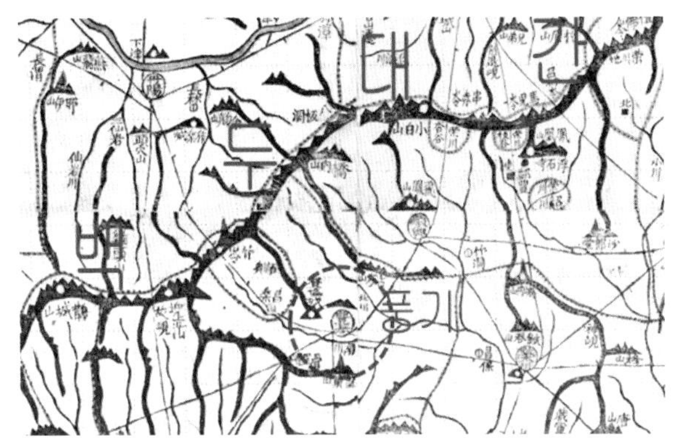

십승지 중 첫 번째로 꼽히는 경북 풍기 금계리(대동여지도 부분)

21세기 대한민국에서 고속도로가 그물망처럼 뻗어 있으며, 산골 깊숙한 암자까지 아스팔트 포장도로가 깔린 이 땅에서 난리를 피해 숨을 수 있는 곳은 더 이상 없다. 조선 후기 민간인의 이상향 담론이었던 십승지지는 당대 사람들이 백두대간과 정맥 지역에 삶의 터전을 개척하고, 미래의 희망을 꿈꾸며 자족적 경제생활을 영위해 왔던 곳으로 남아 있다. 오늘날 자본주의적 가치가 팽배하면서 생태환경이 파괴되는 위기에 처해 있고, 거주 환경조차 위협받는 사회 현실에 비추어 볼 때 승지의 문화 전통과 생활사적 의미를 돌이켜봄은 나름대로 가치 있는 일이라 하겠다.

2015년 12월 23일 국회도서관 대강당에서는 '십승지 농산물 공동브랜드 선포식'이 열렸다. 동양대학교 산학협력단이 구성해 운영하고 있는 한국천하명당 십승지 사업단(단장 이도선, 동양대 교수)이 추진 중인 '한국천하명당 십승지 사업'은 지역 활성화를 위해 십승지 관련 9개 지방자치단체가 연계하여 지역농산물 공동개발사업과 문화관광사업 발굴에 목적을 두고 있다. '십승지' 마을에서는 생산한 농특산물에 대한 공동 브랜드와 공동상품 개발 및 마케팅 외에 친환경 농산물 공동 마케팅사업도 진행한다. 그뿐 아니라 '십승지' 마을을 탐방할 수 있는 탐방 프로그램을 개발하고 서로 연계하는 역사관광(History Tour) 사업도 주요 내용으로 하고 있다. 이러한 사업의 바탕이 되는 조직으로서 '조선십승지읍·면장협의회'의 활동 또한 주목할 만한 부분이다. 그야말로 조선시대 십승지의 현대적 부활인 셈이니, 이 땅의 백두대간 지역에 더 많은 현대판 십승지가 탄생하길 바랄 뿐이다.

국회도서관 대강당에서 열린 십승지 농산물 공동브랜드 선포식(출처: 대구한국일보)

지난 2011년 6월 발족된 조선십승지읍·면장협의회

7

산수(山水)를 살아 있는 생명체로 본 탁월한 환경론, 백두대간

백두대간이 다시금 세상에 알려지기 시작하자 "조선시대로 되돌아가자는 것이냐?"며 따져 묻는 사람들이 있었다. 태백산맥 대신에 백두대간을 교과서에 실어야 한다고 하자 "분수계인 백두대간이 어떻게 태백산맥을 대신할 수 있겠냐?"는 반론이 돌아왔다. 심지어 어떤 국립대학교 지리학 교수는 "백두대간은 음양오행설과 풍수지리에 입각한 미신에 불과하기 때문에 인정할 수 없다."라며 깎아내렸다. 그것도 백두대간을 연구하기 위해 출범한 단체의 창립총회에서 한 부정적인 발언이라 참석자 모두가 경악할 수밖에 없었다.

「우리산맥바로세우기 포럼」
창립총회 및 기념세미나
일 시 : 2004. 7. 11

우리산맥바로세우기포럼 자료집(국토연구원, 2004)

우리산맥바로세우기포럼 창립총회

한국의 풍수지리를 과학으로 정립한 전 서울대 지리학과 최창조 교수는 위에서 예로 든 국립대 교수와 정반대되는 사례로 꼽을 수 있다. 최 교수는 1980년대 후반 그야말로 지리학계의 스타였다. 미신으로 매도되었던 풍수를 풍수학이라는 학문으로 정립했고 대중적인 호응도 얻었다. 그는 1988년 전북대에서 서울대로 스카우트되기도 했지만 1992년 돌연 서울대를 떠났다. 당시엔 최 교수가 서구 계량지리학에 기울어진 서울대의 분위기에 한계를 느끼고 사직한 것으로 알려졌다. 그러나 좀 더 내막을 알고 보면 여간 실망스러운 게 아니다. 10여 년이 지난 후인 2014년 그가 언론 인터뷰에서[37] 밝힌 서울대 교내 사정은 거의 갑질 수준의 야만이라고밖에는 표현할 길이 없다.

"풍수 전문가인 줄 뻔히 알고 (서울대로) 데리고 갔으면서 학문이다, 아니다 말이 많더군요. 각 과에서 다 건드리는데, 당하는 입장에서는 정말 힘들었어요. 심지어 자전거를 타고 등교하는 것까지 트집을 잡더군요."

그래도 최 교수는 사직 생각까지는 안 했는데, 동료 교수들 앞에서 발표 수업을 하라는 강요에 그야말로 뚜껑이 열릴 수밖에 없었다.

"'다른 교수들도 다 같이 하는 거라면 하겠다'고 했더니 '우리가 왜 합니까' 그러더라고요. '이건 아니다' 싶었어요."

최 교수는 결국 사직서를 낼 수밖에 없었다. 개인의 자유, 학문의 자유를 침탈당한 중대 사건임에도 불구하고 대다수 서울대 교수들은 침묵했고 사회적인 관심도 받지 못했다. 유학을 가거나 정부 요직에 임명돼 서울대를 나가는 경우는 있어도 제 손으로 사직서를 쓰고 나간 교수는 전례가 없는 일대 사건이었다. 한국학 콘텐츠를 더욱 풍성하게 해줄 수 있는 풍수지리와 지리학자가 국립 서울대학교에서 어떤 대우를 받았는지 여실히 보여주는 흑역사가 아닐 수 없다.

그가 대학 강단에서 물러나기는 했지만 학문 자체를 포기한 것은 아니었다. 《한국의 자생풍수 1~2》(민음사, 1997), 《한국의 풍수지리》(민음사, 2009), 《최창조의 새로운 풍수이론》(민음사, 2009), 《사람의 지리학》(서해문집, 2011), 《한국풍수인물사》(민음사, 2013) 등 활발한 저술 활동이 이어지면서 최 교수는 학문적 깊이에 비례해서 대중적 명성도 함께 얻어오고 있다. 아울러 서울대 시절 그의 제자인 최원석 교수(경상대) 역

---

37 『여성동아』, 2014년 2월 18일. https://woman.donga.com/3/search/12/146540/1

사람의 지리학(2011)

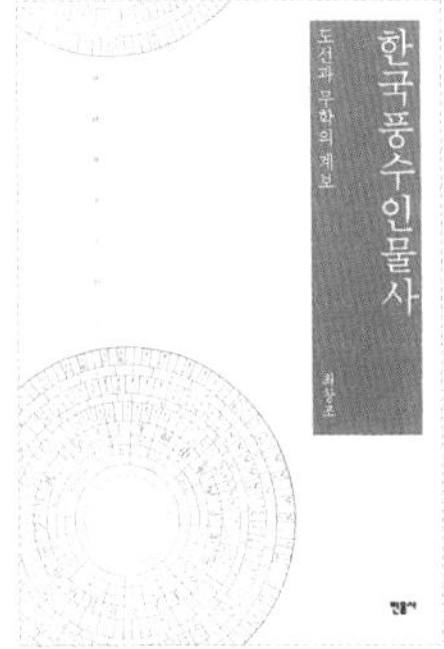
한국풍수인물사(2013)

시 《도선국사 따라 걷는 우리 땅 풍수 기행》(시공사, 2000), 《산천독법》(한길사, 2015), 《사람의 지리 우리 풍수의 인문학》(한길사, 2018), 《조선왕실의 풍수문화》(지오북, 2021) 등을 출간하는 등 활발한 연구활동을 이어가고 있다.

미신(迷信)?

종교적·과학적으로 망령되다고 생각되는 믿음, 이를테면 점, 굿 따위를 미신이라고 한다. 과연 백두대간이 미신일까? 위에서 예로 든 서울대학교와 최창조 교수의 경우처럼 풍수지리가 하나의 학문으로 정립된 것이라면 백두대간 역시 조선시대 사람들의 자연 인식 체계라는 한계를 뛰어넘어 후손들에게 물려줄 수 있는 훌륭한 미래 유산이 아닐 수 없다.

풍수지리가 미신이라는 말은 정말로 무식의 소치이다. 그 미신을 뉴질랜드 오클랜드대학 지리학과 교수로 평생 봉직했던 윤홍기 선생이 영문 논문과 책으로 펴내 세계에 알려왔단 말인가?[38]

2011년에 발행된 윤홍기 교수의 풍수사상 연구서. 이 책은 『한국의 전통생태학』에서 압축적으로 보여 줬던 풍수 연구 성과를 체계적으로, 입체적으로 보여 준다. 이전에 국내외 지리학, 생태학 학술지와 학회에서 발표했던 논문들을 수정·보완해 이 책에서 수록했고, 국내 학계에서는 소개된 적이 없는 뉴질랜드 원주민 마오리 족의 지리 사상을 소개하는 글들을 포함시켜 한국 전통 풍수사상의 비교 이해의 실마리를 마련했다. 이 책은 자칫 자민족 중심주의나 전통 문헌에 대한 주석으로 흐를 수 있는 한국 전통 풍수 연구에 새로운 지평을 제시하는 연구서로 평가할 수 있다.

38 『The Culture of Fengshui in Korea』 Hong-Key Yoon, Lexington Books, 2008

조선의 법전인 『경국대전(經國大典)』에 따르면 관상감(觀象監)의 천문·지리·역수(曆數)·점산(占算)·측후(測候)·각루(刻漏) 등의 일을 맡는 기술직원을 뽑기 위해 잡과 시험인 음양과(陰陽科)를 시행했다. 초시의 시험 과목은 천문학의 경우 『보천가(步天歌)』는 외우게 했고, 『경국대전』은 임문고강(臨文考講)시켰다. 지리학(풍수지리)의 경우 『청오(靑烏)』와 『금낭(錦囊)』은 배강(背講)하게 했고, 『호순신(胡舜申)』·『명산론(明山論)』·『지리문정(地理門庭)』·『감룡(撼龍)』·『착맥부(捉脉賦)』·『의룡(疑龍)』·『동림조담(洞林照膽)』·『경국대전』은 임문고강하게 하였다. 합격자에게는 예조인(禮曹印)이 찍힌 백패(白牌)를 주었고, 관상감에 권지(權知)로서 배속되었다. 『육전조례』에서는 특히 관상감에 소속된 풍수지리 전문직 관원을 상지관(相地官)이라고 하였다. 이들의 정원은 7인이고, 서반체아직의 품계를 받았다. 상지관은 왕실의 능묘나 태봉(胎峰 : 왕족의 胎室을 안장하는 곳) 예정지를 고르기 위해 각지에 파견되었고, 산릉을 조성하거나 개축할 때 공사를 지휘, 감독하기도 하였다. 각 능의 봉분이나 석물에 이상이 있을 때도 관상감의 제조와 함께 봉심(奉審 : 실태 조사)에 참여하였다. 또, 함흥의 여러 능을 수리할 때는 일관(日官)과 함께 파견되기도 하였다. 산릉선정 때는 상지관들 사이에 견해가 달라 물의를 야기하는 일도 있었다. 풍수지리는 조선시대만 하더라도 법률로 시험과목을 정하고 식견과 경험을 갖춘 관원을 뽑았으며, 이들은 풍수지리 전문가인 상지관은 도화서 화원과 함께 지도 제작을 위한 현장 답사 등에 참가하기도 했으니 미신과는 거리가 먼 이야기가 아닐 수 없다.[39]

2008년에 펴낸 윤홍기 교수의 《한국의 풍수문화》

39 "근래 지리학자들이 풍수연구를 외면하는 경향은 지리학자들이 지관으로 몰리고 지리학이 풍수학으로 오인될까 염려한 데 그 큰 이유가 있는 것 같다. 풍수지리설의 옳고 그름은 신앙차원의 문제지, 과학적으로 학문적으로 다룰 문제가 아니다. 명당을 찾는 지관을 축구 경기에서 뛰고 있는 축구 선수에 비유한다면 풍수를 연구하는 학자는 축구 관전평을 쓰는 사람에게 비유할 수 있다. 풍수를 연구하는 지리학자는 풍수신앙을 객관화하여 학적으로 따져보고 설명하는 것이 바람직하다." (「왜 풍수는 중요한 연구주제인가?」, 『대한지리학회지』 36-4, 343~355쪽, 윤홍기, 2001)

풍수지리적인 관점을 떠나서라도 백두대간은 단순한 산줄기 체계가 아니라 산수 분합의 원리에 따라 12개의 산과 12개의 강으로 이 땅의 자연을 설명하고 있는 과학이다. 게다가 대간이라는 척추뼈를 중심으로 정간, 정맥이 뼈대를 이루며, 강줄기는 핏줄, 산을 덮고 있는 토양은 피부, 그곳에 뿌리를 내리고 자라는 나무와 풀은 머리카락과 같다고 보는 등 백두대간을 하나의 살아 있는 생명체로 보는 이 관점은 현대적인 의미에서는 전통지리학의 차원을 뛰어넘는 탁월한 환경론이자 자연철학, 생명철학이다. 그렇기 때문에 백두대간을 훼손하는 것은 사람의 신체를 훼손하는 것과 같은 행위이자 그 부정적 영향이 그대로 인간에게 돌아오는 미래유산으로 평가하지 않을 수 없는 것이다.

말로만 늘어놓을 것이 아니라 조선시대에 나온 지도부터 살펴보자. 1402년 혼일강리역대국도지도의 조선 부분을 자세히 들여다보면 물결 모양의 선으로 백두산부터 이어지는 9개의 산줄기가 백두대간을 표현하는 것임을 알 수 있다. 그로부터 1861년 고산자 김정호의 대동여지도에 이르기까지 460여 년간 전도류의 조선지도에는 1대간 1정간 13정맥이라는 백두대간 산줄기가 들어가 있다. 한국의 전통지리학사에 있어서 이 부분은 그리 주목받지 못했으며, 관찬 사찬의 각종 지리서와 역사서 등과의 관련성도 연구된 바가 거의 없다는 게 현실이다.

백두대간과 관련된 역사를 돌이켜보면 최악의 사태는 1910년 국권피탈과 더불어 벌어졌다. 이미 1905년 을사늑약 이후 통감정치를 통해 조선인의 민족의식을 말살하기 위한 교육정책이 수립되었으며, 특히 지리교과서와 역사교과서가 집중적인 검정 대상이 되었다. 백두대간은 민족의식을 고취하는 불온한 사상과도 같은 것이어서 금지당했으며, 1945년까지 식민지 지리교과서는 낭림산맥, 태백산맥 등 지질구조선에 입각한 산맥이 들어갔다. 그리고 해방 이후 당연히 복권되었어야 할 백두대간은 금지된 상태 그대로인 채 태백산맥이 지금껏 100여 년 이상 교과서에 실려 있다.

영원히 사라질 뻔했던 백두대간은 1986년 7월 24일 조선일보 전면 기사를 통해서 화려하게 부활했다. 대동여지도를 연구해 오던 故 이우형 선생이 산경표에 수록된 백두대간, 1대간 1정간 13정맥이 원래 우리의 산줄기였으며, 일제에 의해서 낭림산맥, 태백산맥 등으로 왜곡된 것이라는 사실을 낱낱이 밝혔다. 이러한 사실은 1991년 당시 한국정신문화연구원(현 한국학중앙연구원)에서 발간한 초판본 《한국민족문화대백과사전》에 『산경도(山經圖)』와 더불어 18쪽에 걸쳐서 수록되었음에도 불구하고 지리학계로부터 인정받는다는 것은 21세기 현재도 요원한 일이다.

우리 미래의 유산인 백두대간, 과연 언제쯤 합당한 대우를 받을 수 있을 것인가?

8

핵실험으로 오염된 북한의 장백정간 만탑산

지리산 천왕봉부터 걸어와서 백두대간 남한 구간의 최북단 향로봉에 서면 누구나 북쪽으로 이어진 산줄기를 보며 백두산까지 갈 수 있는 날을 꿈꾸게 된다. 그러나 과연 그런 날이 오더라도 여기 남한처럼 북한 백두대간을 자유롭게 종주할 수 있을까? 여기에 대한 답은 2011년부터 이미 12회에 걸쳐서 북한의 백두대간에 있는 산 50여 곳을 오른 뉴질랜드 사진가 로저 셰퍼드(Roger Shepherd)가 주고 있다. 즉, 북한 백두대간의 개별 산을 하나씩 오르는 것은 가능하지만, 아직 전체 구간 종주는 불가능하다는 것이 현실이다.

만탑산 풍계리 핵실험으로 인한 방사선 피폭 범위(출처: 구글어스)

여기에 더해서 북한의 핵실험이 여러 차례 이루어짐으로써 세계의 주목을 받고 있는 풍계리가 바로 장백정간 만탑산에 위치하고 있음은 별로 알려지지 않은 사실이다. 백두대간의 1대간 1정간 13정맥 15개 산줄기 가운데 1정간인 장백정간은 대간과 정맥 사이에 위치하는 독특한 지위가 눈에 띈다. 『산경표』를 찾아보면 순서상 백두대간-장백정간-백두대간으로 배치하여 대간의 일부분으로 정간을 배치해 놓았음을 확인할 수 있다.

북한에서 '북부핵실험장'으로 불리는 풍계리 핵실험장은 함경북도 길주군 풍계리에서 서북쪽으로 15.6km 지점에 있다. 경위도 좌표상의 위치는 북위 41°16'00", 동경 129°06'00". 길주군과 명간군, 어랑군의 경계를 이루는 만탑산 남쪽 지하에 있다. 핵실험장에서 동쪽으로 14km 지점에는 정치범 수용소인 명간 제16호 관리소(면적 549제곱킬로미터, 수용인원 2만 명)가 있으며, 이곳은 함경북도 명간군에 속한다. 일설에는 이곳 죄수들이 핵실험장 건설 공사에 동원되는 것으로 알려져 있다. 영국 아시아 특파원 톰 체셔에 따르면 풍계리 핵실험장은 원산에서 기차를 타고 12시간 정도 이동(원산-길주)한 뒤 버스로 갈아타고 4시간을 더 이동, 2시간가량 산에 올라가야 도착할 수 있다.

북한의 핵실험장에서는 지난 2006년부터 2017년까지 모두 6차에 걸친 핵실험이 이뤄졌다. 지하 수백 미터에서 1~140kt 이상에 달하는 핵폭발을 일으킨 것인데, 이로 말미암아서 만탑산 정상부 일대가 부분적으로 붕괴 위험성이 있다는 보도가 나오기도 했다. 만탑산은 해발 2,205m로 산 곳곳에 솟은 바위들을 멀리서 보면 무수히 많이 세워진 탑 같아 '만탑산(萬塔山)'으로 불리게 된 산이다. 만탑산은 기운봉(1,874m), 학무산(1,642m) 등 해발 1,000m 이상 고봉준령으로 둘러싸여 있다. 특히 만탑산이 핵실험장으로 선택된 것은 단단한 화강암 재질의 암반으로 이뤄져 있기 때문이다. 만탑산은 파키스탄 핵실험장인 라스코산과 비슷하다. 라스코산도 화강암으로 이뤄졌고 해발 3,000m나 된다. 파키스탄은 1998년 5월 이곳에 터널을 여러 개 뚫고 다양한 종류의 핵폭탄 5개를 한꺼번에 터뜨리는 실험을 했다.

만탑산 핵실험장의 지하 갱도가 붕괴할 경우 방사선 누출 위험성은 없는 것일까? 중국 과학자들은 이미 이러한 위험성과 100km 이상 떨어진 국경 넘어서 방사능 낙진 등으로 인한 피폭 가능성에 대한 연구를 진행하고 있다. 그러나 북한은 이에 관해서 일절 다루지 않고 있으며, 단지 길주 일대에 살던 탈북자들의 증언으로 풍계리 지역이 방사능으로 심각하게 오염된 사실이 드러났다.

언론 보도에 따르면 14만 명에 달하는 길주 주민 중 일부가 '원인을 알 수 없는 두통', '항문과 성기 없는 기형아 출산', '묘목 80% 고사 및 우물 마름 현상', '산천어가 사라지고 송이버섯은 중앙당 진상품에서 제외' 등 방사선 피폭으로 인한 다양한 증세와 부작용 발생이 길주 출신 탈북민들에 의한 증언으로 꼽힌다. 특히 핵실험장이 있는 만탑산 계곡 상류에서 흘러내리는 방사능 오염수는 바가지 모양의 지형을 이루는 길주 일대에서 한곳으로 모이기 때문에 이 물을 식수로 사용하는 주민이 방사선에 피폭될 수밖에 없다는 지적에 주목할 필요가 있다. 더구나 길주 주민들의 평양 출입을 금지하고 있다거나 중앙당 간부들에게 올리던 풍계리 일대 송이버섯이 제외되었다는 사실은 북한 당국자들이 길주 풍계리 일대의 방사능 오염 상황을 알고 있음을 입증하는 부분이다. 그런데도 이를 비밀에 부친 채 주민 소개 등 필요한 조처를 하지 않고 있음은 지탄받아야 마땅한 비인도적인 처사가 아닐 수 없다.

『대동여지도』와 『산경표』를 펼쳐보면 장백정간은 백두대간 두리산(豆里山)에서 갈라져 나간 산줄기로 그 첫머리에서 백두산만큼 웅장한 장백산(長白山)을 이루며, 마유산(馬踰山)·거문령(巨門嶺)·계탕령(契湯嶺)·차유령(車踰嶺)·이현(梨峴)·무산령(茂山嶺)·가응석령(加應石嶺)·엄명산(嚴明山)·녹야현(鹿野峴)·갈파령(葛坡嶺)·송진산(松眞山)·백악산(白岳山)·조산(造山)을 지나 서수라곶(西水羅串)에서 동해를 만난다. 아마도 통일이 되어 향로봉에서 출발한 종주자들은 역사의 현장이 된 비무장지대를 거쳐 두리산에 이르게 될 것이다. 그리고 방사능 오염 지역으로 출입이 금지된 북쪽 장백정간 만탑산, 그리고 더 멀리 아스라이 백두산 다음으로 높은 관모봉(2,540m) 줄기를 먼발치에서 보며 하릴없이 백두산까지 마루금을 이어가야 할지도 모르겠다.

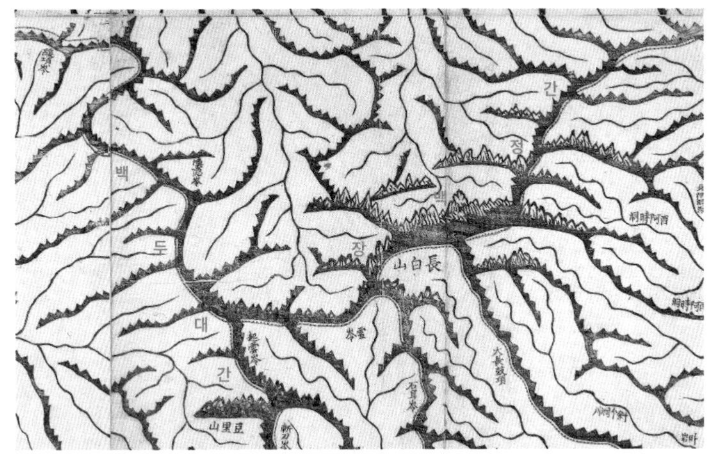

장백정간 장백산(대동여지도 부분)

9

제주 한라산도 백두대간일까?

답부터 먼저 말하자면 백두대간일 수도 있고, 아닐 수도 있다. 산경표에 따르면 백두대간이 될 수 없다. 그러나 풍수지리에 따르면 백두대간이라 볼 수도 있다.

장서각 소장 『여지편람』 「산경표」의 호남정맥 달마산(498.8m)에는 아래 그림과 같이 '남망 한라산(南望漢拏山)'이라는 세주(細注)가 붙어 있다. 해남 땅 달마산에서 한라산이 보인다는 뜻인데, 그것으로 끝이다. '땅끝'으로 산줄기를 뻗은 달마산 정상에서 보길도 넘어 거의 정남쪽 방향에 솟은 제주 한라산까지는 113km. 맑은 날 충분히 해발 1,950m 한라산이 보일 만한 거리이다. 그러나 산경표 어디에도 한라산이 육지의 백두대간이나 호남정맥과 이어져 있다는 말은 없다.

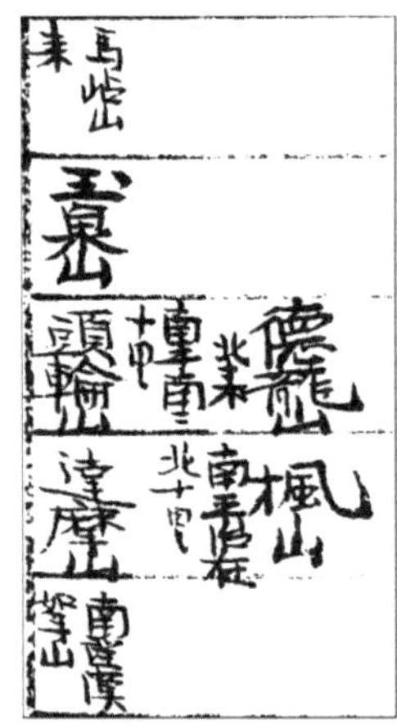

달마산 아래칸에 '남망한라산'이라는 세주가 붙어 있다.(여지편람 산경표)

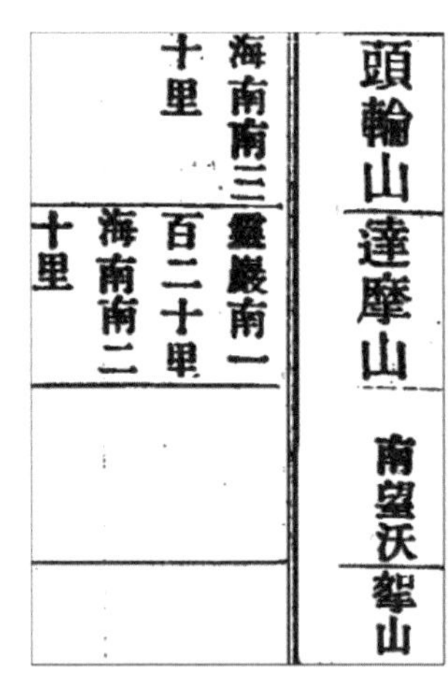

조선광문회본 산경표 달마산 아래칸 세주 '남망옥라산'. 옥(沃)은 한(漢)을 잘못 적은 것이다.

반면에 1750년(영조 26) 무렵에 나온 『해동지도』의 〈대동총도(大東總圖)〉 발문에 실린 아래와 같은 글은 풍수지리 측면에서 백두산부터 한라산까지 하나의 신체로 이어져 있음을 보여주고 있다.

"우리나라 지형은 북쪽이 높고 서쪽이 낮으며, 중앙이 좁고 아래(남쪽)가 넉넉하다. 백산(백두산)이 머리가 되고, 대령(大嶺, 백두대간)이 척추다. 사람이 머리를 옆으로 하고 등을 구부리고 서 있는 모습으로, 영남의 대마도와 호남의 탐라도(제주도)는 마치 두 다리와 같다. 해(亥, 서북방)에 앉아서 사(巳, 동남방)를 향하고 있다는 것이 감여가(堪輿家, 풍수가)의 정론이다."

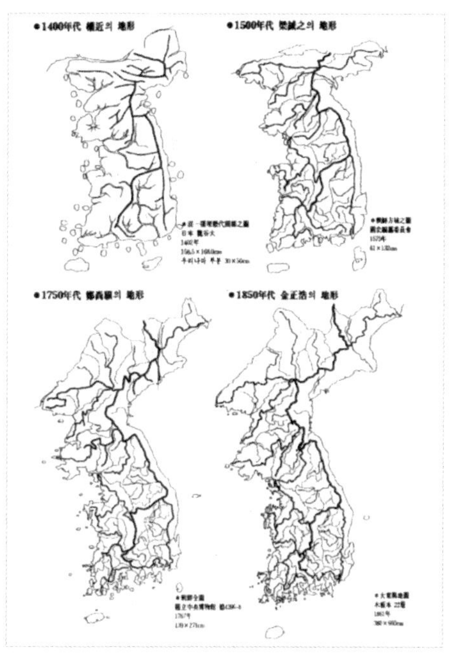

조선시대 4대 지도의 지형 표현(이우형, 2004)

위 그림은[40] 조선시대의 4대 지도인 혼일강리역대국도지도(1402)의 조선 부분, 조선

---

40 「국립중앙박물관 소장 조선지도의 지도사적 의의」, 『문화역사지리』 16-1, 165~181쪽, 이우형·오상학, 2004

방역지도(1587), 동국대전도(1757), 대동여지도(1861)이며, 이들 지도 가운데 대동여지도를 제외하고 모두 제주도와 대마도가 들어가 있다. 반면에 22첩 대동여지도를 한 장에 그린 대동여지전도에서는 아래 그림과 같이 제주도와 대마도가 들어가 있음이 확인된다. 백두산을 머리로 보고, 백두대간이 등뼈, 제주도와 대마도가 양다리로 삼는 등 사람의 형상으로 우리 땅의 모습을 파악한 풍수지리, 물형풍수적인 관점이 여실히 표현되어 있다.

지도상으로 보았을 때 백두대간과 풍수지리적인 관점이 460여 년간 변함없이 유지되어 왔다. 따라서 18세기 후반 실학적 지리학을 집대성한 신경준의 『동국문헌비고』 「여지고」와 『산경표』를 통하여 백두대간 개념이 완성된 것은 결코 우연이라거나 천재적인 한 개인의 노력이 아니었음도 알 수 있다.

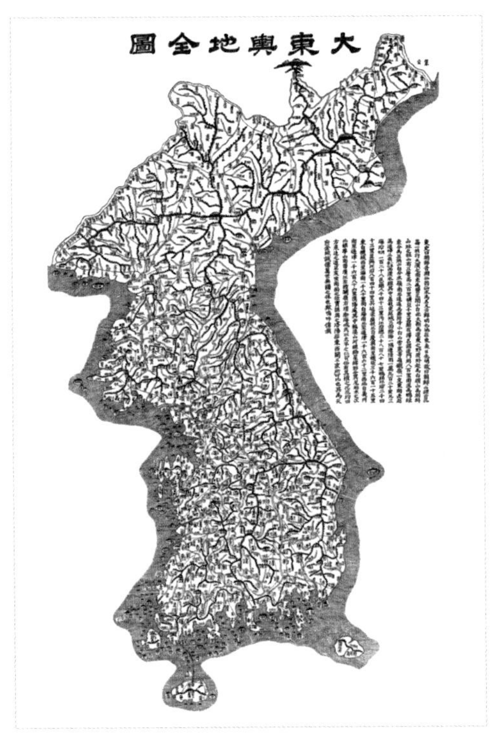

대동여지전도

10

국립산악박물관 소장 초기 필사본 『산경표』 발굴

한 번 길이 열리기 시작하면 모든 일이 순조롭게 풀리기 마련이다. 필자에게 있어서 『산경표』가 그랬다. 처음에는 1913년 조선광문회본 『산경표』가 다인 줄 알았다. 그런데 좀 더 파고들어 보니 육당 최남선이 당시 신문관 인쇄인이었던 최성우 소장 필사본 『산경표』를 저본으로 하여 납 활자로 찍어낸 것이 바로 조선광문회의 연인본(鉛印本) 『산경표』였다.

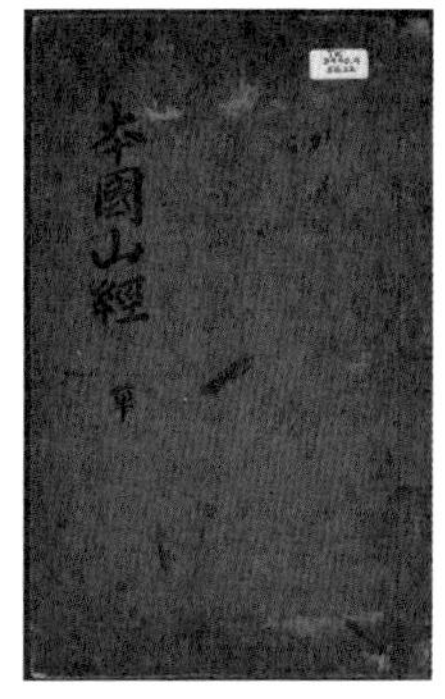

미국 하버드 엔칭도서관 소장 필사본 「본국산경」

각각 다를 수밖에 없는 필사본 산경표와 별다른 구분 없이 모두 똑같은 인쇄본 『산경표』가 한국고전적종합목록에 마치 동어반복처럼 올라가 있음을 확인하니 한숨이 절로 나왔다. 그래서 본격적으로 발품을 팔기 시작했다. 필사본 『산경표』가 있는 곳은 어디든 찾아갔다. 규장각, 장서각, 국립중앙박물관, 국립중앙도서관, 고려대·연세대·국민대 도서관 등을 뒤지다 보니 미국과 일본에도 『산경표』가 있었다. 다행히도 하버드 엔칭도서관의 『본국산경』과 일본 동양문고 『해동도리표』[41]는 각각 국립중앙도서관

일본 동양문고 소장 필사본 「해동도리표」

41 『해동도리표』를 일본 동양문고에 기증한 사람은 마에마 교사쿠(前間恭作, 1868~1941)이다. 마에마는 1894년에 한국에 와서 영사관 서기, 번역 장교 등의 임무를 수행하면서 1920년대 이후 고중세 한국어 연구에 업적을 남겼다. 그가

과 한국학자료센터에서 누구나 PDF 파일로 다운로드받을 수 있었다. 그렇게 한 일 년을 샅샅이 뒤지니 모두 17종이나 되는 필사본 『산경표』가 나왔다. 소제목이 『산경표』인 것 몇 종 말고는 책 크기를 포함해서 똑같은 건 하나도 없었다. 얼마 되지 않는 관련 연구 역시 몇몇 알려진 필사본 중심으로만 발표되었기 때문에 『산경표』 연구는 도전해 볼 만한 과제였다. 그렇게 『산경표』에 미친 덕분에 2020년 박사학위 논문이 완성되었다.

국립산악박물관에도 『산경표』가 있다는 소식을 접한 것은 학위논문을 보완한 원고로 《산경표 톺아읽기-지명의 역사지리적 함의와 백두대간》(민속원, 2021)이라는 책을 낸 직후였다. 당시 국립산악박물관 박경이 학예연구실장으로부터 연락을 받고 확인해 보니 표지 글씨가 뭉개져서 안 보이는 데다 제본한 실이 부분적으로 풀려서 엉성하게 묶어놓기는 했지만 사침선장 필사본 『산경표』가 분명했다. 뒤늦게나마 18번째 산경표가 발견되는 순간이었다.

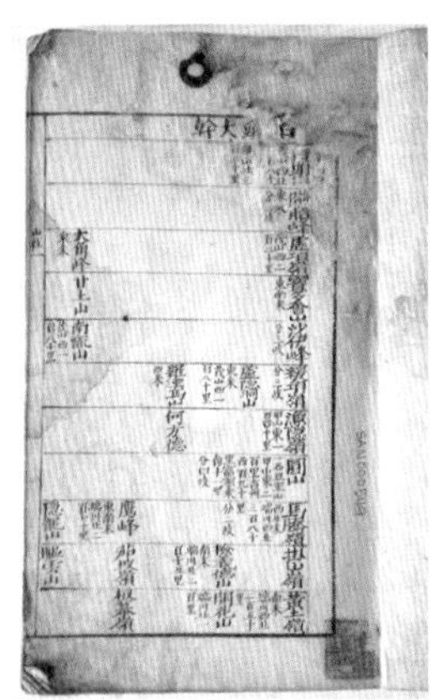

국립산악박물관 소장 필사본 산경표 1면 백두대간

비록 박물관내 작은 전시를 통해서 한 번 소개된 적이 있지만 아직 서지 사항 등 해제조차 손대지 않은 상황이라서 전체 내용을 촬영한 후 분석에 들어갔다. 이미 발견된 17종 필사본과 비교해 보니 표지와 선장 제본 등 보존 처리가 시급한 유물이기는 했지만 한 획 한 획 정성 들여 쓴 흔적이 역력했다. 1800년대 초기 필사본 『산경표』에 해당하는 대어급을 낚은 게 확실했다. 박물관 측에서는 본부인 한국등산트레킹지원센터와 산림청에 알렸고, 보도자료가 나간 후 국립산악박물관의 필사본 『산경표』가 세상에 알려지기 시작했다.[42]

모은 조선 관련 서책을 동양문고에 기증하였다. 『본국산경』은 1960년대 무렵 하버드 엔칭도서관 한국 담당 사서의 노력으로 확보할 수 있었던 것으로 보인다.

42 한겨레신문, 2021년 4월 21일 보도

언론의 힘은 대단했다. 한겨레신문에 『산경표』 관련 보도가 나가자 즉시 반응이 왔다. 또 다른 필사본 『산경표』를 갖고 있다는 연락이었다. 확인해 보니 장서가이자 산악도서 전문출판사 '하루재'를 운영하고 있는 한국산악회 변기태 회장의 소장본은 『도리산경표(道里山經表)』였다. 18번째 필사본인 국립산악박물관 산경표에 이어서 19번째 산경표가 발굴되는 순간이었다.

필사본 산경표 감정 작업

산경표가 뉴스로 뜨자 당시 새로 취임한 한국등산트레킹지원센터 전범권 이사장은 그해 가을 기획전 주제를 전임 이사장 때 예정했던 '등로주의와 스포츠클라이밍'에서 지체없이 '백두대간'으로 변경하기에 이르렀다. 알고 보니 전 이사장은 산림청에서 2003년 백두대간보호법 제정과 백두대간보호지역 지정의 실무 담당자로서 반발하던 현장 주민 설득 작업에 진력하는 등 백두대간과 인연이 깊은 분이었다. 전시만 하는 것이 아니라 『산경표』 세미나까지 열고, 속초 국립산악박물관에서 전시가 끝나면 서울 등 의미 있는 장소에서 세미나와 전시를 계속 이어간다는 계획까지 나왔다.

서예가 이정화 씨의 산경표 백두대간 캘리그라피 퍼포먼스

11월 전시와 세미나까지 불과 두 달여 남겨놓고 모든 준비가 일사천리로 진행되었다. 전시 제목은 '백두대간에 살어리랏다'. 2021년 11월 25일부터 2022년 3월 27일까지 5개월간 진행된 이 전시회의 첫날은 감동 그 자체였다. 개막 행사로 서예가 이정화 씨[43]의 '캘리그라피 퍼포먼스'는 좌중을 압도하기에 충분했다. 글씨가 비치는 커다란 대형 캔버스 뒤에서 대형 붓으로 뭔가를 그려 나가기 시작하는데 바로 백두대간 산줄기였다. 아무런 밑그림도 없는데 백두대간이며 장백정간, 호남정맥, … 낙동정맥이 솟아나듯, 용트림하듯 척척 흰 천 위에 검고 굵직하며 거친 선으로 모습을 드러내는 장면이 신비롭기조차 했다.

"백두에서 지리까지/저마다의 자리에서/피고지고 다시 피어나는/무궁화 화려강산"

다 끝났다 싶었는데 마지막에는 오른쪽 여백에 '山經表' 세 글자가 거침없는 획으로 완성되면서 퍼포먼스가 끝났다. 그야말로 대박이었다.

백두대간과 『산경표』가 이 땅에 다시금 알려진 지 30여 년, 그동안 백두대간이 국민적인 관심사로 떠오르기는 했지만 이런 대접을 받아본 적이 없었다. 그것도 국립산악박물관에서 '백두대간과 『산경표』'라는 주제로 세미나까지 열렸으니 이보다 더 좋을 수 없는 순간의 연속이었다. 백두대간은 아무리 무시하고 지우려 해도 불사조처럼 끝끝내 살아나는 끈질긴 생명력을 가지고 있음이 분명했다. 『산경표』도 필사본 19종 외에 분명히 어디엔가 남아 있을 원본, 여암 신경준의 수고진본이 발굴의 손길을 기다리고 있음을 확신한다.

국립산악박물관 소장 필사본 『산경표』는 그 후 국립중앙박물관 담당자의 검토를 거쳐서 한국고문헌종합목록시스템(KORCIS)에 등재되기에 이르렀다. 당시 관장 직무대행으로서 전시를 이끌었던 박경이 학예연구실장은 이듬해 1월 1일, 제3대 박물관장으로 임명되었다. 지면을 통해서나마 한국등산트레킹지원센터 전범권 이사장과 국립산

43 이정화는 7세 때 붓을 잡은 갓 서른의 청년 서예가이다. 서예는 달빛에 우주를 담아 놓는 것이라고 생각하며, 서예 에세이집으로 《일희일비하는 그대에게》(달꽃, 2020)가 있다. 사극이나 영화에 등장하는 웬만한 붓글씨 장면은 모두 대역을 맡아오고 있다.

악박물관 박경이 관장, 먼 길 마다않고 세미나에 참가해 주셨던 김기혁·최원석 교수, 올해 한국학중앙연구원 한국학대학원의 교수가 되신 김현종 박사, 그리고 함께 고생했던 박물관 직원들 모두에게 다시 한번 깊이 감사하는 마음을 전한다.

11

백두대간으로 풀어낸 조선 최고의 인문지리서 『택리지』

『택리지』는 1751년(영조 27) 실학자이자 성호 이익(李瀷, 1681~1763)의 재종손이자 문인인 이중환이 저술한 조선 최고의 인문 지리서이다. 우리 국토와 문화경관의 본질을 가장 한국적 시각에서 파악한 전통적 지리서인 『택리지』는 『산경표』와 마찬가지로 1912년 조선광문회에서 이중환 찬(撰), 최남선 교(校)로 민제호(閔濟鎬) 소장본에 의거하여 신활자로 인쇄, 간행되었다. 내용은 1753년에 쓴 정언유(鄭彦儒)의 서문이 2면에 걸쳐 있고, 사민총론(四民總論)·팔도총론(八道總論)·복거총론(卜居總論, 地理·生利·人心·山水)·총론(總論) 등으로 구성되어 있다.

복거총론 가운데 네 번째 글인 '산수' 앞부분에는 당대 조선의 어떠한 지리서보다 백두대간과 정맥에 대하여 상세히 기술하고 있다. 그러한 기술은 백두대간의 15개 산줄기가 정확하게 묘사된 '동국대지도'와 같은 조선 전도(全圖)류의 지도에 의존하지 않고는 불가능했던 것으로 보인다.

실제로 이익은 '동국대지도'를 제작한 정상기와 '40년을 하루 같이 평생의 벗'으로 교류하였으며, 『성호사설』「천지문」에도 앞서 예로 든 바와 같이 '동국지도' 및 백두대간과 관련된 항목이 들어가 있다. 정상기 사후 그의 셋째 아들 정항령은 성호를 스승으로 삼고 문안하며 자주 편지를 보내기도 했다. 성호의 문인이었던 이중환은 『택리지』「복거총론」의 '산수'를 통하여 『성호사설』「천지문」과 '동국대지도'가 담고 있는 백두대간 관련 내용을 한층 구체화시킨 것이라 볼 수 있다. 그리고 이러한 백두대간 관련 지리정보의 공유는 정항령과 지도 제작을 함께하였던 신경준에 이르러 『여지편람』「산경표」와 『동국문헌비고』「여지고」 '산천 1 총설'에서 완성되었으며, 이들을 바탕으로 1861년 고산자 김정호의 '대동여지도' 제작이 가능했던 것으로 보인다.

이중환의 『택리지』 「복거총론」 '산수'에서 백두대간과 그 지맥 및 정간, 정맥 관련 내용을 뽑아보면 아래 1~9와 같다. 이 글의 소제목이 산과 강을 의미하는 '산수'이기는 하지만 첫머리의 압록강과 두만강, 청천강을 제외하고는 산줄기의 위치 표현에 있어서 강보다는 주요 군현 읍치에 의존하고 있다. 이러한 관점은 신경준의 『여지편람』 「산경표」에서 더욱 구체화되어 대간이나 정맥의 산과 군현 사이의 상대적인 거리와 방향까지 부기로 나타내는 것으로 발전되었음을 확인할 수 있다.

「복거총론」 '산수'의 구성은 산수총론, 산론, 산형론, 해산론, 산수승지론, 사군산수론, 강거론, 계거론으로 이루어져 있는데, 특히 산수총론 부분은 그 분량이 아래 1~9와 같이 소략하지만 「여지고」의 '산천1 총설'과 유사한 전개를 보이고 있어 주목된다.

1. 백두산에서 함흥까지는 주맥이 복판으로 내려오다 거기에서 동쪽 지맥은 두만강 안쪽으로 뻗어 갔고, 서쪽 지맥은 압록강 남쪽으로 뻗어 갔다. 함흥에서 산등성이가 동해 가로 바싹 치우쳐 서쪽 지맥은 길게 700~800리나 뻗었지만, 동쪽 지맥은 100리가 못 된다.[44]

위 내용은 「복거총론」 '산수'에서 백두대간과 장백정간을 설명하고 있는 부분이다. "백두산에서 함흥까지는 주맥"이 바로 백두대간이다. "두만강 안쪽으로 뻗은 동쪽 지맥"이 장백정간, "압록강 남쪽으로 뻗은 서쪽 지맥"은 낭림산에서 청북정맥과 갈라져 북쪽으로 압록강까지 이어진 백두대간 지맥이다.

2. (백두)대간이 끊어지지 않고 옆으로 뻗었으며, 남쪽으로 수천 리를 내려가 경상도 태백산까지 한 줄기의 영(嶺)으로 통해 있다.[45]

44 "自白頭至咸興 山脈中行 東枝行於豆滿之南 西枝行於鴨綠之南".

45 "大幹則不斷峽橫 亘南下數千里 至慶尙太白山 通爲一派嶺".

글 2는 백두대간이 끊어지지 않고 경상도 태백산까지 남쪽으로 수천 리 이어진다는 사실을 밝힌 부분이다. 여기서 "한 줄기의 영[一派嶺]"이라고 기술한 부분에서는 이중환이 백두대간 본줄기[主脈]에 산만 있는 것이 아니라 고개가 절반을 차지한다는 사실을 인지하고 있었으리라는 추론이 가능하다. 특히 고개[嶺]에 대하여 아래 3의 글과 같이 따로 설명하고 있다. 이 글에서 "영 동쪽과 통한다"라고 기술한 부분은 백두대간이 남북 방향으로 이어지기 때문에 대간 상의 고개를 지나는 길은 대부분 동서 방향이라는 사실을 담고 있다.

> 3. 영이란 것은 등마루 산줄기가 조금 나지막하고 평평한 곳을 말한다. 이런 곳에다 길을 내어 영 동쪽과 통한다. 나머지는 모두 산이라 부른다.[46]

글 4는 청북정맥, 청남정맥, 해서정맥, 임진북예성남정맥, 한북정맥을 기술하고 있다. 청천강을 기준으로 하여 북쪽의 청북정맥, 남쪽의 청남정맥 모두가 함흥에서 서북쪽으로 뻗은 지맥으로부터 갈라져 나온 것이라 보고 있다. 여기서 서북쪽은 함흥을 기준으로 설명한 것이고 백두대간 기준으로 설명하면 서쪽에 해당하는 것으로 보인다. 또 "고원·문천 사이를 따라 뻗은 서쪽 지맥" 가운데 황해도 지역의 지맥은 해서정맥을 가리키며, 개성부 지역은 임진북예성남정맥인 것으로 보인다. 청·남북 정맥의 경우처럼 강을 기준으로 설명하는 대신 도와 군현 등 구체적인 행정 구역을 기준으로 백두대간 정맥의 큰 방향을 기술한 부분에서 조선 전도류의 지도에 의존했을 것이라는 추론이 가능하다. 이는 한북정맥에 관해 "철원·한양은 안변·철령에서 나온 산맥이 맺혀서 된 것"이라는 설명에서도 고스란히 드러나고 있다.

> 4. 평안도는 청천강 남쪽·북쪽을 막론하고 모두 함흥에서 뻗은 서북쪽 지맥이 맺혀서 된 것이다. 황해도와 개성부는 고원·문천 사이를 따라 뻗은 서쪽 지맥이 맺혀

46 "謂之嶺者 仍嶺脊稍低平處 開路通嶺東者 其餘皆以名山稱者也".

서 된 것이고, 철원·한양은 안변 철령에서 나온 산맥이 맺혀서 된 것이다.[47]

한편 글 5는 따로 정맥 등의 이름을 얻지 못한 백두대간 지맥에 관한 것이다. 이 산줄기는 오대산에서 갈라져 나와 양평 용문산 지나 남한강과 북한강이 만나는 두물머리 용진에서 끝난다. 이를 두고 "온 나라에서 가장 짧은 산맥(爲一國最短之脈)"이라고 단정하는 부분은 지도상에서 여타 정맥과의 시각적인 비교를 근거한 것으로 보인다. 이중환이 이렇게 단정했던 것은 『택리지』를 쓸 당시 이 백두대간 지맥보다 더 짧은 금남호남정맥이나 한남금북정맥, 임진북예성남정맥에 관해서는 별다른 정보가 없었으며, 이는 1769년 『여지편람』 「산경표」가 나온 이후 비로소 가능한 비교에 해당한다. 정맥보다 큰 규모이지만 별도의 이름이 없는 백두대간 지맥에 관한 기술은 위의 인용문 1에서 "압록강 남쪽으로 뻗은 서쪽 지맥(西枝行於鴨綠之南)"으로 언급한 바 있다.

5. 강원도는 모두 철령 서쪽에서 뻗어 나온 것이며, 서쪽은 용진龍津에서 그쳤다. 이것이 온 나라에서 가장 짧은 산맥이며, 여기를 지나면 산다운 산이 없다.[48]

글 6은 백두대간과 낙동정맥에 관한 기술이다. 여기서는 산줄기 진행 방향을 동서로 구분하지 않고 좌우로 구분하고 있다는 점에서 지도상의 북쪽 기준이 아니라 왕이 있는 한양 기준 설명인 것으로 보인다. 즉, 지도상의 남쪽을 위로 두고 기술했을 때, 태백산에서 왼쪽으로 동해를 따라 갈라져 내려간 지맥이 낙동정맥이며, 태백산 지나 오른쪽 지맥이 소백산-덕유산-육십치-팔량치-지리산으로 이어진다. 그러나 이러한 산줄기가 낙동정맥이라거나 또는 백두대간이라고 그 이름을 명시하지는 않고 있다.

---

47 "平安一道 無論淸北淸南 皆自咸興西北枝結作 黃海一道及開城府 從高原文川間西枝結作 鐵原漢陽 自安邊鐵嶺發脈結作".

48 "江原一道 皆自嶺西抽者 而西局於龍津 爲一國最短之脈 過此而無山".

6. 태백산에서 등마루가 좌우로 갈라져 왼편 지맥은 동해 가를 따라 내려갔고, 오른편 지맥으로 소백산에서 남쪽으로 내려갔는데, 태백산과 비교할 바가 못 된다. (중략) 덕유산 남쪽에 있는 육십치·팔량치가 큰 영이며, 여기를 지나 지리산이 되었다.[49]

글 7은 한남정맥과 백두대간에 관한 기술로 한남금북정맥과 금남호남정맥은 따로 구분하지 않고 있다. 백두대간 속리산에서 "남쪽으로 내려온 산맥이 바깥쪽으로 되돌아간" 부분은 한남금북정맥에 해당되며, 칠현산에서 둘로 나뉘어 "기호 지방의 남북 들판에 서리어 있다"는 부분은 남쪽 충청도를 가르는 금북정맥과 북쪽 경기도를 가르는 한남정맥을 가리키고 있다. "덕유산 정기는 서쪽으로 가서 마이산과 추탁산" 부분은 백두대간에서 갈라져 호남정맥과 금남정맥을 잇는 금남호남정맥을 묘사한 것으로 보인다. 이 글은 전체적으로 속리산-덕유산-지리산이라는 백두대간에 대한 묘사를 바탕에 깔고 있다.

7. 속리산에서 남쪽으로 내려온 산맥이 바깥쪽으로 되돌아간 것은 기호 지방의 남북 들판에 서리어 있다. 덕유산의 정기는 서쪽으로 가서 마이산(馬耳山)과 추탁산(麁濁山)이 되었고, 남쪽으로 지리산이 되었다.[50]

한남정맥 다음은 금남정맥과 호남정맥에 관한 글 8로 이어진다. 여기서 눈에 띄는 것은 백두대간에서 마이산까지 이어지는 금남호남정맥에 관한 기술이 없으며, 바로 마이산을 분기점으로 하여 북쪽으로 뻗은 금남정맥이 계룡산 못미처 진잠현(현재의 대전시 유성구 일대)에서 그친다고 적고 있다. 산줄기의 위치를 표현하는 데 있어서 그 산줄

49 "自太白山 嶺脊分左右 行左枝遵東海 而下右枝 自小白南下者 不比太白 (중략) 德裕南 六十峙 八良峙 爲大嶺 過此而 爲智異".

50 "俗離南下 外倒行者 盤礴於畿湖南北之野 德裕精氣 西爲馬耳麁濁 南作智異".

기에 포함된 주요 산 대신 읍치를 쓰고 있다는 점이 주목된다. 마이산 서쪽으로 뻗어 만경에서 그치는 것은 호남정맥의 지맥을 기술한 것으로 보인다. "또 다른 지맥이 노령에서 세 가닥으로 갈라져, 서북쪽 두 지맥이 부안·무안을 지난 다음 흩어져서" 부분은 분기되는 갈래 산줄기의 수까지 정확하게 파악한 것으로 보아 지도를 보고 기술한 것이 틀림없다.

> 8. 마이산 서쪽과 북쪽에서 뻗은 두 지맥은 진잠(鎭岑)과 만경(萬頃)에서 그쳤다. 거기에서 가장 긴 것은 노령(蘆嶺)에서 세 가닥으로 갈라져, 서북쪽 두 지맥이 부안·무안을 지난 다음 흩어져서 서해 복판의 여러 섬이 되었다. 그리고 그중에서 또 긴 것은 동쪽으로 가서 담양 추월산과 광주 무등산이 되었고, 추월산과 무등산 맥이 또 서쪽으로 뻗어 영암 월출산이 되었다.[51]

글 9는 영암 월출산에서 광양 백운산까지 이어지는 호남정맥을 기술한 부분이다. "꼬불꼬불한 산맥이 갈짓자 모양과 같다"는 구체적인 묘사는 지도상에서 호남정맥의 해당 부분 산줄기 모양을 표현한 것으로 보인다.

> 9. 월출산에서 또 동쪽으로 가서 광양光陽 백운산白雲山에서 그쳤는데, 꼬불꼬불한 산맥이 갈짓자 모양과 같다.[52]

---

51 "馬耳西北二枝 止鎭岑萬頃 其最長者 自蘆嶺分三派 西北二枝 由扶安務安 而散作西海中諸島 其最長者 東去 爲潭陽秋月山 光州無等山 秋月無等 又西行 爲靈巖月出山".

52 "自月出 又東行 止於光陽白雲山 山脈之屈曲 如之字形".

2년여의 옥고와 고문, 그리고 30년에 걸친 방랑 죽기 1년 전에 완성한 국토평론서, 『택리지』

4번 국도 따라서 백두대간 추풍령을 넘어가면 김천 땅이다. 김천역에 이르는 중간쯤, 이곳 김천시에서 '영남대로'라 명명한 4차선 도로 위를 가로지르며 세워진 한옥 대문 하나가 눈길을 끈다. '영남제일문(嶺南第一門)'이라는 현판을 달고 있으며, 문 양쪽으로는 주차장까지 조성되어 있다. 이 문을 지나서 길은 경부선 김천역 앞 남산동으로 이어지고, 그곳 일대에는 조선시대 '김천도역'과 역말이 있었던 찰방골이 아직도 지명으로 남아서 전하고 있다.

『택리지(擇里志)』의 저자 청화산인(淸華山人) 이중환은 과거 급제 후 1717년 27세의 나이에 바로 이곳에서 종6품 벼슬인 '김천도찰방'을 지냈다. 1722년 병조 좌랑에까지 올랐으나 사화에 휘말리면서 2년간 옥에 갇혀서 고문당하며 죽을 고비를 간신히 넘겼고, 두 번이나 귀양을 다녀왔다. 그 후 30여 년간 조선의 주류 사회에서 밀려난 이중환은 조선팔도를 떠돌아다녔고, 1751년에 완성한 책이 바로 『택리지』였다.

당대 사대부들로부터 비상한 관심을 모았던 조선 최고의 인문지리서 『택리지』는 필사본만 200여 종에 달하며, 1910년 조선고서간행회에서 『팔역지(八域誌)』라는 제목으로 펴냈고, 1912년 조선광문회에서 최남선이 교열해 신활자본으로 간행한 바 있다. 1923년에는 현병주가 편집하고 윤희구가 교열한 『조선팔도비밀지지(朝鮮八道秘密地誌)』라는 국한문본이 나왔고, 국역본도 여러 권 출간되었다. 국내뿐 아니라 일본에서도 1881년 외무성 소속 외교관이 택리지를 일본어로 번역해 『조선팔역지(朝鮮八域誌)』를 발행했고, 1885년에는 일역본을 한문으로 번역한 『조선지리소지(朝鮮地理小志)』라는 책이 출간된 바 있다.

이 모든 일은 이중환 사후에 일어난 일이며, 이중환 자신은 그토록 오랜 기간에 걸쳐서 『택리지』가 세상 사람들의 관심과 인기를 끄는 책이 될 줄은 꿈에도 몰랐던 일이었다. 과연 그 인기의 비결은 무엇이었을까? 무엇보다도 『택리지』가 가진 독창성과 독자를 빨아들이는 '스토리텔링'의 힘을 들 수 있겠다. 어찌 보면 이중환은 우리 국토에 관한 한 타고난 '이야기꾼'이었다 해도 과언이 아니다. 나라에서 펴낸 『신증동국여지승람』이라든가 『여지도서』처럼 군현별 백과사전식 지식의 나열을 벗어나 '과연 이 조선 땅에서 어느 곳이 사대부가 살 만한 곳인가'를 찾아가는 선명한 주제 의식하에서 쓰인 책이 바로 『택리지』였다. 따라서 당대 사람들은 물론이고 후대 다양한 계층의 독자들이 밤새워 필사할 정도로 값어치 있는 것이었고, 경제나 풍수지리 등 관심사에 따라서는 『동국총화록(東國總貨錄)』이라든가 『형가승람(形家勝覽)』 등 나름대로 새로운 제목을 붙여서 소장해 왔던 것이라고 본다.

무엇보다도 놀라운 것은 이미 앞서 제시한 사례와 같이 『택리지』에서는 백두대간 체계로 산줄기와 강줄기, 마을을 나누고 있다. 이는 신경준의 『산경표』보다 20여 년 앞서는 업적이라는 점에서 백두대간 역사지리 연구에 있어서 향후 새로운 국면을 제시하고 있다는 점에서도 시사하는 바가 크다. 특히 이번 글에서 다루지 않은 『택리지』 「팔도총론」 부분의 백두대간 관련 기술은 추후 '백두대간으로 풀어보는 택리지' 연구로 가까운 시일 내에 선보일 것을 약속드린다.

12

대한민국 헌법정신에 위배되는 대통령의 백두대간법 시행령

백두대간이 국민적인 관심사가 된 지 30년도 넘는 세월이 흘렀다. 백두대간을 세상에 알리려고 노력해 온 이우형, 홍석하 두 분이 고인이 되었고, 한 세대가 지난만큼 세상도 변했다. 특히 백두대간이 정말 국민적인 관심사가 된만큼 대접을 받았는지는 의문이다.

2019 백두대간 심포지엄

'백두대간 보호에 관한 법률(이하 백두대간법)'이 2003년 제정된 것을 보면 그럴 수도 있겠다는 생각이 든다. 그러나 이 법은 처음부터 문제가 있었다. 백두산부터 지리산까지를 백두대간으로 정한 것은 좋으나 1정간 13정맥이 쏙 빠진 반쪽짜리 법이 되고 말았다. 이러한 문제점을 지적한 졸고 '불편한 진실, 백두대간' 등의 논문이 〈2019 통일한국시대를 위한 백두대간심포지엄〉에서 발표된 효과가 있어서인지는 모르겠으나, 2020년 11월 27일 국무회의를 통하여 백두대간법 시행령이 개정되는 변화가 있었다. 정맥 조항이 신설되기는 하였으나 실망스럽게도 남한 9정맥만 포함하는 걸로 개정되었다.

백두대간 개념이 완성된 산경표에 근거해서 본다면 백두대간법은 여전히 맞지 않는다. 북한의 1정간 4정맥을 제외했기 때문이다. 여기에 더해 위헌논란이라는 더 큰 문제점이 터지고 말았다. 즉, 헌법에 대한민국의 영토는 한반도와 그 부속도서로 한다는 영토 조항에 비추어 볼 때 북한 5정맥을 제외한 백두대간법은 헌법 정신에 위배된다고 볼 수 있다. 혹자는 실효적인 지배를 하지 않고 있는 북한 땅의 산맥을 제외한 것이라고 폭넓게 해석할 수도 있겠다. 그렇다면 북한의 강원도 세포군 식개산(추가령)에서 시작하는 한북정맥은 왜 백두대간법에 포함했단 말인가?[53] 더구나 대한민국은 1962년 이북오도 특별조치법을 제정하고 이북오도청을 두고 있으며, 다섯 명의 도지사까지 임명하고 있다. 이건 어떻게 해석할 것인가?

백두대간 보호에 관한 법률 시행령

[시행 2020. 11. 27.][대통령령 제31180호, 2020. 11.24., 일부개정]

국무 총리　정세균
국무위원 농림축산식품부 장관　김현수

◎ 대통령령 제31180호
백두대간 보호에 관한 법률 시행령 일부개정령

백두대간 보호에 관한 법률 시행령 일부를 다음과 같이 개정한다.

제2조를 다음과 같이 신설한다.
제2조(정맥) 「백두대간 보호에 관한 법률」(이하 "법"이라 한다) 제2조 제1호의 2에서 "대통령령으로 정하는 산줄기"란 다음 각 호의 산줄기를 말한다.

1. 한북정맥: 강원도 세포군 소재의 식개산에서 운악산, 한강봉을 거쳐 경기도 파주시 소재의 장명산으로 이어지는 산줄기
2. 낙동정맥: 강원도 태백시 소재의 매봉산에서 운주산, 엄광산을 거쳐 부산광역시 사하구 소재의 몰운대로 이어지는 산줄기
3. 한남금북정맥: 충청북도 보은군 소재의 속리산에서 보광산, 소속리산을 거쳐 경기도 안성시 소재의 칠장산으로 이어지는 산줄기
4. 한남정맥: 경기도 안성시 소재의 칠장산에서 광교산, 가현산을 거쳐 경기도 김포시 소재의 문수산으로 이어지는 산줄기
5. 금북정맥: 경기도 안성시 소재의 칠장산에서 백월산, 오서산을 거쳐 충청남도 태안군 소재의 지령산으로 이어지는 산줄기

53 제2조(정맥) 「백두대간 보호에 관한 법률」(이하 '법'이라 한다) 제2조 제1호의 2에서 '대통령령으로 정하는 산줄기'란 다음 각 호의 산줄기를 말한다. 1. 한북정맥: 강원도 세포군 소재의 식개산에서 운악산, 한강봉을 거쳐 경기도 파주시 소재의 장명산으로 이어지는 산줄기. 2020년 11월 24일 국무회의를 통하여 백두대간 보호에 관한 법률 시행령 일부개정령이 대통령령(제31180호)으로 결정, 제2조 정맥 조항이 신설되었다.

6. 금남호남정맥: 경상남도 함양군 소재의 영취산에서 장안산, 마이산을 거쳐 전라북도 진안군 소재의 조약봉으로 이어지는 산줄기
7. 금남정맥: 전라북도 진안군 소재의 조약봉에서 싸리재, 계룡산을 거쳐 충청남도 부여군 소재의 부소산으로 이어지는 산줄기
8. 호남정맥: 전라북도 진안군 소재의 조약봉에서 내장산, 무등산을 거쳐 전라남도 광양시 소재의 백운산으로 이어지는 산줄기
9. 낙남정맥: 경상남도 산청군 소재의 지리산에서 옥산, 불모산을 거쳐 경상남도 김해시 소재의 분성산으로 이어지는 산줄기

제2조 5항 금북정맥의 경우 『산경표』에서는 끝나는 지점이 지령산이 아니라 안흥진으로 적고 있다.

학술적으로 보나, 헌법 정신에 비추어 보나, 국민 정서에 비추어 보나, 백두대간에서 북한의 1정간 4정맥이 빠진 것은 잘못이다. 잘못도 아주 커다란 잘못으로 정부가 나서서 헌법정신을 손상하고 있는 셈이다. 이렇게 잘못 나가는 것은 국민이 나서서 시정해야 한다.

당장 산악단체 및 백두대간 관련 시민단체가 연대하여 '범국민백두대간연합회(가칭 범백련)'를 결성, 백두대간법의 위헌을 따지는 소송을 제기하는 등 국민운동으로 이끌어나가야 한다. 소극적이며 백두대간 전체를 관할하지 못하는 '백두대간보호법' 대신 좀 더 적극적인 차원의 '백두대간관리법' 제정 또한 시급한 일이다. 그래야 백두대간과 관련된 법적 제도적 뒷받침과 정책적 지원이 이루어질 수 있기 때문이다.

백두대간 30년, 현재의 시점에서는 무엇보다도 환경부와 산림청, 지자체가 쪼개서 관리하는 백두대간 남쪽 구간이 아니라 남북이 공동으로 세계복합문화유산으로 백두대간을 등재하는 것을 목표로 한 '백두대간특별법'을 제정하는 등 앞으로 30년을 내다보아야 한다. 구체적으로는 국토부 산하 백두대간 관리청 신설과 국립 백두대간 연구원의 설립 및 백두대간의 날 제정, 백두대간 기념우표 발행 등 국민들의 뜻을 한데 모을 실효적이고도 즉각적인 조치가 필요한 시점이다.

13

호남정맥이 가른 서편제와 동편제

1993년 서울 종로3가에 있던 개봉관 '단성사'에서는 〈서편제〉가 상영되었다. 이 영화는 관객 103만 명을 동원, 한국 영화사상 처음으로 서울 관객 100만을 넘겼다. 〈쉬리〉가 나올 때까지 6년 동안 한국 영화 역대 흥행 1위 자리를 지킨 영화가 바로 〈서편제〉였다. 김명곤과 오정해가 주연을 맡아 '부녀 명창'으로 열연했던 이 영화는 남도의 아름다운 자연, 한을 맺고 푸는 사람들의 삶, 우리 소리의 느낌이 하나로 어우러지는 영상이 돋보였다. 게다가 김영삼 전 대통령이 당시 청와대 춘추관에서 보았고, 김대중 전 대통령은 정계에서 잠시 물러나 있던 시절, 단성사에서 관람하기도 해서 더욱 관심을 끌기도 했다. (이때 오정해를 알게 된 김대중은 결혼식 때 주례를 맡았고, 오정해는 2009년 김대중의 장례식에서 만가를 부른 사연이 남아 있기도 하다.)

〈서편제〉 영화 포스터

1990년대 당시 우리 전통문화를 새롭게 볼 수 있는 계기를 만들었던 영화 〈서편제〉의 원작은 소설가 이청준의 연작 단편소설 「남도사람」의 1부 〈서편제〉와 2부 〈소리의 빛〉이다. 이 영화의 감독은 임권택이 맡았으며, 주연 배우 김명곤이 시나리오 각색까지 한 것으로 관심을 모았다.(서울대 독문과를 나온 김명곤은 '뿌리깊은나무'에서 펴낸 재야의 지리교과서 《한국의 발견》 '전라북도 편' 필자이기도 했는데, 배우를 거쳐 나중에 문화관광부 장관(2006~2007)까지 지냈다.) 아무튼 영화 〈서편제〉 덕분에 동편제-서편제가 뭔지도 모르는 사람이 대부분이던 시절, 우리 국민들이 판소리의 역사와 구분까지 아는 계기가 되었다는 점에서 문화사적으로도 일대 사건이라 할 만했다.

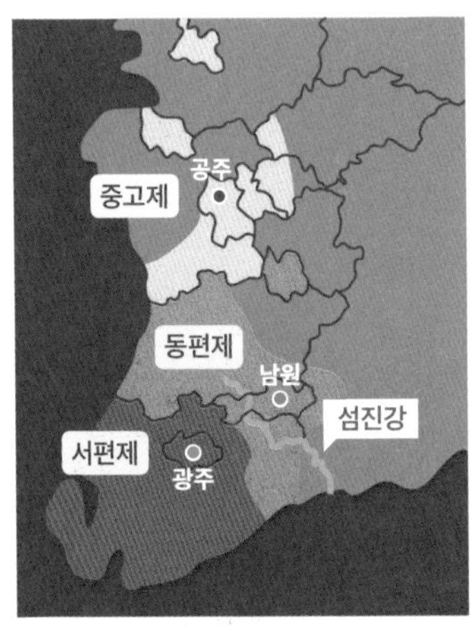

섬진강을 기준으로 나눈 판소리 지역. 동서 구분이라기보다는 전라남도와 전라북도 등 남북으로 나뉜 지역 구분이 더 뚜렷하게 드러난다.

동편제라든가 서편제는 판소리의 전승지역에 따른 구분으로 전라도 동부와 서부 지역에 전승되는 소리를 각각 동편제와 서편제라고 한다. 이러한 구분은 『조선창극사(朝鮮唱劇史)』 대가닥조에서 처음으로 동편제·서편제·중고제 등으로 시도되었다.

대체로 섬진강 동쪽인 운봉·순창·구례·남원·흥덕 지방이 동편제 지역인데, 웅건(雄健)하고 청담(淸淡)하며 호령조가 많은 우조(羽調) 분위기의 판소리가 특징이다. 반면에 서편제 지역은 섬진강 서쪽인 광주·보성·나주·고창·담양·순창 지방이 해당된다. 서편제는 슬픈 계면조의 노래가 대부분이며, 정교한 시김새(꾸밈음)를 사용하고, 가벼운 발성으로 일관한다. 소리의 들거나 놔는 것도 제에 따라 다른데, 서편제에서는 꼬리를 놔는 경우가 많다. 또한 서편제는 동편제보다 많은 기교를 쓰기 때문에 장단의 진행 속도가 비교적 느리고, 계면조(界面調)의 쓰임이 많은 것이 특징이다. 서편제는 시기적으로 가장 늦게 생긴 소리제이다. 여러 유파 가운데 가장 세련된 면이 있고 여러 가지 다양한 기교를 쓴다. 한편, 중고제라고 하여 충청·경기 지역에 전승된 소리로 강경 출신 김성옥으로부터 비롯되었다. 중고제의 음악적 특색은 비동비서, 동서편의 중간인데 일제 강점기 이후 전승이 끊어졌다.

판소리가 지역에 따라서 차이를 보이는 이러한 현상을 지리적으로 구분하는 데 있어서 강을 기준으로 하는 것은 적절해 보이지 않는다. 강줄기는 문화권을 구분하는 경계라기보다는 강과 그 유역을 중심으로 문화의 발생과 교류 및 전파가 활발하게 이루어져 왔기 때문이다.

서편제가 광주, 나주, 보성, 화순, 담양, 해남 등지로 전승되고 동편제가 남원, 구례, 순창, 고창, 곡성 등지로 전승되었는데 순창이나 곡성 등은 주로 섬진강의 동쪽이 아닌 서쪽에 위치하고 있다. 이럴 경우 오른쪽 지도에서처럼 동편제와 서편제의 지역적 분류를 섬진강이 아니라 호남정맥으로 하면 보다 정확해진다.

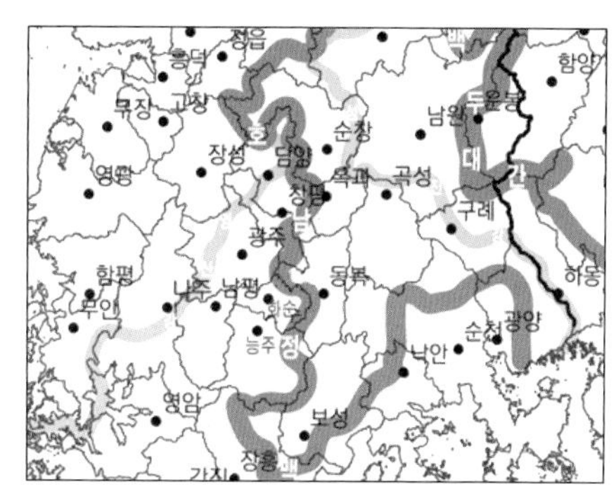

섬진강보다 호남정맥을 경계로 하여 동편제와 서편제 지역을 나누는 것이 더 정확하다.(고려대학교 민족문화연구원의 조선시대 행정구역복원도를 기본으로 하여 호남정맥 추가)

호남정맥은 백두대간의 1대간 1정간 13정맥 중 하나로 전라남·북도를 크게 동서로 가르는 산줄기이다. 백두대간 영취산에서 가지 친 금남호남정맥의 끝 주화산(珠華山, 565m)에서 시작된 호남정맥은 남서쪽으로 뻗어 내려서 호남지역을 동서로 가르며, 영산강 유역과 섬진강 유역의 분수계를 이룬다. 이후 장흥 사자산(獅子山, 666m)에서 광양 백운산(白雲山, 1,222m)까지 이르는 산줄기는 동쪽으로 달리며 내륙지역과 남해안 지역을 나누고 있다.

판소리의 지역적 분류에 있어서 광주, 나주, 화순, 담양, 해남 등은 호남정맥의 서쪽, 순창, 구례, 곡성, 남원은 호남정맥의 동쪽에 위치해 있는 것으로 나타난다. 반면에 동편제 지역인 흥덕(고창)은 호남정맥의 서쪽에 있고, 서편제에 속한 보성은 오히려 호남정맥의 동쪽에 위치하는 예외적인 경우도 볼 수 있다. 고창은 동편제나 서편제 등으로 나뉘기 전 우리나라의 판소리를 체계화한 신재효 선생이 살던 곳이었다는 점에 주목할 필요가 있다. 보성읍내의 경우 호남정맥의 동쪽이지만 주요 전승자들이 살았던 곳은 호남정맥의 서쪽인 보성군 회천면(1914년 이전 장흥군 회령면)으로 실제적인 전승지역으로 볼 때 호남정맥의 서쪽으로 분류된다.

서편제의 한 분파인 강산제(또는 보성소리)는 대원군이 서편제의 효시인 박유전의 심청가를 듣고 "네가 강산 제일이다"라고 극찬한 데서 유래되었다거나, 또는 박유전의

호에서 따왔다고도 한다. 강산제는 정재근(鄭在根)과 정응민(鄭應珉), 정권진 등 전라남도 보성(寶城)의 정씨 문중을 통해 전수되고 현재는 성창순·성우향·조상현 등으로 그 맥을 잇고 있다.

우리나라 판소리는 19세기에 전성기를 누리면서, 동편제와 서편제 등으로 다양화되었다. 판소리의 지역적 구분은 쉽지 않은데, 마을 및 지역 중심으로 전승되는 농악과 달리 명창을 중심으로 소수에 의해 맥을 이어왔기 때문이다. 특히, 교통의 발달과 소리 문화의 도시화 등으로 지역적 구분은 더 이상 의미가 없게 되었다.

14

경인아라뱃길에 동강 난 한남정맥

2023년 11월, 뉴스는 줄지어 김포시의 서울 편입 건으로 장식되었다. 김포뿐만 아니라 서울 전화번호인 02번을 사용하는 광명시와 과천시 외에 구리, 하남, 의정부, 고양까지 확대된, 이른바 '메가시티 서울' 구상까지 등장하는 판이다. 내년도 총선 정국을 반영하는 화려한 정책 쇼에 그칠 수도 있겠지만 인구 1,500만 명을 상회하는 거대도시 구상은 해당 지역 거주민들뿐만 아니라 국민들의 관심을 끌기에 충분한 화두이기도 하다. 그러나 이렇게 격랑 치는 정치판 놀음 속에서 지난 2012년 경인아라뱃길로 동강 난 백두대간 한남정맥은 전혀 이 세상 일이 아닌 듯 묻혀버려서 유감스럽기 그지없다.

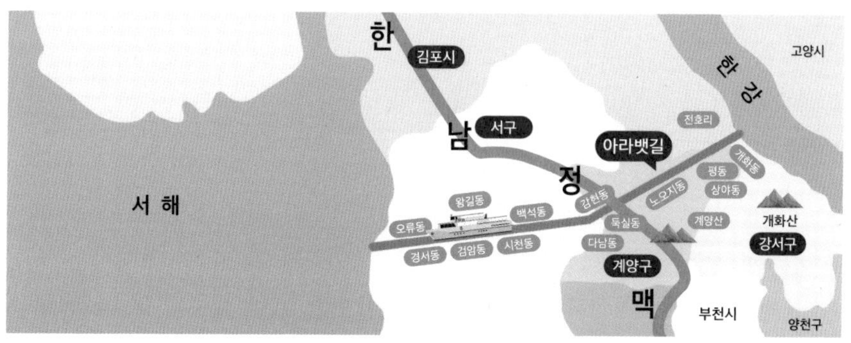

경인아라뱃길이 서해와 한강을 잇는 물길을 내면서 한남정맥도 동강나고, 김포반도는 섬이 되었다.

1대간 1정간 13정맥 중 하나인 한남정맥은 한남금북정맥 칠장산에서 금북정맥과 갈라져 북서쪽으로 뻗은 한강 남쪽의 산줄기이다. 더 정확하게는 칠장산 남쪽 300m 지점에서 3정맥이 나뉜다. 이름하여 '3정맥 분기점'이다. 해발 460m 남짓한 바로 이 지

경인아라뱃길에 잘려나간 한남정맥 꽃메산 줄기가 멀리 오른쪽으로 보인다.

점에서 백두대간 속리산에서 뻗어온 한남금북정맥이 북쪽의 한남정맥과 남쪽의 금북정맥으로 나뉜다.

칠장산에서 북서쪽으로 골프장과 신도시 사이에서 뭉개진 한남정맥 마루금을 더듬더듬 이어가는 이 땅의 정맥꾼들은 부아산, 석성산, 수리산, 계양산, 꽃메산 지나서 기어코 물을 만나고야 만다. 경인아라뱃길이라는 운하, 국토해양부 고시 제2011-3호에 의하여 '아라천' 이름을 가진 국가하천이 그야말로 서슬 퍼렇게도 길을 막는다. 엄밀하게 따지자면 길이 18.7km, 면적 157.14 km². 너비 80m, 수심 6.3m인 이 아라천이 생김으로써 김포반도는 '김포섬'이 되고 말았다. 한강과 조강, 아라천, 염하와 서해 등 사면이 강과 바다로 둘러싸였으니 육지 아니고 섬이라는 지리적 정의에 딱 맞는다. 한남정맥도 문수산이 아니라 아라천 물길을 내려다보는 꽃메산에서 그치는 것이지만 그래도 정맥꾼들을 꾸역꾸역 목상교 다리 건너서 기어코 마루금을 이어간다.

역사를 거슬러 올라가 일찍이 김포에 뱃길을 뚫으려는 시도는 두 차례 있었다. 삼남지방에서 세곡을 실은 배가 한강으로 이어지는 염하, 강화 손돌목에서 침몰하는 일이 잦았기 때문이다. 먼저 고려 고종 때 최충헌 아들 최이(崔怡)가 굴포천을 이어서 운하를 뚫으려고 했으나 뜻을 이루지 못했다. 조선 중종 때 김안로는 부평벌을 가로질러

한강과 인천 앞바다를 잇는 물길을 내려 했지만, 이 역시 한남정맥 원통이고개에 막혀서 실패로 끝났다는 이야기가 『인천시사』에 전한다. 해발 50여 미터 남짓한 분수령 하나가 한남정맥이 동강 나는 것을 막아낸 셈이다.

김포처럼 육지가 섬으로 바뀐 사례는 안면도에서도 찾아볼 수 있다. 그러나 금북정맥이 태안반도 백화산 거쳐 안흥진에서 끝나기 때문에 다행히도 정맥이 절단 나는 비극은 발생하지 않았다. 물론 천수만과 가로림만을 연결하려는 '가적운하' 개착 시도는 있었으나, 아주 다행스럽게도 석연치 않은 이유로 인해서 불발에 그치고 말았다.

대신 조선 인조 때인 1638년, 삼남의 세곡을 실어 나르는 조운선이 안면도 바다 부근에서 난파되는 등 불편을 겪자, 충청감사 김유(金庾)가 지금의 남면과 안면도 사이에 바닷길을 내면서 섬이 생기게 되었다. 이 새로운 바닷길 덕분에 안면도를 돌아서 가는 뱃길이 200여 리 줄어들었다. 우리나라 운하의 효시가 된 이 뱃길은 이후 '백사수도(白沙水道)'로 기록에 전하고 있는데, 지금의 안면대교가 지나는 곳이다.

올해 안성시에서는 국립공원공단과 함께 2024년 완공을 목표로 '금북정맥 국가생태문화탐방로' 조성에 31억 원을 투입하여 탐방로 및 탐방안내소 조성에 힘을 기울이고 있다. 이 사업의 일환인지 한남정맥 칠장산 아래 있는 칠장사 나옹전 뒤편 계곡에는 금강 발원지라는 안내판이 새롭게 들어서 있다. 이곳 계곡물이 미호천으로 흘러든 후 금강과 합류하기 때문에 발원지라는 주장이 틀린 것은 아니다. 그러나 금강 '시원지(始原地)'는 전라북도 장수 뜬봉샘이라는 사실을 먼저 말해주고, 금강지류와 지천이 여러 개 있으며, 따라서 그만큼의 금강 발원지가 존재한다는 설명이 빠졌다는 생각이 든다. 자칫하면 일반 국민들에게 금강 시원지가 별다른 샘 이름도 없는 칠장사 계곡이라는 오해를 불러일으킬 수도 있기 때문이다.

15

백두대간의 소리

나는 백두대간입니다.

백두산에서 지리산까지 12종산(宗山)과 12종수(宗水)를 거느렸으며, 1대간 1정간 13정맥 등 15개의 산줄기, 1,600개의 산·고개와 더불어 수천 년 한민족의 삶과 함께 해왔습니다.

일제강점기가 시작되면서 민족의식을 고취하는 일체의 지리와 역사, 국어 교과서 등이 금지되었고, 내 이름 백두대간 역시 사라졌으며, 그 대신 일제의 태백산맥과 낭림산맥으로 바뀌기에 이르렀습니다.

1945년 8월 15일 벅찬 해방의 날을 맞이했지만 누구도 내 이름을 다시 불러주지 않았습니다.

나는 깜깜한 역사의 뒤안길에서 그렇게 영원히 사라지는 줄 알았습니다. 그러나 하느님이 보우하사 1990년대부터 산악인 및 극소수 지리학자들의 노력으로 금지되었던 저의 이름, 백두대간을 되찾았습니다.

게다가 정말로 고맙게도 2003년에는 '백두대간 보호에 관한 법률'(이하 백두대간법)이 제정됨으로써 나는 당당하게 국가로부터 인정받는 존재가 되었습니다.

2010년에는 정부에서 정한 100대 민족문화상징 중 네 번째로 내 이름, 백두대간이 백두산, 금강산, 대동여지도와 더불어 올라가는 기쁨을 맛보기도 했습니다. 또한 국토지리정보원에서 만든 국가지도집(2017)에도 백두대간 지도가 수록되는 발전이 있었습니다.

그렇지만 이 나라 지리교과서에는 100년도 넘게 백두대간이 실리지 못한 채 시간이 흘러왔습니다. 아버지를 아버지라고 부르지 못한다면, 우리 민족의 고유 산줄기 체계인 백두대간을 백두대간이라고 부르지 못하고 태백산맥이라 부른다면 이 얼마나 억울한 일이겠습니까?

2020년 11월의 백두대간법 대통령령 시행령 개정에서 남한 9정맥만 포함하고 북한의 1정간 4정맥을 제외한 것은 다음 여섯 가지 측면에서 잘못된 것이기 때문에 바로잡아야 합니다.

첫째, 대한민국의 헌법 영토 조항에서 정하고 있는 바에 위배됩니다. 헌법에서 대한민국의 영토는 한반도와 그 부속도서로 한다고 정하고 있음에도 불구하고 백두대간법 시행령은 헌법적 가치를 무시한 채 북한의 정간과 정맥을 제외하고 있습니다.

둘째, 백두대간법에서 정하고 있는 백두대간의 범위에도 위배됩니다. 동 법률에서는 백두대간을 백두산 장군봉에서 지리산 천왕봉까지로 정하고 있습니다. 즉, 남한뿐만 아니라 북한의 백두대간 역시 이 법률에서 그 범위로 정하고 있기 때문에 시행령의 정맥 조항에서 북한의 1정간 4정맥을 제외한 것은 명백히 모법인 백두대간법에 정면으로 배치되고 있습니다.

셋째, 1962년 제정된 이북5도에 관한 특별조치법에서는 미수복 지구인 북한에 대하여 이북5도청을 두고 있으며, 이북 5도 도지사를 임명해 오고 있습니다. 따라서 백두대간법의 정맥 조항에서 북한의 1정간 4정맥을 제외한 것은 이북 5도에 관한 특별조치법과도 균형이 맞지 않으며, 동 정맥 조항이 법률적 근거 내지는 예외적인 경우에 관한 근거가 없음을 입증하는 사례가 됩니다.

넷째, 학술적인 관점에서 백두대간법의 정맥 조항은 최초로 1대간 1정간 13정맥을 백두대간으로 정한 조선시대의 산경표를 부정하고 있으며, 반쪽짜리 법률에 불과합니다.

다섯째, 북한의 1정간 4정맥을 제외한 논리대로라면 남한 9정맥 가운데 북한의 강원도 세포군 소재의 식개산에서 시작되는 한북정맥 역시 이 시행령 정맥 조항에서 삭

제해야 맞습니다. 이야말로 신설된 시행령의 법리적 모순을 적나라하게 드러내는 부분이라 아니 할 수 없습니다.

여섯째, 현재의 백두대간법 시행령 정맥 조항은 지난 30여 년간 백두대간 마루금 종주산행이 히말라야 원정등반보다 더 높은 가치로 자리 잡은 동시대 국민적 관심사에 정면으로 역행하고 있습니다.

누구나 백두대간 남한 구간을 종주한 이들이 마지막으로 서게 되는 곳은 백두대간의 최북단 지점인 향로봉입니다. 여기서 맥맥히 이어지는 북녘땅 대간 줄기를 바라보며, 언젠가 통일이 되면 백두산까지 종주 산행을 이어갈 것이라는 다짐을 하게 되며, 그러한 다짐은 남북통일의 기원과 다름이 아닙니다.

백두대간은 가까운 시일 내로 유네스코에서 정한 세계복합문화유산에 등재될 가능성이 높은 우리의 대표적인 민족문화상징입니다. 남북한이 공동으로 백두대간을 세계유산에 등재하기 위해서라도 정맥 조항에서 빠진 북한의 1정간 4정맥은 하루라도 빨리 포함되어야 하는 것이 당연합니다.

위에서 든 여섯 가지 사항을 무겁게 받아들인다면 이것저것 북한 눈치 볼 필요 없이 당장이라도 백두대간법 시행령 정맥 조항을 개정할 것을 강력히 촉구합니다.

(출처 : 김우선의 백두대간 산경표 톺아읽기 31 - 루트파인더스 http://www.routefinders.co.kr)

4장

백두대간 교육의 이론과 실제

지도학습을 위한 사회과 교육

들어가며

지리교육이 어렵다는 말을 많이 한다. 특히 지도를 공부하기가 어렵다고 한다. 지도를 쉽게 가르칠 방법은 없을까? 평소 학생들이 지도를 생활 속에서 쉽게 접할 수 있도록 하는 것도 하나의 방법일 것이다.

초등학생 시절부터 집 주변이나 시장, 놀이터 등을 자유스럽게 돌아다니던 경험은 지리적 감각을 갖추기 위한 좋은 조건이 될 수 있다. 길 찾기는 지도학습의 가장 기초적인 부분이다. 오늘날 학교 가는 길조차 차를 이용하는 학생이 많아진 현실을 고려한다면 지리적 감각을 갖추는 것은 쉽지 않은 일이다.

지리 학습은 지도를 이해하는 기초적 기능을 익히고, 이를 바탕으로 지리 영역에 대한 이해를 넓히면서, 탐구 능력, 의사 결정 능력, 사회참여 능력, 합리적 문제 해결 능력 등의 향상을 통하여 사회과의 통합적인 학습 능력을 기르는 것을 목적으로 한다.

여기서는 지리교육의 목표를 알고, 지리 영역의 학년별 내용과 계열에는 어떤 것이 있는지 살펴본다. 또한 초등의 최종 단계인 국토와 우리 생활 영역에서 하천과 하천 유역, 산맥과 대비하여 우리나라의 등줄기인 백두대간을 이해할 수 있도록 기초자료를 제공하여 우리나라 국토에 대한 이해를 돕고자 한다.

사회과 교육에서의 지리교육

1. 사회과 총괄 목표와 지리 교육 목표와의 관계

사회과 총괄 목표
사회 현상에 관한 기초적 지식과 능력은 물론, 지리, 역사 및 제 사회 과학의 기본 개념과 원리를 발견하고 탐구하는 능력을 익혀, 우리 사회의 특징과 세계의 여러 모습을 종합적으로 이해하며, 다양한 정보를 활용하여 현대사회의 문제를 창의적이며 합리적으로 해결하고, 공동생활에 스스로 참여하는 능력을 기른다. 이를 바탕으로 개인의 발전은 물론, 국가, 사회, 인류의 발전에 기여할 수 있는 민주 시민의 자질을 기른다.

⇩ **(하위목표)**

사회의 여러 현상과 특성을 그 사회의 지리적 환경, 역사적 발전, 정치·경제·사회적 제도 등과 관련시켜 이해한다. **(사회과의 통합적 성격)**

▼

① 인간과 자연과의 상호 작용의 이해 ② 삶의 터전에 따른 인간 생활의 다양성 이해 ③ 여러 지역의 지리적 특성 이해 **(지리 영역)**	**(역사)**	**(일반사회)**

▼

지식과 정보의 획득, 조직 활용 능력 탐구 능력, 의사 결정 능력, 사회참여 능력, 합리적 문제 해결 능력 **(기능 영역)**	**(가치, 태도)**

2. 사회과 지리 영역의 내용 체계

<table>
<tr><th></th><th>역사 영역</th><th>지리 영역</th><th>일반사회 영역</th></tr>
<tr><td>3학년</td><td colspan="3">• 우리 고장의 모습 • 우리가 알아보는 고장 이야기 • 교통과 통신수단의 변화
• 환경에 따라 다른 삶의 모습 • 시대마다 다른 삶의 모습 • 가족의 형태와 역할 변화</td></tr>
<tr><td>4학년</td><td>우리 지역의 역사</td><td>• 지역의 위치와 특성 : 지도로 본 우리 지역
- 지도 알아보기
- 우리 지역 지도 살피기
- 지도에서 방위표 이용하여 위치 알아보기
- 지도의 기호와 범례 살피기
- 축척의 쓰임새
- 지도에서 땅의 높낮이 알아보기
- 지도 활용하기
• 우리 지역의 자연환경과 생활 모습
• 우리 지역과 관계 깊은 곳들</td><td>- 주민자치
- 경제생활</td></tr>
<tr><td>5학년</td><td>국사</td><td>• 국토와 우리 생활 (지형, 기후)
- 우리 국토의 위치와 영역
- 우리 국토의 자연환경</td><td>- 인권존중, 일반사회</td></tr>
<tr><td>6학년</td><td>통일한국의 미래</td><td>• 세계 여러 지역의 자연과 문화 (세계지리)</td><td>- 정치
- 경제</td></tr>
</table>

3. 초등 지리 학습 과정

지리 의식은 지리적 지식의 이해나 습득에 있어서 기반이 되기 때문에 효과적인 지리 수업을 위해서는 학생들의 지리 의식의 발달 과정에 대한 이해가 있어야 한다. 환경 인식 및 공간 의식, 관계 의식, 지역성 의식, 지도화 등에 대한 학생들의 지리 의식 발달 과정별 특성을 기반으로 지리교육에서 학년별로 고려할 점을 제시하면 다음과 같다.

가. 저학년

- 학생들 주변의 지형, 사물의 위치, 장소 등에 관심을 두고 관찰하게 한다.
- 경험을 바탕으로 자연환경과 사람들의 생활과의 관계를 생각하게 한다.

나. 중학년

- 고장을 중심으로 자연과 인간 생활과의 관계를 파악하게 한다.
- 고장의 생활 모습과 지형, 기후와의 관계에 대해 이해할 수 있게 한다.

다. 고학년

- 학생의 시야를 국가와 세계로 확대하여 여러 지역의 지리적 현상을 이해하도록 한다.

4. 백두대간 관련 교육

백두대간 지도 제시를 통하여 태백산맥으로 대변되는 우리나라 지형 학습을 바로 잡는다. 현재 백두대간이란 용어는 〈사회과 교사용지도서 5-1〉 1-2. 우리 국토의 자연환경(교수학습 참고 자료 및 활동 해설)에서 우리나라의 등줄기 백두대간에 관하여 간단히 소개되고 있다. 초등 사회과부도에는 고지도인 대동여지도의 자료 화면을 볼 수 있다. 대동여지도 목판을 이용한 대동여지도 완성 과정이 작은 사진 하나로 소개되어 있지만, 정작 그 맥을 이을 수 있는 백두대간 개념과 관련된 후속 자료는 찾을 수 없고, 한반도의 산맥 소개로 이어진다. 교과서와 사회과부도에 백두대간 관련 지도가 한 컷도 제시되지 않은 것에 아쉬움이 따른다.

백두대간에 대한 개념과 일반화 과정을 도입하기 위해서는 기존 교과서를 비롯하여 비교 검토할 수 있도록 대비 자료를 꾸준히 제시함으로써 실제 교육과정에서 교사와 학생들이 자료를 쉽게 접할 수 있도록 안내되어야 할 것이다.

②

지리 영역의 내용과 계열

1. 우리 고장의 모습 (3-1)

다양한 종류의 지도를 활용하여 고장을 종합적으로 바라보는 안목을 기르고 고장에 있는 다양한 공공기관과 우리 생활과의 관계를 이해하도록 한다.

① 지도는 다양한 지도 요소로 구성되며, 고장의 자연환경과 인문 환경을 나타내고 있음을 이해한다.

② 그림지도를 활용하여 고장의 자연환경과 사람들의 생활 모습을 파악한다.

③ 고장의 전형적인 장소와 경관을 견학, 조사하여 간단한 그림지도로 나타낸다.

④ 고장의 자연환경과 인문환경의 특징을 파악한다.

▶ 우리 고장의 모습 그리기(학교 운동장과 학교 건물을 그림으로 그리기)

※ 그림지도와 어느 정도 친근한 후에 그릴 수 있도록 단원 끝에 배치함.

2. 하늘에서 내려다본 고장의 모습 (우리 고장의 정체성) (3-1)

고장의 행사를 통해 고장의 자연 인문적인 특성을 파악하며, 그 속에서 고장 사람들의 삶의 모습을 살펴본다. 아울러 고장을 상징하는 장소, 유적지나 건물, 관공서 등을 답사, 견학함으로써 자기 고장을 종합적으로 이해하도록 한다. 상세한 역사 지리적 사실을 강조하지 않는다.

① 자신의 일상생활과 관련지어 고장에 대하여 떠오르는 것을 표현한다.

② 고장의 지명 유래와 전설을 조사하고, 이를 자연과 인간과 관련 속에서 이해한다.

③ 고장의 옛날 인물 및 사건과 관련된 이야기를 통하여 우리 고장의 자연적 특징

과 조상들의 생활 모습을 파악한다.

④ 고장의 행사를 자연적, 인문적 환경과 관련지어 파악하고, 세계적인 관점에서 그 위치를 이해한다.

▶ 우리 동네 지명 유래 및 우리 고장의 이름난 곳(지도 속에서 이해)

3. 환경에 따라 다른 삶의 모습 (3-2)

우리 고장의 중심지 중 특징적인 곳을 선정하여 견학해 보고, 입지 조건, 경관의 특징, 역할, 사람들의 생활 모습을 조사한다.

① 자연환경과 인문환경

② 땅의 생김새에 따른 우리 고장 사람들의 생활 모습

③ 계절에 따른 우리 고장 사람들의 생활 모습

④ 우리 고장 사람들이 하는 일

⑤ 우리 고장 사람들의 여가 생활 모습

4. 지도로 본 우리 지역 (4-1)

우리 고장과 지역의 주요 장소들을 대상으로 지도상에서 그 위치를 파악하고, 방위, 기호, 축척, 등고선의 의미 등을 학습함으로써 사회과 교육의 기본적인 학습 기능이고, 자아 정체성의 중요한 요소이며, 공간적 존재감 함양과 관련되는 지도 읽기 기능을 기르는 단원이다.

① 우리 지역의 위치와 경계를 여러 가지 지도에서 확인하여 그 위치적 특성을 이해한다. 다양한 축척 및 주제(지형, 행정구역, 교통망)의 지도를 통하여 위치와 경계를 확인함으로써 지역 인식의 기초인 위치와 영역적 특성을 이해한다.

▶ 지도에서 방위표를 이용해 위치 알아보기 → 우리 지역 위치 찾기

▶ 지도에 있는 기호와 범례 살피기

▶ 축척을 보고 실제 거리 구하기

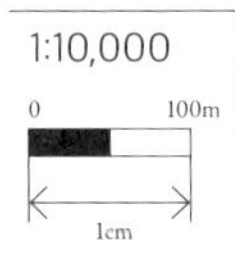

예를 들어 100m를 1cm로 줄여서 나타내면 100m는 10,000cm이므로 축척은 1:10,000입니다.

▶ 지도에서 땅의 높낮이 나타내는 방법 → 땅의 높낮이를 등고선과 색깔로 나타내기

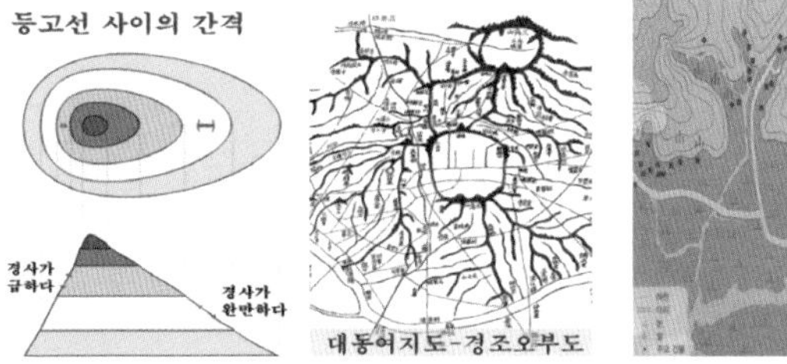

▶ 우리 생활에서 지도 활용 살피기

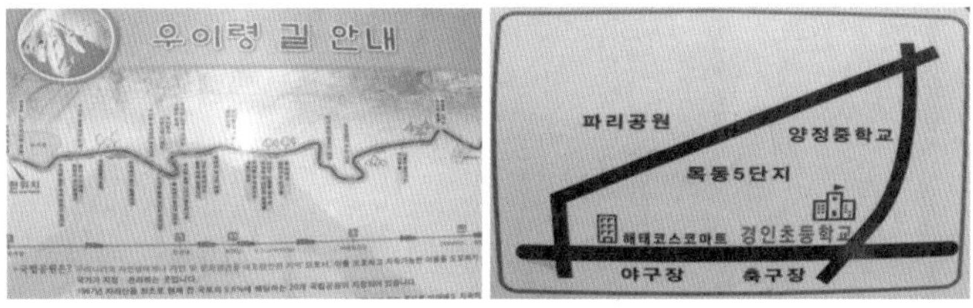

학교 안내도, 지하철 노선도, 아파트 안내도, 트랭글 GPS 등

② 우리 지역의 현장 답사(현장답사 계획서 작성하기)

5. 우리 지역의 중심지 (4-1)

가. 사람들이 많이 모이는 곳

나. 중심지의 역할과 특징

▶ 교통의 발달과 관련하여 버스(열차, 항공) 노선도 지도에서 확인하기

다. 다양한 중심지를 찾아 지역의 특징 탐색하기

▶ 관광 안내도, 공공기관 안내도, 특산물 안내도, 둘레길 안내도 등

6. 촌락과 도시의 특징 (4-2)

우리나라의 도시와 촌락 지역의 생활 모습에 대한 이해를 통하여 여러 지역의 사람들이 자연환경과 조화를 이루어 살아가고 있다는 점을 알고, 지역 간의 공통점과 차이점 및 상호 관계를 인식하기 위한 단원이다.

① 촌락의 종류와 특징

② 도시의 특징

③ 촌락과 도시의 공통점과 차이점

④ 촌락과 도시 문제를 해결하기 위한 다양한 노력

7. 국토와 우리생활 (5-1)

가. 우리나라 국토의 위치와 영역

▶ 우리 국토의 위치와 영역 알아보기

▶ 자연환경에 따라 우리 국토를 어떻게 구분하는지 알아보기

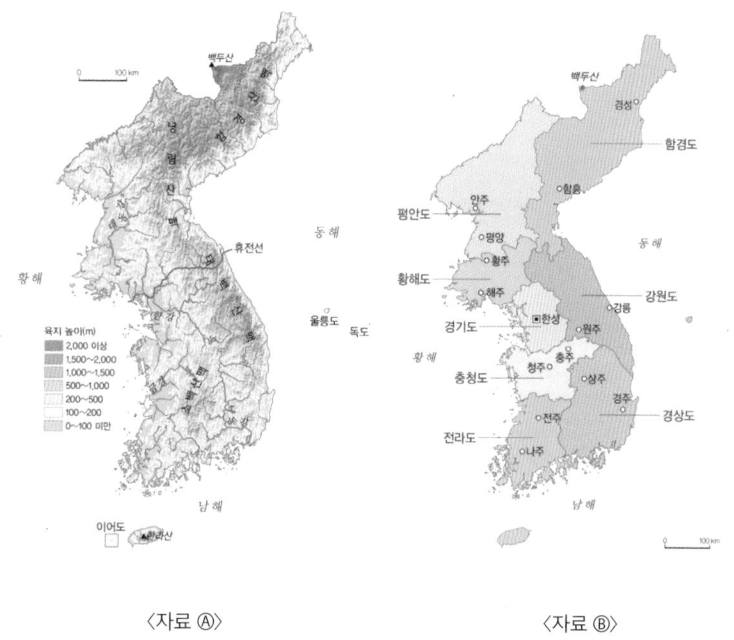

〈자료 Ⓐ〉 〈자료 Ⓑ〉

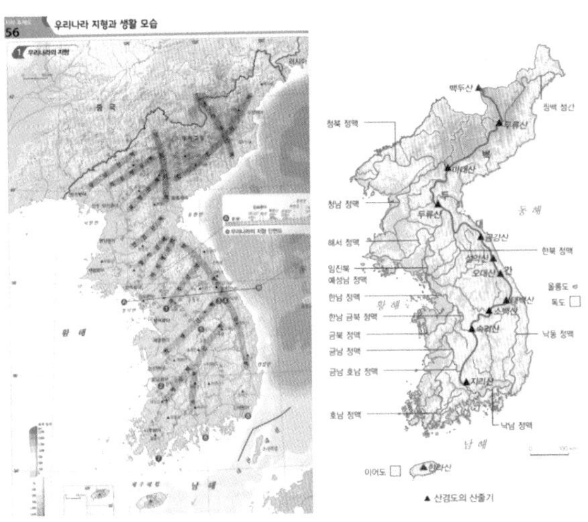

〈자료 ©〉 우리나라 지형과 생활 모습 〈자료 ⓓ〉 산경도의 산줄기

▶ 우리나라 행정구역의 위치 알아보기

- 우리나라의 전통적인 지역구분과 백두대간과의 관계 알아보기
- 우리나라는 남북으로 큰 산맥과 하천을 중심으로 북부, 중부, 남부 지방으로 구분한다.
- 〈자료 Ⓐ〉는 국토를 북, 중, 남부지방으로 구분하기 위하여 산맥과 강줄기를 단순화하였는데, 이는 〈자료 Ⓓ〉와 같이 산경도의 산줄기(백두대간)에 비교적 가깝다고 볼 수 있다.
- 〈자료 Ⓑ〉는 조선시대의 행정구역으로 도 경계선을 볼 때 〈자료 Ⓓ〉와 같이 백두대간의 산줄기에 가깝다는 것을 알 수 있다.

☞ 백두대간의 산줄기를 그린 투명 종이를 활용한 학습활동 방법 제시)

☞ 자료 Ⓒ 《초등 사회과부도》 56쪽 참조

☞ 자료 Ⓓ 《교사용지도서》 사회 5-1, 98쪽, '산경도의 산줄기' 참조

나. 우리 국토의 자연환경

▶ 우리나라의 지형 살펴보기

▶ 우리나라 산지, 하천, 평야, 해안의 특징을 알아보기

- 우리나라 지형도 살펴보기(산지, 하천이 있는 지형도 제시, 사회 교과서 30쪽)
- 주요 산맥과 하천의 위치를 확인하고 이름 찾아 써 보기 〈자료 ©〉
- 다른 산맥과 하천도 찾아보기

▶ 우리나라 기후 살펴보기

▶ 우리나라 기온의 특징

- 백두대간의 산줄기와 우리나라의 기온과의 관계 알아보기

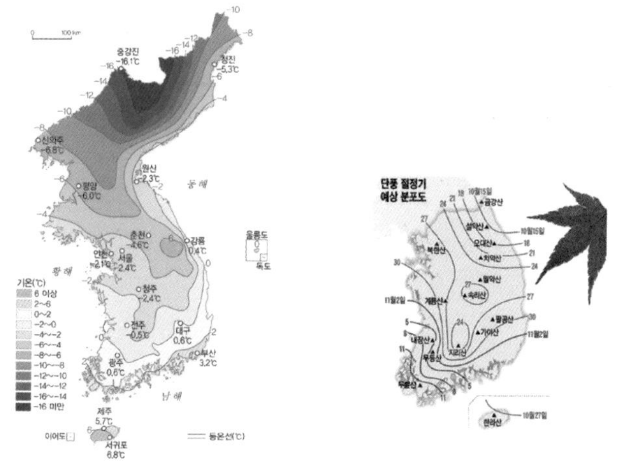

〈우리나라 1월 평균 기온〉 등온선　　　〈단풍 절정 시기〉 등온선

▶ 우리나라 강수량의 특징

▶ 우리나라 자연재해 알아보고, 피해를 줄이기 위한 노력 알아보기

다. 우리 국토의 인문환경

▶ 우리나라 인구 구성의 변화

▶ 우리나라 인구 분포 특징

▶ 우리나라 도시 발달 특징

▶ 우리나라 산업 발달 모습

▶ 우리나라 교통 발달 모습

8. 세계 여러 나라의 자연과 문화 (6-2)

① 세계지도 및 지구본의 기능을 활용하여 세계 각 지역의 위치를 확인한다.

② 세계지도 및 해당 지역의 지도와 여러 가지 시사 자료를 활용하여 선정된 지역의 자연적 인문적 특성을 이해한다.

3

활동 중심
지리 수업의 실제

1. 지도 학습의 실제

지도는 실제의 모습이나 현상을 선별적이고 추상적으로 표상시키는 기초적인 의사소통 수단이다. 교과서의 사건, 사례 등을 학습할 때 그것이 발생하는 위치를 머릿속에 넣는 것이 그 사건에 대한 이해를 빠르고 깊게 한다.

가. 지도 자체에 대한 이해를 추구하는 학습

- 지도의 본질과 목적에 대한 이해
- 방위, 척도, 기호의 이해
- 지도에서 특정 위치의 확인 능력 및 간단한 지도 작성 능력 배양

☞ 관찰 대상의 범위를 확대하여 그림지도 그리기(3-1)

교실 → 학교 운동장 → 학교 주변 모습 → 학교(시장) 가는 길

☞ 우리 고장 안내도 만들기(4학년 학기 초 과제 제시)

나. 지도를 이용하여 각종 추론 능력, 상황 및 관계 파악 능력 배양

- 탐구 문제 확인 → 자료원 확인 → 자료수집 → 자료처리 → 추론

☞ 더불어 살아가는 우리 지역 : 자매결연, 교류하며 발전하는 지역, 교통 통신의 발달, 인구 이동, 우리 지역의 안내도(4-1)

☞ 우리 동네 주변이 어떻게 이용되는지 현장답사를 통하여 알아보기(4학년)

2. 사회과부도를 활용한 지리 학습

사회과부도는 4~6학년 사회과 학습 활동의 자료집 구실을 하는 보조 자료의 역할과 일반 지도의 기능을 포함하고 있다.

사회과부도를 활용하는 방법에 대한 지도와 단원 도입 시 사회 교과서와 관련된 부분을 미리 살펴본다. 사회과 교과서에 실리지 않은 지도나 연표, 통계와 도표, 사진 등을 참고로 학습 활동을 수행하는 데 보조 자료로 활용할 수 있도록 지도한다. 또한 지도와 관련된 가정 학습 과제나 예습, 복습 시 항상 지도를 찾아보고 지도로 확인하는 습관화된 학습 형태가 될 수 있도록 한다.

학년 초 사회과부도를 이용하여 지도 찾는 법, 지도 읽기, 도표 읽기 등에 대한 지도함으로써 기초 학습 능력을 신장시키며, 사회과부도를 활용한 학습(연표, 도표, 지도)을 통하여 사고력 신장에도 기여할 수 있을 것이다.

사회과부도와 함께 지구본을 통한 지리 학습은 지도 자체 기능 뿐만 아니라 공간 개념을 확대하는 데에도 많은 도움이 될 것이다.

4

성공적인 지리 수업을 위하여

지리 수업은 지도에서 출발한다.

학생들이 처음 지도를 접하는 때가 중요하다. 지도 학습은 암기의 대상이 아니라 체험을 통하여 지리적 감각과 개념을 몸에 익혀야 한다. 집 근처나 학교 주변 등 학생들이 익숙한 환경을 우선적으로 그림지도의 대상으로 익히면서, 점차 시장, 백화점, 고궁, 박물관 등으로 범위를 넓히면서 안내 지도에 자주 접할 기회를 주도록 한다.

지리적 감각 능력을 신장시키기 위한 왕도가 있다면 이는 곧 체험이다. 많은 독서를 통하여 독해력을 기르듯이, 다양한 지도를 봄으로써 독도능력을 키울 수 있다. 지도에 대한 흥미와 이해 능력이 길러진다면 이를 바탕으로 지리적 특성인 지형, 기후 등 자연환경에 대한 탐구적 접근과 지리 학습이 어느 정도 쉽게 이루어질 수 있을 것이다.

일제 강점기 이후로 우리나라 지도의 맥이 단절되어 태백산맥으로 대변되는 산맥 개념의 지형 학습으로부터 백두대간 개념이 제자리를 찾기 위해서는 더 많은 시간이 요구된다.

사회과 교육은 교과서에 의존하기보다는 교과서를 자료로 활용하며, 보다 좋은 학습자료를 제공함으로써 교육과정 목표에 충분히 도달할 수 있다. 하지만 우리 국토의 자연환경 및 지리 학습 과정에서 교육과정에 부합하는 목표에 효과적으로 도달하기 위해서는 기존의 산맥 개념보다는 백두대간 이해를 위한 기본 자료가 교과서와 지도서에 제시되어야 한다. 또한 현재 교과서에 백두대간 산경도 자료가 빠져 있더라도, 실제 학습활동에서 꾸준히 적용함으로써 우리 국토에 대한 올바른 이해와 사랑에 도움이 되도록 해야 할 것이다.

따라서 백두대간 개념이 확산할 수 있도록 교사 연수를 확대해야 하며, 중장기적으로는 차기 교육과정 개정 시, 사회과 교과서 및 교사용지도서에 백두대간에 대한 개념과 자료가 포함되도록 노력해야 할 것이다.

[참고문헌]

- 〈생각이 자라는 사회〉 4학년 · 6학년, 한국교육과정평가원, 2009
- 〈초등학교 교육과정 해설(III)〉 교육과학기술부, 2008
- 〈우리 고장의 생활(사회과 지역화 교과서)〉 3학년, 서울특별시 강서교육청, 2015
- 〈초등학교 사회과 교과서 및 교사용지도서〉 3~6학년, 교육부, 2019
- 〈초등학교 사회과부도〉 교육부, 2019

미래의 유산
백두대간 교육

환경정책뿐 아니라 국가 교육정책에도 적극 반영해야

백두대간이 새롭게 알려지기 시작한 이래 근 30여 년 동안 논의의 중심은 생태와 환경 보호에 있었다. 특히 산림청과 환경부를 중심으로 한 정부의 제도와 정책 역시 그러했는데, 2003년에 제정된 '백두대간의 보호에 관한 법률'이 그 정점을 이룬다. 여기에 인문학은 별로 끼어들 여지가 없었으며, 백두대간 교육도 사정은 별반 다르지 않았다. 그런데도 백두대간 종주 산행 등 열화와 같은 국민적인 관심사와 백두대간을 교과서에 수록해야 한다는 당시 여론에 떠밀리다시피 해서 교과 보완자료, 《백두대간의 이해와 보전》(교육부, 2004)이 나오기에 이르렀다.

2004년 3월 23일 교육부에서 펴낸 《백두대간의 이해와 보전》을 소개한 한겨레신문 기사를 보자. 교육부에서 뿌린 보도자료를 그대로 받아 적은 듯한 이 기사에는 "국제적으로 통용되는 산맥체계는 산이 어떻게 융기·형성돼 어떤 지질을 갖고 있는지를 따져 한국 방향의 낭림·태백산맥, 랴오둥 방향의 함경·모향산맥, 중국 방향의 소백·노령·차령산맥 등으로 나누지만, 전통적 지형관은 대간·정간·정맥으로 산줄기를 구성한다."고 실려 있다. 그중 "조상들이 만든 산지 체계도 가르치기 위해 자료를 만들었다."라는 부분이 눈에 띈다. 전국의 초·중·고교에 보급했다는 이 자료를 보고 과연 어떤 교사가 백두대간을 학생들에게 가르칠 수 있을까? 교육부가 "우리 전통의 산지 체계를 학교에서 가르치기 위해" 만들었다는 자료는 과연 무엇일까? 그리고 교육부의 태세 변화의 원인은 무엇이었을까? 이를 알기 위해서는 2004년 이전의 국내 상황을 살펴볼 필요가 있다.

지리학계 최초로 개최한 백두대간 학술발표대회의 결과물. 14편의 논문이 실려 있다.

백두대간에 관한 한 유네스코가 '산의 해'로 정한 2002년은 대단히 중요하다. 바로 이 해에 대한 지리학회는 백두대간 학술발표대회를 열었으며, 여기에서 발표된 논문을 《백두대간의 자연과 인간》(도서출판 산악문화, 2002)이라는 책으로 펴냈다. 총 466쪽 분량의 이 책은 백두대간이 처음으로 제도권의 지리학자들로부터 관심을 모았다는 점에서 각별한 의미가 있다. 이 대회에서 지리학자들은 우리 산지의 자연환경과 인간 활동을 종합적으로 토론했다. 그리고 당시에 논의된 주제들을 보완하여 책으로 펴냄으로써 일반인들에게 산과 백두대간에 관한 관심을 일깨우고 산지 연구의 중요성을 알리는 계기가 되었다는 점에서도 의미가 크다.

또한 환경단체인 녹색연합은 2002년 4월, '백두대간 교과서 수록 제안'이라는 주제로 「세계 산의 해 기념 심포지엄」을 개최했다. 이렇게 백두대간 관련 연구 및 국민적 관심사 등이 여론화되자 교육부가 나서지 않을 수 없는 상황이 벌어졌고, 급기야는 사회과 교과용 보완자료를 내는 절충안을 제시하기에 이르렀다. 그러나 2004년에 교육부가 펴낸 《백두대간의 이해와 보전》은 교과서 수록 제안 요구에 대응한 답변치고는 너무나 거리가 먼 내용이었다. 교육부의 책에는 논문 세 편이 실려 있을 뿐이었다. 그나마 2003년 《백두대간의 자연과 인간》에 수록된 논문 내용과 유사한 것으로, 「백두대간의 생태계와 환경 보전」(공우석), 「전통적 자연관과 조선시대의 산지 체계」(양보경), 「현대 지형학과 백두대간 산지 체계」(이민부) 등이었다.

교육부의 사회과 교과 보완자료의 문제점은 무엇을 가르치기 위한 자료인지는 확실했다. 그러나 어떻게 백두대간이라는 우리 전통의 산지 체계를 가르칠 것인가에 관해서는 전혀 도움이 되지 못했다. 전국 초·중·고교에 배포되었다는 이 자료를 교사들이 참고는커녕 배포 사실조차도 모른 채 그냥 지나쳐 버린 경우가 대부분인 것으로 나타났다. 그렇지 않아도 잡무에 시달리는 교사들이 어느 날 뜬금없이 학교에 배포된 딱딱한 논문 세 편을 읽어내고, 그 내용을 교과 수업에 반영한다는 자체가 불가능에 가까운 일인지도 몰랐다.

백두대간을 교과서에 실어야 한다는 최초의 주장이 실린 자료집

한편 2002년 4월 녹색연합과 월간 〈사람과 산〉이 주최한 '세계 산의 해' 기념 심포지엄에서는 백두대간을 교과서에 수록해야 한다는 발표가 있었다. 특히 환경단체와 산악계는 일제강점기의 교과서에 태백산맥 등 지질구조선에 입각한 기존의 산맥체계가 실림으로써 민족정신을 고취하는 백두대간이 부정되는 결과를 낳았다는 점에 주목하였으며, 식민지 잔재 청산 차원에서 태백산맥 등 산맥체계 대신 백두대간이 교과서에 수록되어야 한다는 의견이 주를 이루었다. 그러나 당시 지리학계에서 백두대간에 관심을 갖고 논문을 발표한 연구자가 극소수에 불과했으며, 따라서 백두대간 교과서 수록 제안은 별다른 반향 없이 1회성 행사에 그치고 말았다.

그나마 성과를 거둔 게 있다면 바로 교육부가 《백두대간의 이해와 보전》이라는 사회과 교과용 보완자료를 제작하여 배포했다는 한 가지였다. 어쩌면 그 당시 1980년대 국사교과서 파동[1] 때와 유사한 백두대간 교과서 수록을 위한 국회 청문회 기회도 노

---

1 《국사교과서 파동》(윤종영, 1999, 혜안) 필자는 1980~1992년 교육부 역사담당 편수관이었으며, 국사교과서 파동을 처음부터 끝까지 지켜보았던 교육부 실무담당자가 당시 언론을 통해 공개된 사실 뿐만 아니라 그동안 알려지지 않은 학자들간 첨예한 대립을 가감 없이 드러냈다는 점에서 사학사적인 의미가 큰 것으로 평가된다. 이 책의 중심은 역시 국사교과서 개정을 위해 열린 1981년의 국회공청회와 1986~87년에 걸쳐 국사교과서 편찬준거안이 작성되기까지의 과정이지만 이러한 문제들은 단순히 교과서에만 한정된 것이 아니기 때문에 한국 역사학계 전반에 관한 문제까지 다루고 있다. 그러다 보니 이 책은 당시 국사학계의 최대의 쟁점이 된 단군의 실존이나 고조선의 실체, 한사군의 실체와 위치, 삼국의 건국 연대, 백제의 중국지배, 임나일본부설 문제 등과 국사교과서 편수과정의 실상까지 자세히 밝히고 있다. 이 내용은 지금도 한국사에서 초미의 논쟁점이 되고 있는 것들이다. 이 책은 1976년 안호상(초대문교부장관), 박시인(서울대교수) 등이 단군, 기자의 실존설을 내세우며 이병도로 대표되는 기존 국사학계를 일제 식민주의사관론자 및 민족반역자로 맹렬히 비난하는 것으로부터 시작한다. 교과서 논쟁과 관련된 중요한 신문기사와 학자들의 기고문도 함께 실어 이해를 돕고 있다.

러봄직도 했다. 그러나 신속하게 보완자료를 펴냄으로써 강성 여론을 잠재운 교육부의 대처가 한 수 앞서간 것이라고 볼 수 있다. 이후 산림청과 환경부가 나서기에 이르렀으며, 이들 정부 기관은 1990년대 중반부터 국립공원의 생태계보전과 산지체계 및 산림생태계 관리 측면에서 백두대간에 적극적인 관심을 기울여온 것에 힘입어 교과서 수록 주장은 한순간에 방향이 바뀌고 말았다. 그리고 2003년, 「백두대간 보호에 관한 법률」이 제정되었고, 식민지 잔재 청산 주장은 이 법률의 시행과 더불어 자취도 없이 사라져버렸다.

2006년 문광부는 100대 민족문화상징 가운데 네 번째로 백두대간을 선정했다.

2003년 이후 백두대간 교육과 관련된 주된 흐름은 그것이 절대적으로 올바른 방향이 아님에도 불구하고 지리교육이나 사회과 교육 대신 환경교육으로 변화해왔다. 대표적인 사례로는 백두대간보전시민연대의 '환경보호'을 기본으로 하는 「중등학생 대상 백두대간 교재개발연구」와 「백두대간 초급강사 양성 노력」 등을 들 수 있다. 2017년 이후 국립등산학교가 시범교육 차원에서 도입한 〈우리 산 바로 알기 백두대간탐험대〉는 교재·교구와 교육프로그램 개발 및 백두대간 강사 양성과 초·중·고교생을 대상으로 한 백두대간 교육 등 의미 있는 시도가 이루어진 것으로 평가된다. 특히 당시 국립등산학교는 엄홍길 명예교장과 박경이 교육운영실장 등 운영진은 한국과학창의재단과 협업을 통하여 교육기부 활동에도 참여함으로써 사회공헌 차원의 사업 모델 가능성을 선보이기도 했지만, COVID19 사태 이후 전면 중단되고 말아서 아쉬움을 남긴다.

백두대간보전시민연대의 중등학생 대상 백두대간 교재 개발연구보고서(2003)

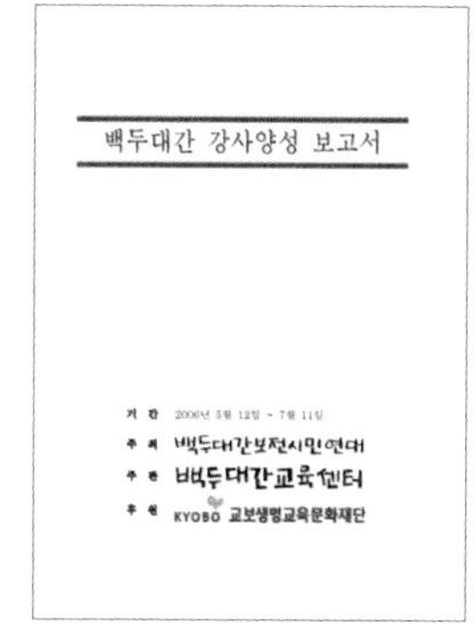

백두대간 초급강사 양성 보고서(2006)

2023년 현재 백두대간 개념과 용어는 마루금 종주산행 차원을 뛰어넘어서 우리 사회 각 분야에서 자연스럽게 사용되고 있다. 국토부의 제4차 국토종합계획에서 '백두대간 민족생태축'이 제시된 바 있으며, TV의 날씨 예보에서 기상캐스터는 자연스럽게 "백두대간을 넘어서 동해안 지역에 대형 산불을 일으키는 양간지풍"을 소개하고 있다. 고속도로 휴게소에 붙어 있는 교통지도에도 백두대간이 들어가 있으며, 지난 2006년 문광부는 100대 민족문화상징 가운데 백두대간을 네 번째로 선정했다. 그리고 2017년에 개통된 인제 양양 고속도로 국내 최장 터널 한가운데 천장에는 '백두대간 통과 중'이라는 전광판이 빛나고 있다. 역시 2017년 국토지리정보원이 제작한 국가지도집 어린이판에는 백두대간 산줄기 지도가 수록되었다. 최근 20여 년 사이에는 생태나 환경 분야뿐만 아니라 문학, 역사, 지리, 고고학 등 인문학 분야에서도 백두대간 관련 연구 논문이 꾸준히 발표되고 있다.

국립등산학교의 초등생을 위한 백두대간 워크북. 표지화 인물은 엄홍길 명예 교장

백두대간 만들기 체험 교구로 개발한 자석칠판 지도

이 시점에서 국민적인 관심사이자 세계에서 그 유례를 찾아볼 수 없는 유일한 문화유산으로서의 백두대간은 '백두대간의 날' 제정 등 그에 걸맞는 대우를 받을 자격이 충분하다. 국민적인 자긍심을 높이며, 미래의 후손들에게 자랑스럽게 물려줄 수 있는 유산이 바로 백두대간이기 때문이다. 사회과 교과용 보완자료로 대충 여론을 잠재우려고 했던 과거의 교육부도 이제는 사회의 변화 및 정부 타 기관의 입장과 보조를 맞추는 동시에 백두대간을 교과서에 수록하기 위한 노력에 앞장서야 할 때가 왔다. 기존의 산맥체계를 없애는 것이 아니라 양자의 비교를 통하여 자랑스러운 문화유산으로서의 백두대간을 학생들에게 널리 알리고자 함이 목적이며, 그로 말미암아서 사회과 지리교육의 내용이 더욱 풍성해진다면 더할 나위 없는 일이기 때문이다.

초등 국토(환경, 생태)교육을 위한 백두대간

최근 독도, 동해 등의 국토 관련 이슈가 제기되면서 관련 연구화 지원이 활발하게 전개되고 초등학교에서도 독도 교육이 적극적으로 이루어지고 있다. 이를 계기로 우리 국민의 국토에 관한 관심이 높아지고 있으나 국토교육이 충분히 뒷받침되지 못하고 있는 형편이다. 국토교육은 어려서부터 성인에 이르기까지 체계적으로 실시되어 국민이 국토에 대한 문제를 다룰 때 지리적 인식을 공유할 수 있어야 한다.

학교에서 실시하는 국토교육에서는 우리의 삶의 터전인 국토 이해를 바탕으로 우리 민족의 역사와 공간 활동에 대한 지리적 인식에 관한 내용으로 지리 정보 활용과 국토 인식, 국토종합계획과 국토개발, 교통의 발달과 도시화의 관계, 지역개발과 사회적 갈등, 세계 속에서의 위상과 국토 통일의 당위성 등을 포함하고 있다.

초등학교에서는 자기가 사는 고장의 전형적인 장소와 경관을 이해하여 간단한 형태의 그림지도로 나타내 보고, 우리나라 국토의 자연적 특성을 지형, 기후 등의 측면에서, 국토의 인문적 특성을 인구, 산업, 교통, 문화 등의 측면에서 이야기하고, 자연과 공존할 수 있는 국토개발이 이루어져야 함을 강조한다.

우리 국토의 모양과 지형의 특징을 이루는 바탕이 되는 백두대간은 우리의 역사와 문화의 형성에 많은 영향을 주었고 우리의 삶에 깊숙이 자리 잡고 있으며, 지리산에서 백두산까지 이어지는 백두대간을 익히면서 통일한국의 모습을 자연스럽게 그리게 된다. 우리를 하나로 이어주는 정신적 뿌리로 자리 잡은 백두대간에 대한 이해는 국토교육에 있어 기본적인 요소로 독도교육과 함께 초등 국토교육에서 꼭 다루어져야 할 주요한 주제이다.

오늘날 우리 사회는 자연 자원의 파괴와 낭비, 물, 공기 및 해양의 오염에 이르기까지 다양한 형태의 환경오염이 일어나고 있으며, 이는 우리의 건강뿐만 아니라 인류의 생존까지 위협하고 있다. 특히 지구온난화로 인한 기후변화는 매우 심각하여 빠른 대처가 필요한 상황이다. 이러한 환경문제는 궁극적으로 교육에 의존할 수밖에 없으며, 환경교육을 통하여 인간과 자연의 상호관련성을 이해시키며, 환경에 대한 올바른 태도와 가치관을 갖게 해주고, 환경문제에 대한 책임감을 느끼도록 해야 한다. 환경교육은 개별 교과 영역에서 다양한 주제로 다루어져 왔으나, 포괄적이고 통합적으로 지도되어야 할 것이다.

우리나라는 제7차 교육과정에서부터 환경교육을 범교과 학습 주제로 정하여 강조해 왔으며, 2015 개정 교육과정에서 범교과 학습 주제로 환경·지속가능발전 교육으로 주제를 확장하여 교과와 창의적 체험활동 등 학교 교육의 여러 영역에 통합하여 지도하도록 제안하고 있다. 환경·지속가능발전 교육은 저출산·고령화사회 대비 교육, 물 보호·에너지 교육, 해양 교육, 농업·농촌 이해 교육, 산림교육, 생물다양성, 생태계 보호 교육 등을 통해 지금보다 더 나은 환경과 지속해서 발전이 가능한 사회를 만들어 가는 데 이바지할 수 있도록 하고 있다.

백두대간은 남북으로 길게 뻗어 우리나라의 생태 축을 이루고 있으며 우수한 산림자원과 지형경관, 다양한 동식물이 서식하고 있는 생태계의 보고이다. 또한 한강과 낙동강 등 수많은 강과 하천의 발원지가 있고 물을 머금는 능력인 수자원 함양 기능이 높아 다가오는 물 부족 문제에 대한 친환경적 해결책이 될 수도 있다. 이러한 중요성을 인식하고 정부에서는 「백두대간 보호에 관한 법률」을 제정하였고, 산림청에서는 백두대간 보호 기본 계획을 수립하여 관리하고 있다. 그러나 많은 이용객으로 인한 백두대간 등산로와 식생의 훼손, 개발에 따른 환경파괴, 지역 주민의 삶에 미치는 영향 등의 문제들을 해결하며 백두대간의 보전과 이용 가치가 균형을 이루도록 해야 한다.

백두대간은 1대간, 1정간, 13정맥으로 이루어져 우리나라 산들을 하나로 이어주며 그 사이로 수많은 강과 하천을 품고 있어 모든 지역에서 우리의 삶과 밀접한 관련이 있으며 접근성이 좋다. 또한 학생들의 호기심을 자극하고 관심을 끌 만한 다양하고 풍부한 내용을 가지고 있어 초등환경교육에 꼭 필요한 매력적인 소재이다.

지구촌 환경문제는 인간의 화석연료 과다 사용, 무분별한 개발에 의한 자연훼손, 지구온난화에 의한 이상기후 현상 등으로 악화하고 있으며, 이러한 환경문제를 근본적으로 해결하기 위해서는 우리의 생활방식과 사고방식을 바꿔주는 생태교육이 필요하다. 생태교육은 자연환경에 대한 직, 간접적인 경험을 통해서 생명 존중 의식과 환경친화적인 태도를 기르고 이를 바탕으로 올바른 인성을 형성하여 자연환경의 위기를 극복할 수 있도록 해주는 실천 교육이다.

사람이 살아가는 지구생태계는 크게 생물과 무생물로 이루어지고, 생물은 에너지를 스스로 생산하여 생활하는 생산자, 다른 생물로부터 에너지를 얻어 생활하는 소비자, 그리고 이들의 사체나 배설물을 분해하여 생활하는 분해자로 이루어진다. 사람도 이 생태계의 일부 구성원으로 모든 만물과 상호작용하면서 연결되어 있으며, 생태계의 균형이 깨지면 우리의 삶도 위태로워진다. 따라서 자연의 소중함을 알고 자연을 보전하기 위한 생태교육은 우리 자신을 위한 교육이다.

자연과 숲은 우주의 탄생과 함께 시작되었다고 할 수 있다. 약 46억 년 전 태어난 지구에 대기가 생기고, 바다에서 최초로 생명이 생겨난 이후 오랜 시간이 흘러 원시식물이 육지로 상륙하여 약 4억 년 전에 숲을 형성하였다. 지구의 산림환경이 오늘날과 유사한 모습을 갖춘 것은 신생대 3기인 중신세(약 2,370~530만 년 전)이고, 이때 인류의 원시 조상이 숲 지대에 나타났다. 지구상에 숲이 생긴 지 약 4억 년이 지난 다음에야 인간이 나타난 것이다. 지구는 오랜 세월 동안 숲의 탄생을 위해 변화를 거듭해 왔고, 숲은 4억 년 이상의 세월을 인간을 잉태하기 위해 준비해 왔고 인간을 낳게 된 것이다. 인류가 숲에서 나와 오늘날까지 생활을 이어 오는 데 있어 숲은 중요한 역할을 담당하였다. 오랜 기간 숲에서 생존해 온 인간의 유전자에는 숲을 편안하게 느끼고 숲을 사랑하는 인자가 새겨져 있다고 한다. 생태교육은 바로 인류의 고향인 숲과 함께 이루어지는 것이 자연스럽다.

대부분 산림으로 이루어진 백두대간은 다양하고 풍부한 동식물과 자연환경을 갖추고 있어 생태교육의 중요한 자원이고, 숲 교육의 요람이다.

숲은 총체적인 자연 체험을 위한 교육의 장으로, 자연 체험을 통한 올바른 인성 발달을 기대하기에 적합한 곳이다. 숲은 아주 다양한 모습으로 지역과 계절에 따라 전혀 다른 모습으로 관찰되며, 특히 어린이나 청소년에게 식물과 동물이 살아가는 생활공간으로뿐만 아니라 생명체들이 서로 관계를 맺으며 살아가는 생활공동체를 이해하는 데 도움을 주어, 단순한 지식의 습득과 이해를 넘어 인성 발달에 큰 영향을 미친다.

이처럼 백두대간은 초등 국토교육, 환경교육, 생태교육에 있어 필수적이고 기본적인 소재이며, 중요한 역할을 하고 있다. 백두대간 교육은 초등교육을 넘어 유아교육, 중등교육, 성인교육까지 확장되어 실시되어야 하고, 지리, 환경, 생태 영역을 넘어 역사, 정치, 경제, 문화, 문학, 윤리, 예술 영역 등으로 넓혀 교육의 보편적인 소재로 적극적으로 활용할 필요가 있다.

유아교육에서는 숲 활동을 통해 자연 친화적인 소양을 기르고, 초등교육에서는 숲 체험과 함께 백두대간의 지리적 요소와 생태적 의미의 기초를 이해하게 하고, 중등교육에서는 백두대간을 다양한 방식으로 탐구하며 백두대간에 대한 폭넓은 시각을 갖추게 하고, 성인교육에서는 백두대간에 대한 깊은 관심과 실천적 참여를 끌어내도록 해야 한다.

1. 초등 국토교육을 위한 백두대간

가. 백두대간과 태백산맥

1) 목표 : 백두대간의 지형적 특징을 이해하고, 백두대간과 태백산맥의 다른 점을 안다.

2) 내용

- 자료 : 우리나라 호랑이 그림지도, 백지도, 백두대간 산경도, 우리나라 산맥도
- 활동
  - 우리나라 백지도에서 주요 산을 이어보고 백두산에서 지리산까지 서로 이어져 있음을 확인해 본다.

- 호랑이 그림지도의 형상과 비교해 보고 우리나라 산줄기의 기상을 느끼게 한다.
- 백두대간 산경도와 태백산맥으로 표시된 산맥도를 비교하며 서로 다른 점을 찾아본다.

3) 참고자료

- 태백산맥과 백두대간의 특징

태백산맥	백두대간
- 산맥이 끊어져 있다. - 강물과 상관없이 산맥이 뻗어 있다. - 산맥은 육지의 평야 지대에서 끝난다. - 태백산맥, 낭림산맥 등은 1900년대 초 일본인 지질학자가 붙인 이름이다.	- 백두산을 시작으로 하여 모든 산줄기가 이어져 있다. - 산줄기가 강물을 나누면서, 하천 유역을 포함하고 있다. - 산줄기가 강의 하구까지 이어지면서 바다에서 끝난다. - 백두대간은 1800년 무렵 '산경표'로 완성된 조선시대의 자연 인식체계이다.

나. 백두대간의 산줄기 체계

1) 목표 : 백두대간을 그려보고, 우리 민족 고유의 산줄기 체계를 이해한다.

2) 내용

- 자료 : 백두대간 산경도, 우리나라 산줄기(백두대간) 백지도
- 활동
  - 조사한 백두대간 관련 기초자료와 백두대간 산경도를 살펴보며 우리나라 산줄기 체계를 확인해 본다.
  - 우리나 산줄기 백지도에 백두대간을 색칠하며 대간과 정맥을 확인해 본다.

3) 참고자료

- 백두대간
  - 백두대간은 나라에서 법으로 정하여 보호하고 있는 우리 민족 고유의 산줄기 체계이다.
  - 백두대간은 백두산(2,750m)에서 지리산(1,950m)까지 123개의 산과 고개를 포함한다.

- 백두대간의 길이는 도상거리로 총 1658.6km이며, 남한 구간은 695.2km, 북한 구간은 963.4km이다.
- 백두대간은 1대간 1정간, 13정맥으로 이루어져 있다. 북한에 장백정간, 청북정맥, 청남정맥, 해서정맥, 임진북예성남정맥이 있으며, 남한에는 한북정맥, 한남정맥, 한남금북정맥, 금북정맥, 금남정맥, 금남호남정맥, 호남정맥, 낙동정맥, 낙남정맥이 있다.
- 대간과 정간, 정맥은 모두 1,600여 개의 산과 고개로 이루어져 있다.

다. 백두대간의 산줄기와 물줄기 원리

1) 목표 : 정맥과 강의 관계, 산줄기와 물줄기의 어울림으로 백두대간을 이해한다.

2) 내용

- 자료 : 백두대간 산경도, 산줄기와 물줄기 그림
- 활동
  - 정맥의 이름과 정맥 가까이에 있는 강 이름을 비교하고 특징을 찾아본다.
  - 손깍지를 끼워보고 산줄기와 강줄기가 서로 어울려 있음을 확인해 본다.
  - 산줄기만 있는 그림에 강줄기를 그려보고, 강줄기만 있는 그림에 산줄기를 그려 넣어 보고 산과 강이 합쳐져 있는 모습과 비교해 본다.

3) 참고자료

- 강 이름과 관련하여 붙여진 정맥 이름

정맥	강과의 관계	정맥	강과의 관계
청북정맥	청천강의 북쪽	금북정맥	금강의 북쪽
청남정맥	청천강의 남쪽	금남정맥	금강의 남쪽
한북정맥	한강의 북쪽	낙동정맥	낙동강의 동쪽
한남정맥	한강의 남쪽	낙남정맥	낙동강의 남쪽
임진북예성남정맥	임진강의 북쪽과 예성강의 남쪽	한남금북정맥	한강의 남쪽과 금강의 북쪽

라. 백두대간과 생활

1) 목표

- 백두대간에 있는 고갯길을 주요 교통로로 이용해 왔음을 이해한다.
- 우리나라 옛 국가들의 성장과 발전에 백두대간이 미친 영향을 이해한다.
- 백두대간이 행정구역과 인구분포에 미친 영향을 이해한다.
- 백두대간이 기후와 산업에 미치는 영향을 이해한다.

2) 내용

- 자료 : 백두대간 산경도, 주요 교통도, 삼국의 발전기 지도, 인구분포도, 행정구역도, 강수량과 연평균기온 등이 나타난 기후도 등
- 활동
  - 조선 시대 지방에서 과거를 보러 가던 선비들이 이용한 고개를 찾아본다.
  - 주요 고속도로가 지나는 고개를 찾아본다.
  - 삼국시대 각 나라의 발전기 지도와 백두대간을 겹쳐 비교해 보고 특징을 찾아본다.
  - 인구분포도, 행정구역도와 백두대간을 겹쳐 비교해 보고 특징을 찾아본다.
  - 백두대간과 강수량과 연평균 기온 등 기후와의 관계를 찾아본다.

3) 참고자료

- 백두대간의 고갯길 이용

조선 시대에 이용한 고개		오늘날 이용하는 고개	
함경도 함흥에서 한양으로	철령	경부고속도로(서울-부산)	추풍령
강원도 강릉에서 한양으로	대관령	영동고속도로(서울-강릉)	대관령
충청도 부여에서 한양으로	차령	논산천안고속도로	차령
경상도 동래에서 한양으로	(문경)새재	통영대전고속도로	육십령

마. 우리 고장과 백두대간

1) 목표 : 지도를 보고 우리 고장의 산과 강이 백두대간으로 이어짐을 안다. 우리 고장의 생활과 백두대간의 관련성을 찾아보고 그 관계를 이해한다.

2) 내용

- 자료 : 백두대간 산경도, 우리 고장과 주변 지역이 표시된 지도, 우리 고장 관련 자료
- 활동
  - 우리 고장 주변의 강과 산이 어디로 이어져 있는지 백두대간 산경도에 그려본다.
  - 우리 고장의 교통, 기후, 산업, 특산품, 언어, 풍속 등을 주변 지역과 비교해 보고 백두대간과의 관계를 찾아본다.

2. 초등 환경교육을 위한 백두대간

가. 백두대간의 멸종위기 식물과 동물

1) 목표

- 백두대간에 서식하는 주요 동식물과 멸종위기 동식물을 알아본다.
- 백두대간의 생태적 특징을 알고, 한반도의 핵심 생태 축임을 이해한다.

2) 내용

- 자료 : 백두대간 멸종위기 식물과 동물 자료, 백두대간 생태지도와 동식물 사진
- 활동
  - 백두대간의 자생식물을 알아보고, 멸종위기 식물과 동물을 찾아본다.
  - 산림청 홈페이지에서 백두대간의 구간별 생태 특징을 알아본다.
  - 백두대간 생태지도를 꾸며보며 주요 동식물의 서식지를 알아본다.

3) 참고자료

- 백두대간의 자생식물 현황과 멸종위기 동식물

생태계의 보고	우리나라 야생동식물의 80%가 서식하고 있는 한반도 핵심 생태 축
백두대간 자생 식물 현황	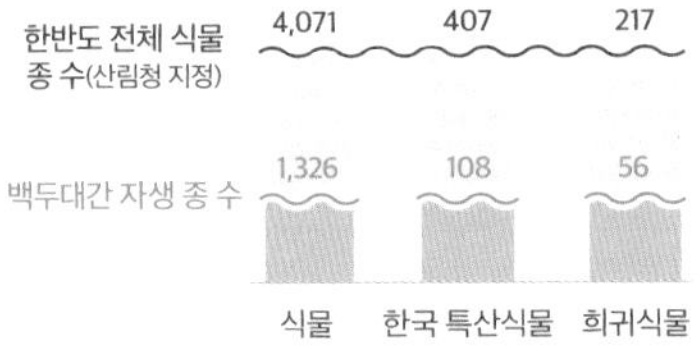 한반도 전체 식물 종 수(산림청 지정): 식물 4,071 / 한국 특산식물 407 / 희귀식물 217 백두대간 자생 종 수: 식물 1,326 / 한국 특산식물 108 / 희귀식물 56

멸종위기 식물 2급	가시오갈피, 기생꽃, 날개하늘나리, 노랑만병초, 산작약, 세뿔투구꽃, 연잎꿩의다리, 홍월귤
멸종위기 동물 1급	반달가슴곰, 얼룩새코미꾸리, 수달, 검독수리, 산양, 사향노루

• 백두대간 구간별 생태 특징

구간	식생 및 주요 동식물
1구간 (천왕봉~지리산~여원재)	• 식생: 아고산대 - 온대 북부에 해당하는 식물의 수직분포대로 상록침엽수림지대, 지리산, 덕유산, 소백산, 오대산 설악산 등에 나타남 • 대표 수종: 구상나무(한국 특산종, 희귀식물) • 대표 동식물: 반달가슴곰, 새홀리기, 꼬리치레도룡뇽, 황구렁이, 자가사리, 담비, 가문비나무, 히어리, 주목, 지리대사초, 천마, 지리터리풀, 금강애기나리, 지리오갈피, 흰참꽃나무
2구간 (여원재~덕유산~덕산재)	• 식생: 구상나무 군락 - 전 세계에서 덕유산, 지리산, 한라산에만 분포 • 대표 수종: 신갈나무(백두대간에 가장 많이 분포) • 대표 동식물: 삵, 담비, 새홀리기, 조롱이, 금강모치, 이끼도롱뇽, 구상나무, 가문비나무, 할미밀망, 고광나무, 흰고려엉겅퀴, 털진달래, 털중나리, 모데미풀, 자주솜대, 솔나리, 세뿔투구꽃
3구간 (덕산재~삼도봉, 황학산~화령재)	• 식생: 노각나무 군락 - 한국 특산종. 대표 수종 - 일본잎갈나무(낙엽송) - 백두대간에서 가장 많이 심어진 조림수종 • 대표 동식물: 새홀리기, 올빼미, 삵, 고라니, 맹꽁이, 가야산은분취, 각시서덜취, 고광나무, 금강제비꽃, 수정난풀, 오동나무, 자란초, 참배암차즈기, 참좁쌀풀
4구간 (화령재~속리산, 월악산~저수령)	• 식생: 금강소나무 군락 - 한국인의 정서 대표를 대표하고 백두대간의 대표적 침엽수림 • 대표 수종: 꼬리진달래 • 대표 동식물: 까막딱따구리, 수리부엉이, 하늘다람쥐, 오소리, 구렁이, 얼룩새코미구리, 가는잎향유, 고란초, 왜솜다리, 꽃개회나무, 노랑갈퀴, 망개나무, 미치광이풀, 솔나리, 자란초
5구간 (저수령~소백산~도래기재)	• 식생: 주목 군락 - 살아 천 년, 죽어 천 년으로 불리는 생명력을 자랑하며 빙하기 때부터 살아남은 희귀식생군락 • 대표 수종 - 철쭉(백두대간에 가장 많이 분포하는 관목군락) • 대표 동식물: 조롱이, 담비, 수달, 금개구리, 대륙유혈목이, 돌상어, 가시오갈피, 금강소나무, 노랑갈퀴, 복주머니랑, 앉은부채, 자란초, 자주솜대, 촛대승마, 홀아비바람꽃, 노랑무늬붓꽃

6구간 (도래기재~태백산 ~피재)	• 식생: 분비나무 군락 - 대표적인 고산 상록침엽수 • 대표 수종: 소나무(백두대간에 가장 많이 서식하는 침엽수종) • 대표 동식물: 검독수리, 말똥가리, 사향노루, 산양, 물두꺼비, 열목어, 골고사리, 금강분취, 기생꽃, 날개하늘나리, 애기앉은부채, 정향나무, 큰연영초, 한계령풀, 줄댕강나누, 주목
7구간 (피재~청옥두타산 ~대관령)	• 식생: 사스래 군락 - 대표적인 고산 활엽수림, 높은 고도에서 자람. 대표 수종 - 당단풍나무(백두대간에 가장 많은 아교목) • 대표 동식물: 수달. 벌매, 참매, 산양, 까치살모사, 가는돌고기, 둑중개, 갈퀴현호색, 태백기린초. 고려엉겅퀴, 금꿩의다리, 만병초, 백리향, 벌깨냉이, 분취, 산고사리삼, 새끼노루귀, 산개나리
8구간 (대관령~오대산 ~구룡령)	• 식생: 전나무 군락 - 큰 키를 자랑하는 대표적인 고산성 교목. 대표 수종 - 사스래나무 • 대표 동식물: 꼬리치레도룡뇽, 황조롱이, 원앙, 반달가슴곰, 하늘다람쥐, 맹꽁이, 묵납자루, 금강초롱꽃, 노랑무늬붓꽃, 끈끈이주걱, 날개하늘나리, 만병초, 만삼, 참개싱아, 흰현호색, 긴잎갈퀴
9구간 (구룡령~점봉산 ~한계령)	• 식생: 신갈나무 군락, 대표 수종 - 분비나무 • 대표 동식물: 산양, 소쩍새, 붉은배새매, 수달, 하늘다람쥐, 표범장지뱀, 어름치, 모데미풀, 개족도리풀, 꽃개회나무, 만병초, 청괴불나무, 진범, 연잎꿩의다리, 만리화, 연복초, 등대시호
10구간 (한계령~설악산 ~향로봉)	• 식생: 눈잣나무 군락 - 대표적 고산 상록목, 설악산 일대가 남방한계선 • 대표 수종: 가문비나무(희귀식물) • 대표 동식물: 김점박이올빼미, 큰말똥가리, 산양, 사향노루, 남생이, 한둑중개, 가시오갈피, 금마타리, 기생꽃, 산작약, 왜솜다리, 노랑만병초, 설악눈주목, 바늘명아주, 홍월귤, 솜다리

나. 백두대간 탐방 및 자연보호 활동

1) 목표

- 가까운 백두대간을 탐방하며 자연보전의 중요함을 느낀다.
- 탐방에 필요한 준비물을 알고 흔적 남기지 않기 원칙을 이해한다.

2) 내용

- 자료 : 탐방계획서, 탐방에 필요한 준비물, 흔적 남기지 않기 7원칙
- 활동

- 탐방대상지를 사전 조사하여 탐방계획서를 작성해 본다.

- 탐방에 필요한 준비물 목록을 작성해 본다.

- 흔적 남기지 않기(LNT: Leave No Trace) 7원칙을 익히고 실천한다.
- 탐방 후 보고서를 작성해 보고 경험과 느낌을 서로 나눈다.

3) 참고자료

• 흔적 남기지 않기(LNT) 7원칙

1. 미리 계획하고 준비한다.
2. 지정된 곳에서 탐방하고 야영한다.
3. 쓰레기를 바르게 처리한다.
4. 본 것을 그대로 둔다.
5. 모닥불을 피울 때는 주변에 미치는 영향을 최소화한다.
6. 야생동식물을 보호한다.
7. 다른 사람을 배려한다.

다. 백두대간과 수자원(물)

1) 목표

• 주요 강의 발원지가 백두대간에서 시작됨을 안다.

• 수자원의 중요성을 이해하고 바르게 관리하는 방법을 안다.

• 백두대간의 산림자원이 수자원에 미치는 영향을 이해한다.

2) 내용

• 자료 : 백두대간과 주요 하천이 나타난 지도, 4대강 발원지, 물의 이용 현황

• 활동

- 주요 강의 발원지를 조사하여 지도에 표시해 본다.
- 수자원의 이용 현황과 깨끗한 물을 얻기 위해 해야 할 일을 알아본다.
- 생태계에서의 물의 순환을 알아보고 산림의 중요성을 이야기해 본다.

3) 참고자료

• 4대강 발원지

이름	발원지	관련 백두대간 및 정맥
한강	강원도 태백시 검룡소	백두대간
낙동강	강원도 태백시 황지연못	백두대간
금강	전라북도 장수군 뜬봉샘	금남호남정맥
영산강	전라남도 담양군 가마골 용소	호남정맥

• 우리나라는 물부족국가에 해당하며 국가물관리위원회에서 물관리를 하고 있다. 백두대간 산림자원의 높은 수자원 함양기능은 친환경 물 부족 해결책이 될 것이다.

라. 백두대간과 쓰레기

1) 목표 : 등산로 주변에 버려지는 쓰레기의 해로움을 이해하고 보호 활동에 참여한다. 쓰레기의 자연적 분해 소요 기간을 알고, LNT 실천 의지를 갖는다.

2) 내용

• 자료 : 쓰레기의 종류별 자연분해 기간 자료, 등산로 쓰레기 사진, 비닐봉투와 집게

• 활동

- 등산로 주변의 쓰레기 관련 기사와 사진을 조사하여 실상을 파악해 본다.
- 비닐봉투와 집게를 준비하여 가까운 등산로의 쓰레기를 수거하여 분류해 본다.
- 각종 쓰레기의 자연분해 기간을 알아보고, LNT 실천의 중요성을 이야기해 본다.

3) 참고자료

• 쓰레기 자연분해 기간

종류	분해 기간	종류	분해 기간	종류	분해 기간
종이	약 2~5년	일회용 컵	20년 이상	일회용 기저귀	100년 이상
우유팩	약 5년	가죽구두	약 25~40년	알루미늄 캔	500년 이상
담배필터	약 10~12년	플라스틱 그릇	약 50~80년	스티로폼	500년 이상
비닐 가방	약 10~12년	금속(철) 캔	약 100년	유리병	천만년 이상

마. 백두대간의 개발과 보존

1) 목표

• 이용과 개발로 인한 백두대간의 훼손 실태를 알고 보존 활동에 참여한다.

• 백두대간의 역할과 중요성을 알고, 지속적인 이용과 개발이 필요함을 이해한다.

2) 내용

- 자료 : 등산, 광산, 도로, 시설 등으로 인한 훼손 사례, 개발과 보존의 갈등 사례
- 활동
  - 등산로 주변의 침식, 오염, 동식물 피해 등 생태계 훼손 사례를 관찰, 조사해 보고, 생태계 복원 방법을 알아본다.
  - 백두대간의 역할을 인문 사회적 측면, 자연경관생태학적 측면, 산림식생적 측면에서 알아본다.
  - 광산개발, 도로 개설, 풍력발전시설, 케이블카 등 관광시설 등이 백두대간을 훼손한 사례를 조사해 본다.
  - 백두대간 보호를 위한 활동과 개발이 지역 주민의 생활에 영향을 주는 갈등 사례를 조사해 본다.
  - 백두대간의 이용과 개발이 지속가능한 방법으로 이루어지는 방법을 토의해 본다.

3. 초등 생태교육(숲 교육)을 위한 백두대간

가. 숲의 기능과 가치

1) 목표 : 숲의 기능과 가치를 알고 산림자원의 소중함을 이해한다.

2) 내용

- 자료 : 숲의 공익적 기능과 가치
- 활동
  - 숲의 다양한 기능과 가치를 조사하여 정리하고 숲의 소중함을 글/그림으로 표현해 본다.

3) 참고자료

- 산림의 공익적 기능

<table>
<tr><th colspan="2">주요 기능</th><th>생산물</th><th>세부 내용</th></tr>
<tr><td rowspan="7">환경기능</td><td rowspan="2">자연보호기능</td><td>수원함양</td><td>물의 저수, 수질정화</td></tr>
<tr><td>야생동물 보호</td><td>야생동물 개체 증식·유지</td></tr>
<tr><td rowspan="2">국토보전기능</td><td>침식 방지, 경감</td><td>침식 방지, 풍식방지, 설식 방지</td></tr>
<tr><td>자연재해 방지, 경감</td><td>산사태 방지, 수해 방지</td></tr>
<tr><td rowspan="3">쾌적한
환경 형성</td><td>기상 완화</td><td>기온 완화, 지온 완화, 습도 조절</td></tr>
<tr><td>대기 정화</td><td>이산화탄소 흡수, 산소 공급, 분진흡착</td></tr>
<tr><td>쾌적한 생활환경</td><td>녹음, 소음방지 및 경감, 피톤치드</td></tr>
<tr><td colspan="2" rowspan="3">문화적 기능</td><td>자연학습</td><td>자연탐구, 정서함양</td></tr>
<tr><td>문화, 예술, 교육, 종교</td><td>예술·교육 활동의 장과 소재, 종교적 가치</td></tr>
<tr><td>산림휴양</td><td>스포츠활동, 행락, 건강유지·증진</td></tr>
</table>

- 산림의 공익적 가치(2018년 기준 221조 원, 1인당 428만 원)

온실가스 흡수, 저장	산림경관 제공	토사유출 방지	산림휴양	수원함양	산림정수
75.6조 원	28.4조 원	23.5조 원	18.4조 원	18.3조 원	13.6조원
산소생산	생물다양성보전	토사붕괴방지	대기질개선	산림치유	열섬완화
13.1조 원	10.2조 원	8.1조 원	5.9조 원	5.2조 원	0.8조 원

나. 백두대간 생태프로그램의 예(산림청)

1) 목표 : 백두대간 숲에 대한 기초적인 이해를 갖는다.

2) 내용

- 활동 1 : 백두대간 그려보기
  - 산줄기와 물줄기가 서로 넘지 않도록 지도에 백두대간을 그려본다.
- 활동 2 : 흙의 이해
  - 흙의 중요성과 나무가 잘 자라게 하는 흙을 알아본다.
- 활동 3 : 숲과 관련된 직업
  - 숲과 관련된 직업을 찾아보고 관련 그림과 연결해 본다.
- 활동 4 : 나무란 무엇인가?
  - 나무의 자라는 과정, 나무의 구성, 나이테 등을 알아본다.

• 활동 5 : 나무의 모습

- 나무의 이름을 지어본다. 침엽수와 활엽수의 차이를 알아보고 구별해 본다.

• 활동 6 : 물의 순환

- 물의 순환과정을 그림에 표시한다. 나무가 물의 흐름에 미치는 영향을 알아본다.

• 활동 7 : 숲과 야생동물

- 백두대간 숲에서 볼 수 있는 동물들을 찾아본다.

• 활동 8 : 건강한 숲

- 불, 해충, 가뭄, 인간 등 숲에 영향을 주는 요인들을 알아보고, 건강한 숲을 만드는 방법을 알아본다.

• 활동 9 : 숲의 순환

- 나무가 씨앗에서 자라 베어내거나 죽어서 분해되면, 이것이 양분이 되어 다시 씨앗에서 싹이나 나무로 자라나는 과정을 이해한다.

• 활동 10 : 나무 심기

- 나무 심는 방법을 알아보고, 나의 나무를 심어본다.

다. 산림 인성교육 프로그램의 예 (산림청)

1) 목표 : 인성교육을 위한 산림교육을 통해 백두대간 숲의 이해를 돕는다.

2) 내용

• 저학년용 활동

월	주제	활동명 (인성교육덕목)
3	숲교실 초대	신기한 숲친구들(존중,소통), 나의 소중한 봄친구(존중,배려)
4	생명의 숲	꽃과 나비의 아름다운 만남(소통,존중), 둥지 속의 아기새(효,협동)
5	사랑의 숲	아빠 쇠똥구리의 사랑(효,책임), 개미의 아낌없이 주는 마음(배려,효)
6-7	성장의 숲	나무는 햇빛을 좋아해(협동,소통), 지렁이 친구의 선물(존중,협동)
8-9	공존의 숲	숲속의 사이좋은 친구들(책임,배려), 협동대장 개미(협동,정직)
10	지혜의 숲	거미의 거미줄 짓기(존중,정직), 우리나라 만다라(예절,소통)
11	결실의 숲	숲지도와 보물찾기(소통,협동), 가을숲속 브레맨 음악대(협동,예절)
12	안식의 숲	굴려라 도토리(존중,효), 동물의 겨울잠(예절,존중)
대체활동		비오는 숲에서의 새로운 만남(배려,존중), 변덕쟁이 날씨(정직,협동), 알록달록 단풍비(존중,협동), 물을 모으자(협동,존중)

• 고학년용 활동

월	주제	활동명 (인성교육덕목)
3	숲교실 초대	새친구와 릴레이(존중,소통), 숲친구의 봄맞이(협동, 책임)
4	생명의 숲	'새생명' 숲속 전시회(소통, 존중), 고마운 나무(효, 배려)
5	사랑의 숲	어미 새와 아기 새(효, 배려), 숲, 네가 있어 고마워(존중, 협동)
6-7	성장의 숲	숲속의 왕을 뽑아요(정직, 존중), 숲과 소통해요(존중, 소통)
8-9	공존의 숲	숲속의 보물을 지켜라(책임, 존중), 토양 지킴이 지렁이(예절, 소통)
10	지혜의 숲	숲속 예술가 거미(예절, 효), 숲속 시인의 축제(소통, 협동)
11	결실의 숲	숲열매와 내마음의 열매(정직, 책임), 단풍 만다라(책임, 예절)
12	안식의 숲	겨울여행 준비(정직, 협동), 숲교실 친구들 고마워(효, 소통)
대체활동		비가 고마운 나무(효, 배려), 빗방울이 그랬어요(배려, 협동) 빗방울이 모여 시냇물이(존중, 책임), 숲속 동시 발표회(협동, 소통)

라. 숲해설 프로그램

1) 목표 : 숲해설 프로그램 참여를 통해 자연을 사랑하는 마음을 갖는다.

2) 내용

• 숲(학교 숲, 동네 숲, 자연휴양림, 둘레길, 국립공원 등)에서 운영되는 다양한 주제의 숲해설, 숲놀이, 숲치유 프로그램에 참여하여 숲활동을 즐기고 자연을 사랑하는 마음을 갖는다.

• 목공, 자연물 활용 공작, 염색, 요가, 밧줄놀이 등 다양한 활동으로 자연과 소통하고 느끼는 체험을 통해 자연과 가까이 하는 삶의 소중함을 느낀다.

마. 생태독서 프로그램

1) 목표 : 생태 관련 책읽기/듣기를 통해 환경과 생태의 중요성을 느끼고 이해한다.

2) 내용

• 생태 관련 책을 읽고/듣고 토론, 작문, 연극, 공작, 예체능 활동 등 다양한 관련 활동을 하며 환경과 생태에 대한 안목과 감수성을 기른다.

국립등산학교
〈우리 산 바로 알기 백두대간탐험대〉

〈우리 산 바로 알기 백두대간탐험대〉 프로그램 개발의 배경

이 프로그램은 국내 최초 청소년 대상 찾아가는 백두대간 교육으로 기획되었다. 2018년 5월 산림청이 설립한 국립등산학교가 문을 열었고 필자는 당시 개교 멤버로서 교육운영실장으로 채용되었다. 당장 7월부터 시범운영과 연내에 교육인원 5,100명을 과업으로 받았으나 대국민 홍보도 부족하고 속초에 위치한 지리적인 한계도 있어 첫해에 5천여 명을 모집하기는 현실적으로 어려움이 있었다. 이를 타개하기 위하여 찾아가는 등산학교 프로그램을 몇 가지 개발하고자 했고, 결과적으로 국내 최초의 청소년 국토교육 인문학 콘텐츠인 〈우리 산 바로 알기 백두대간탐험대〉가 탄생하였다.

국립등산학교는 전 국민을 대상으로 안전한 등산문화를 보급하고 교육하는 목적으로 설립되었다. 어린이나 청소년 대상의 스포츠클라이밍 체험이나 교육프로그램은 있었지만, 청소년에게 적용할 등산 교육프로그램은 딱히 개발되어 있지 않았다. 어린 시절부터 등산의 소양을 길러주고 흥미를 느끼게 하는 프로그램은 찾아보기 어려웠다.

성인은 자발적 동기로 등산학교에 찾아오지만 어린이, 청소년은 주로 학교 단위로 체험활동이 이루어진다. 대부분 본인이 선택하지 않은 국립등산학교에 와서 곧바로 산이나 암벽에 접근하게 하는 것이 교육의 효과가 있을까 고민했다. 몸으로 하는 등산교육보다 지리, 생태, 역사, 생존, 안전 등의 주제와 놀이 같은 재미있는 방법, 직접 조작하는 교구, 눈높이에 맞는 워크북 등을 활용해 흥미를 높이고 인문학적 등산의 기초를 먼저 쌓아야 한다는 교육 철학이 바탕이 되었다. 또 전국의 학교를 대상으로 찾아가는 등산학교 프로그램을 통해 우선 국립등산학교를 알리고, 공식적인 교육활동인 학생수련활동을 국립등산학교에 유치하고자 하는 원대한 목표를 세웠다.

한편 초·중·고 교과서나 교사용 지도서에서는 백두대간을 아주 드물게 다루고 있으며, 교사 연수가 이루어지지 않고 있어 백두대간 교육이 잘 진행되지 않는 현실에서 국립등산학교가 최초로 백두대간 교육을 시도한 것은 매우 의미 있다. 국내 최초로 청소년 대상 백두대간 인문학 교육인 '우리 산 바로 알기 백두대간탐험대'를 특화하여 전국 학교로 확대하였으며, 이를 통해 등산교육 및 환경교육의 저변을 확대하고자 했다. 궁극적으로는 백두대간 관련 콘텐츠가 공교육에 포함되도록 중장기 프로젝트로 추진하고자 하였다.

국내 최초의 청소년 국토교육 인문학 콘텐츠가 탄생하는 데는 '(사)백두대간진흥회'의 백두대간인문학연구소 김우선 소장, 뜻을 같이하며 백두대간을 종주한 초등학교 교사, 지도 제작자 등이 주축이 됐다. 속초와 서울을 오가며, 또 SNS로 소통한 끝에 청소년 수준에 맞춘 교육 내용과 교재·교구를 개발하였다. 어떤 내용을 어떻게 담을지 교재 개발부터 교구의 소재나 모양, 크기를 정하기 위해 고민하고, 한정된 예산 내에서 제작처를 섭외하는 등 무에서 유를 만들어내는 과정이었다.

이후 강사 양성코스를 만들어 단시간에 강사를 양성하였고, 강사 연수를 통해 그들의 노하우와 국립등산학교의 철학을 합쳐 수업 내용과 방법의 체계를 잡아갔다. 초·중등학교를 섭외하여 학급 또는 학년 단위로 수업을 실시했고, 곧바로 교육부와 한국과학창의재단이 주최하는 교육기부박람회에 참가하여 박람회를 찾은 학생, 교사, 학부모 등 다수에게 시범교육을 하며 강사의 수업역량과 교육시스템을 완성해 갔다. 이 박람회 참여는 국립등산학교가 교육기부기관으로 인증받기 위한 첫걸음이었다. 결과는 대성공이었다.

또 교육기부단체를 대상으로 교육컨설팅을 해주는 상명대학교 문화예술 교육기부 컨설팅단의 연구원들이 수업을 모니터링하고 분석하였으며, 참가 학생들의 설문조사를 통해 프로그램의 평가까지 첫해에 마칠 수 있었다.

1

〈우리 산 바로 알기 백두대간탐험대〉 프로그램 개발 과정

1. 교재와 교구 제작

가. 퍼즐

- A3 크기로 40조각의 백두대간 퍼즐을 제작하였으며, 같은 판 내에 태백산맥 지형도와 대동여지전도를 배치하여 완성된 이후 교사가 보충 설명을 통하여 백두대간과 태백산맥이 어떻게 다른지 알아보는 시간을 갖도록 하였다.
- 퍼즐은 같은 사이즈의 지퍼팩에 보관하였다가 수업 시간에 꺼내서 사용하는 것이 시간 절약도 되고 퍼즐 조각 분실의 위험성도 줄일 수 있다.
- 퍼즐 완성에는 초등 4~6학년의 경우 2인 1모둠에서 5~10분이 걸렸다. 백두대간 수업에 있어서 이를 기준으로 시간을 배분하는 것이 중요하다.

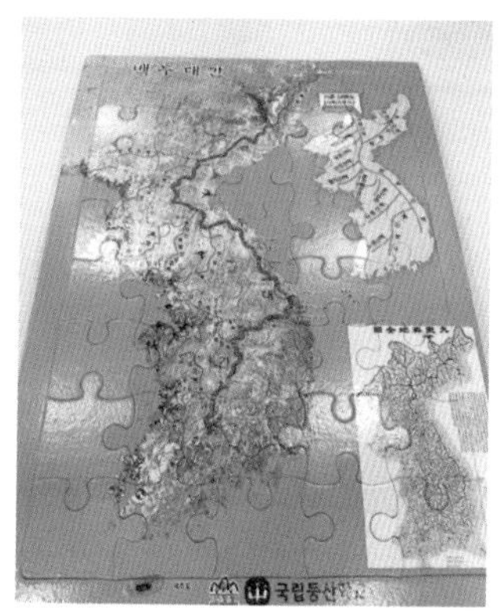

백두대간 퍼즐

- 퍼즐 완성 그 자체에 목적이 있는 것이 아니기 때문에 초등학생 수업용은 추후 28조각 정도로 줄이고 소요 시간도 줄이는 것이 바람직할 것으로 보인다.
- 2018년 양재시민의 숲에서 열린 행사에서는 4~5세 유치원생 20여 명이 단체로 퍼즐체험을 했으나 1명을 제외하고 대부분 완성하지 못했다. 따라서 유치원생을 포함한 초등 저학년 용의 백두대간 퍼즐을 따로 개발할 필요가 있다.(완성시킨 1

명은 평소 퍼즐을 아주 잘하는 천재급 유아였다.)

- 한반도를 호랑이로 묘사한 그림에 백두대간 지도를 입혀서 12~16조각 정도로 구성하면 흥미 유발 효과를 거둘 수 있을 것으로 보인다. 퍼즐은 대부분의 경우 어른과 어린이 모두 몰입도가 높은 반면, 교사가 적절한 설명을 추가하지 않을 경우 학습 효과는 떨어지는 편이다. 교사는 늘 퍼즐 완성 그 자체가 목적이 아님을 주지하고 수업에 임할 필요가 있다.
- 쌍방 교류 활동을 이끌어가기 위해서는 퍼즐 내용에 산줄기 외에 멸종위기 동식물 사진을 추가함으로써 남북한의 각 산에 대비되는 5~6가지 정도의 동식물, 백두산 호랑이, 설악산 산양, 지리산 반달가슴곰 등을 산이나 산줄기, 특히 백두대간 산줄기를 되짚어 보는 것도 좋은 활용 사례가 될 수 있다. 2인 1모둠이 가장 적합하며, 28조각 이하인 경우 1인 완성으로 해도 무방하다.
- 백두대간 퍼즐은 수업 후 지퍼백에 넣은 상태에서 퍼즐 조각이 빠져나가거나 전체 판이 휘어지지 않도록 보관에 늘 신경을 써야 한다. 접이식 퍼즐판으로 제작하여 종이 상자 안에 보관하는 방법도 있다. 판매용으로 제작할 경우 고려해 볼 만한 아이디어이다.

나. 대형지도

현재 전국의 초등학교 교실에는 수업 시간에 활용할 수 있는 대형 모니터가 있다. 그러나 백두대간 지도를 띄워놓았을 때 교실 뒷자리 학생에게까지 산줄기가 잘 보일만큼 큰 사이즈는 아니라는 점이 문제로 나타났다. 또한 초등 교실에서는 빔프로젝트 설비가 되어 있지 않아서 수업 진행하면서 필요한 크기의 백두대간 지도를 보여줄 수 없다는 문제점도 나중에 발견하였다. 이러한 문제점을 해결하기 위해서 칠판에 걸어놓을 수 있는 대형 백두대간 지도를 실사 출력하였고, 같은 크기의 지도를 6장 더 만들어서 한 학급 25~30명이 5개 모둠으로 나뉘어 100개 정도의 지명 카드를 지도 위의 해당 지명에 세워 놓음으로써 '백두대간 만들기'라는 체험 시간을 갖도록 하였다.

대형지도는 한 번의 시행착오를 거쳤다. 4~6인이 모둠을 만들어 둘러앉아 활동하려면 크기가 커야 했다. 850×1550 크기의 자석칠판으로 제작하였다. 자석칠판이라 백두대간 산줄기 위에 학생들이 산을 세우면 입체로 세워지도록 제작했다. 대한민국에 존재하지 않았던 새로운 교구를 제작하기 위한 아이디어가 탄생하기까지 초등학교 교사 출신 전문가들이 궁리를 했다. 명산 이름을 세모로 만들어 코팅한 뒤 잘라 날클립을 끼우니 자석칠판 위에 잘 붙었다. 그러나 한 학급 수업에 4~6개의 자석 칠판이 필요한데 자석칠판이라 너무 무거워 강사 혼자서 이동이 어려웠고, 승용차에 적재가 안 되는 크기라 찾아가는 등산학교 수업의 교구로는 적당하지 않았다. 추후 이 자석칠판은 속초 국립등산학교에서만 사용하였다.

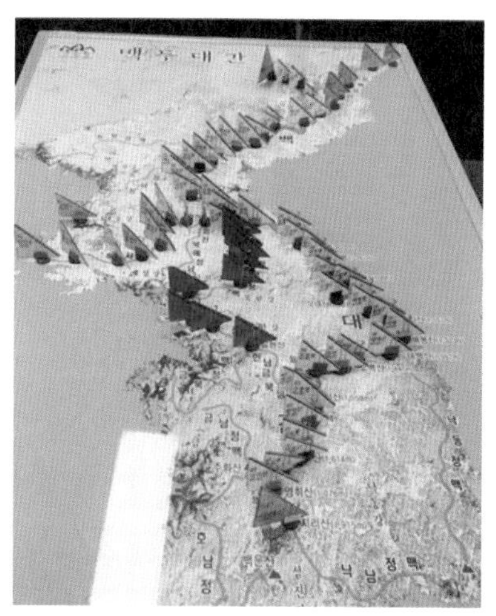

첫 번째 제작 자석칠판지도

2차 제작은 현수막 재질에 실사 프린트해서 제작했다. 몇 장을 둘둘 말아서 원통형 지도 케이스에 넣어 운반하기 가볍고 간편해졌다.

문제는 지명 카드를 새롭게 제작하는 것이었는데, 자석칠판에서 사용하던 지명 카드는 현수막 지도에서 잘 서 있지 못하고 쓰러지기 때문이었다. 따라서 플라스틱 큐브에 지명카드를 부착하는 방법으로 개선하였으나 130개에 달하는 지명카드 보관이 문제점으로 드러났다. 대간, 정간, 정맥 별로 지퍼백에 분류되어 있어야만 시간 손실 없이 수업을 마칠 수 있었다. 수업 후 회수할 때도 처음 상태대로 지퍼백에 분류해서 넣어야 이어지는 다음 수업에 차질이 없었다. 교사의 원활한 수업 진행과 모둠원들의 협조가 잘 맞아떨어져야 가능한 부분이다.

수업 진행에 있어서는 경우에 따라 15개 산줄기 지명 카드 가운데 백두대간을 필수로 하고 청북정맥이나, 낙동정맥, 호남정맥 등 2~3개 산줄기만 세워놓을 수도 있다. 퍼즐의 경우와 마찬가지로 백두대간 만들기에서도 교사의 설명과 더불어 피드백 활동이 필요하다. 특히 태백산맥과 백두대간이 어떻게 다른지에 관해서 학생들의 답변을 이끌어내는 것이 가장 중요하며, 강줄기를 기준으로 산줄기 이름이 정해진 부분 또한 지도상에서 확인하는 과정이 꼭 필요하다.

	산줄기 이름	지명 카드 수	산 이름
북한	백두대간		
	장백정간		
	청북정맥		
	청남정맥		
	해서정맥		
	임진북예성남정맥		
남한	한북정맥		
	한남정맥		
	한남금북정맥		
	금북정맥		
	금남정맥		
	금남호남정맥		
	호남정맥		
	낙동정맥		
	낙남정맥		

다. 워크북

210×290 판형의 표지 제외 16쪽 분량이며, 별지로 OHP 투명필름에 백두대간 산줄기를 인쇄한 것을 추가하였다. 워크북 13, 14, 15쪽 지도 위에 OHP 투명필름을 겹치면 백두대간이 삼국시대 신라와 백제, 고구려의 국경과 거의 일치하고 있음이 확인된다. 현재의 인구분포도 위에 백두대간 산줄기 투명필름을 겹쳐 보았을 때, 대간과 정맥 산줄기가 끝나는 주요 강의 하구 지역에 인구가 밀집해 있다는 사실을 발견할 수 있다. 실제 수업 시간에 드러나 문제점 중 하나는 OHP 필름에 인쇄된 산줄기가 고무 지우개로 지워지기 때문에 주의를 기울여서 지도할 필요가 있다.

국립등산학교
찾/아/가/는/등/산/학/교/
백두대간

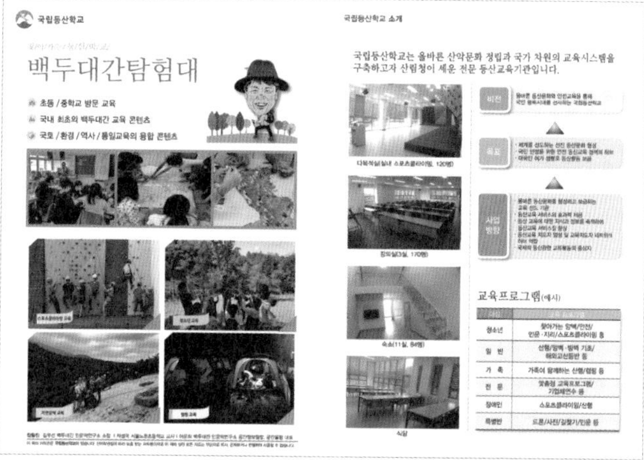
국립등산학교
백두대간탐험대
초등/중학교 방문 교육
국내 최초의 백두대간 교육 콘텐츠
국토/환경/역사/통일교육의 융합 콘텐츠
국립등산학교 소개
국립등산학교는 올바른 산악문화 정립과 국가 차원의 교육시스템을 구축하고자 산림청이 세운 전문 등산교육기관입니다.
비전
목표
사업 방향
교육프로그램(예시)
청소년
일 반
가 족
전 문
장애인
특별반
식당

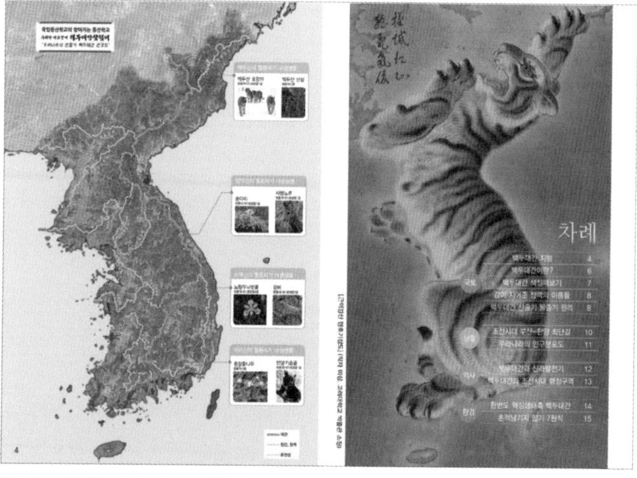
차례
백두대간 지형 4
백두대간이란? 6
백두대간 색칠해보기 7
국토
역사
환경
한반도 핵심생태축 백두대간 14
흔적남기지 않기 7원칙 15

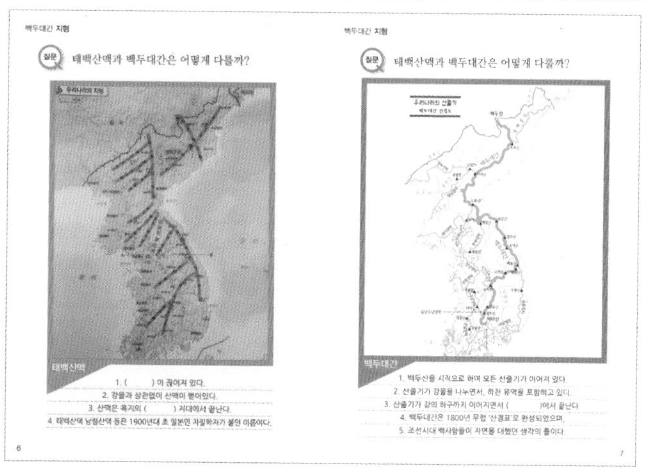
백두대간 지형
질문 태백산맥과 백두대간은 어떻게 다를까?
태백산맥
1. (   )이 끊어져 있다.
2. 강물과 상관없이 산맥이 뻗어있다.
3. 산맥은 육지의 (   ) 지대에서 끝난다.
4. 태백산맥 낭림산맥 등은 1900년대 초 일본인 지질학자가 붙인 이름이다.
6
백두대간 지형
질문 태백산맥과 백두대간은 어떻게 다를까?
백두대간
1. 백두산을 시작으로 하여 모든 산줄기가 이어져 있다.
2. 산줄기가 강물을 나누면서, 하천 유역을 포함하고 있다.
3. 산줄기가 강의 하구까지 이어지면서 (   )에서 끝난다.
4. 백두대간은 1800년 무렵 '산경표'로 완성되었으며,
5. 조선시대 백사람들이 자연을 대했던 생각의 틀이다.
7

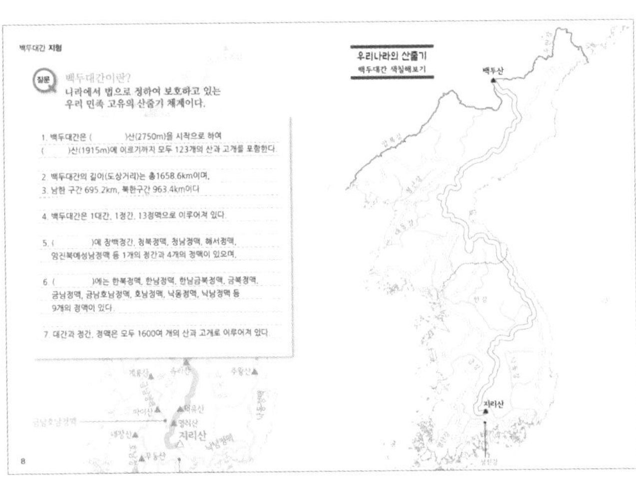
백두대간 지형
질문
백두대간이란?
나라에서 법으로 정하여 보호하고 있는
우리 민족 고유의 산줄기 체계이다.
1. 백두대간은 (　　　　)산(2750m)을 시작으로 하여
(　　　)산(1915m)에 이르기까지 모두 123개의 산과 고개를 포함한다.
2. 백두대간의 길이(도상거리)는 총1658.6km이며,
3. 남한 구간 695.2km, 북한구간 963.4km이다
4. 백두대간은 1대간, 1정간, 13정맥으로 이루어져 있다.
5. (　　　　)에 장백정간, 청북정맥, 청남정맥, 해서정맥,
임진북예성남정맥 등 1개의 정간과 4개의 정맥이 있으며,
6. (　　　　)에는 한북정맥, 한남정맥, 한남금북정맥, 금북정맥,
금남정맥, 금남호남정맥, 호남정맥, 낙동정맥, 낙남정맥 등
9개의 정맥이 있다.
7. 대간과 정간, 정맥은 모두 1600여 개의 산과 고개로 이루어져 있다.
지리산
8
우리나라의 산줄기
백두대간 색칠해보기
백두산
지리산

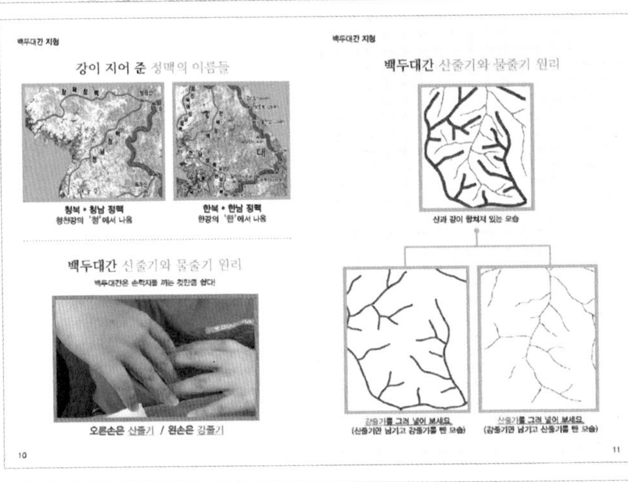
백두대간 지형
강이 지어 준 정맥의 이름들
청북 • 청남 정맥
청천강의 '청'에서 나옴
한북 • 한남 정맥
한강의 '한'에서 나옴
백두대간 산줄기와 물줄기 원리
백두대간은 손학지를 끼는 것만큼 쉽다!
오른손은 산줄기 / 왼손은 강줄기
10
백두대간 지형
백두대간 산줄기와 물줄기 원리
산과 강이 합쳐져 있는 모습
강줄기를 그려 넣어 보세요.
(산줄기만 남기고 강줄기를 뺀 모습)
산줄기를 그려 넣어 보세요.
(강줄기만 남기고 산줄기를 뺀 모습)
11

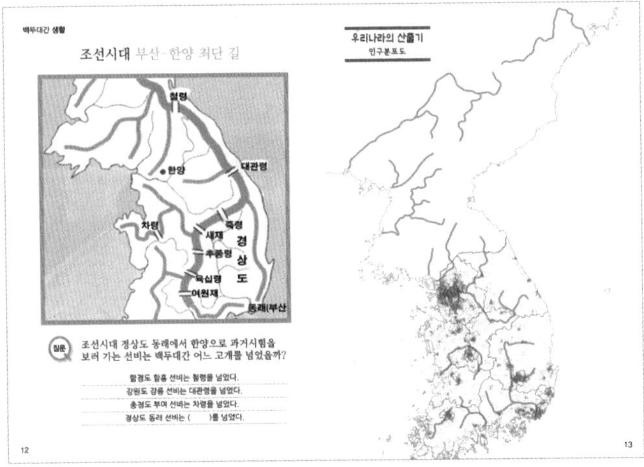
백두대간 생활
조선시대 부산-한양 최단 길
철령
한양
대관령
차령
죽령
새재
추풍령
육십령
여원재
경
상
도
동래(부산
질문
조선시대 경상도 동래에서 한양으로 과거시험을
보러 가는 선비는 백두대간 어느 고개를 넘었을까?
함경도 함흥 선비는 철령을 넘었다.
강원도 강릉 선비는 대관령을 넘었다.
충청도 부여 선비는 차령을 넘었다.
경상도 동래 선비는 (　　)를 넘었다.
12
우리나라의 산줄기
인구분포도
13

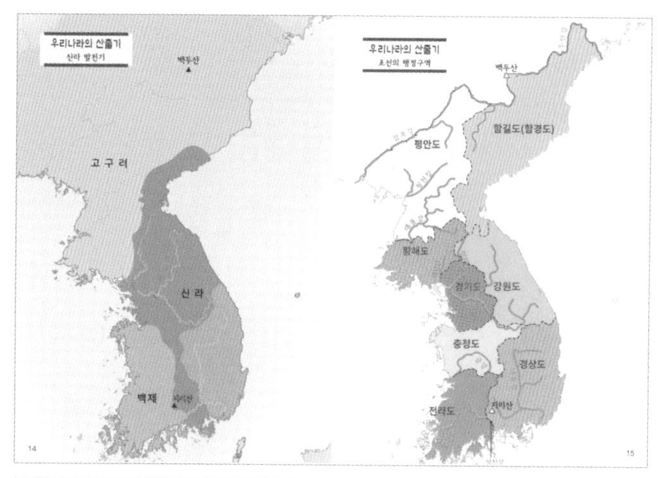

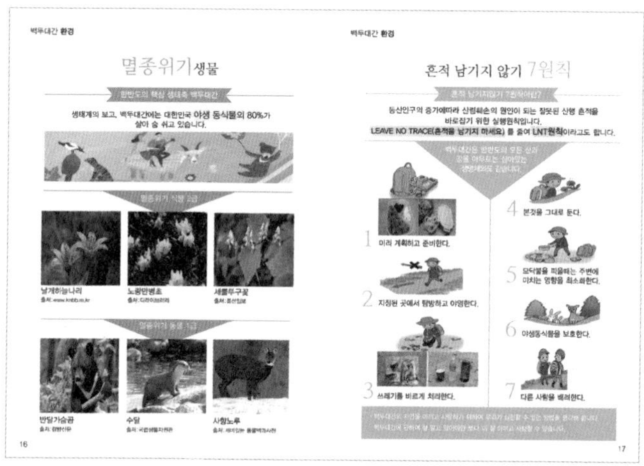

백두대간탐험대 워크북

워크북과 OHP 필름은 학생 1인당 1부씩 나누어 주고 수업 진행 후 회수하였다. 워크북은 가급적 넉넉히 인쇄하여 교사와 학생들이 가질 수 있도록 하는 게 바람직하다. 워크북 내용은 별도의 파일로 저장하였다가 필요 시 USB에 담아서 모니터에 띄워놓고 설명하였다. 그러나 모니터 크기가 작아서 백두대간 지도가 잘 보이지 않는 문제점이 드러났다.

2. 강사 양성 및 교육 현장에서의 문제점

강사 연수. 게임을 통해 재미있게 참여할 수 있는 아이디어들을 선보였다.

'교육의 질은 교사의 질을 뛰어넘을 수 없다'는 말처럼 강사 양성 및 교육이 가장 중요했다. 국립등산학교의 강사에 지원하고 평가를 받은 강사 중에서 10여 명을 우선 섭외했다. 백두대간을 직접 걸었던 유경험자이거나 백두대간에 대한 이해가 높은 편인 산악인도 있었고, 국립등산학교 초기에 협업을 하기로 했던 공공기관 사회책임연구소(코스리 또는 엔젤프렌즈)의 비산악인 강사들도 있었다.

대부분 수도권 거주자들이었기에 서울에서 교육 일정을 잡았다. 백두대간에 대한 내용 연수에서는 백두대간인문학연구소 김우선 소장이, 초등에서의 수업 적용 노하우 연수는 차성욱(서울 노원초등학교 교사)이 맡았다.

학생들 대상의 백두대간 교육 콘텐츠 개발이 처음 이루어진만큼 강의자나 강사 지원자들의 열의는 뜨거웠다. 그러나 학습 참여자(초·중등학생)들의 특성을 이해하고 관련 교과 내용 및 인지적 수준을 파악하여 이를 프로그램 운영에 적용하고 수업 관리의 노하우와 강의 능력을 배양하는 것이 단시간의 연수로 얻어지는 것이 아니기 때문에 실제 수업에서 어려움을 겪는 강사들이 대부분이었다.

학생들이 학습과정에서 이해하기 쉽도록 내용에 대한 예시들로 배경지식을 보완해 주는 것이 중요하기 때문에, 강사가 질문을 통해 참여자들의 경험을 물어보는 상호작용으로 학생들의 경험에 맞게 예시를 들어 집중과 흥미를 유발하도록 하였다. 또 프로그램 내에서 개인 실습과 모둠별 실습을 각각 부여하여 학습동기를 유지하고 높여 나가도록 했다.

하지만 교육에 열외 되는 참여자가 없는지 점검하고, 모둠활동에서 무임승차하는 학생들에 대한 개입, 모둠별 실습활동을 시작하기 전(혹은 수업 도입부)에 모둠별 활동

서울 노원초등학교 6학년 첫 시범 수업

시의 규칙, 과제 수행 후의 보상체계, 모둠원들의 역할 등을 점검하는 스킬이나 역량은 부족한 편이었다.

질문과 토론은 구성주의에 근거한 수업에서 중요한 역할을 하는데, 프로그램 중간마다 교사가 학생들의 참여도와 관심을 끌 수 있는, 인지수준을 가늠할 수 있는 질문들을 던지는 것도 부족하였다. 프로그램의 내용은 숙지할 수 있으나 각각 배경이 다양하여 개인 역량에 따라 교육 서비스의 편차가 컸다.

3. 첫 시범수업

2018년 7월 9일, 프로그램 개발자 중 한 명인 서울 노원초등학교 차성욱 선생의 담임학급인 6학년생을 대상으로 두 시간 첫 시범수업을 했다. 이때만 해도 워크북이 완성이 되지 않고 낱장의 학습지를 활용했다.

한반도 등줄기 산맥이자 조선시대 이래 한국인의 자연인식체계였던 백두대간을 현행 교과서에서 가르치고 있는 태백산맥 개념과 어떻게 다른지 알아보고, 초등학생들이 꼭 알아야 할 백두대간의 지리와 역사, 문화에 관하여 학습하였다.

첫 번째 시간에는 ppt 자료를 통하여 태백산맥과 백두대간을 비교한 이후 백두산부터 지리산까지 이어지는 1대간 1정간 13정맥의 의미와 특징을 살폈다. 특히 지형과

시범 수업 시 제작한 활동지

활동 모습

생활의 관련성이라는 초등학교 사회과 교육과 연결하여 노원초등학교가 위치한 수락산이 백두대간 한북정맥과 이어져서 백두산까지 하나의 생명체로 이어져 있다는 생태축의 관점까지 학습하였다.

백두대간 생태계에 관하여는 산림청에서 제작한 전자생태지도를 출력하여 백두대간 자석칠판 지도상에 멸종위기종 동식물 카드를 직접 부착하여 봄으로써 환경의 중요성과 백두대간 생태보호에 관심을 갖도록 하였다.

두 번째 시간에는 백두대간 만들기로 새로 개발한 자석지도칠판에 백두대간 주요산 카드 130장을 학생들이 직접 부착해 봄으로써 산줄기와 강줄기의 구성 원리를 깨닫도록 하였다.

교육 결과 학생들은 태백산맥과 백두대간의 차이점을 이해하였고, 우리 민족의 뿌리인 백두대간과 현재의 생태에 관하여 관심을 갖게 되어 소기의 교육 목적을 달성하였다. 그러나 첫 대형지도로 제작한 자석칠판지도는 크기가 일반 승용차에 들어가지 않고 무거워 모둠 활동의 필요 수량인 5~6개를 강사들이 휴대하거나 이동하기에 불편하였다. 찾아가는 등산학교의 교구로는 부적합하다는 결론이 났다. 3단 접이식 현수막 지도에 폼보드를 부착하여 지명카드를 핀으로 고정하는 방식 또는 현수막 소재에 인쇄해 가볍게 두루마리로 휴대하는 아이디어를 생각해냈다. 또 새로운 교구 개발에 따른 사용 매뉴얼을 세부적으로 작성하여 어떤 강사가 사용해도 수업시간 손실 없도록 준비하기로 했다.

4. 교육기부박람회 참가

가. 교육기부박람회 개요

경기도 일산 킨텍스 제 2전시장에서 2018년 11월 22~25일에 열린 제7회 대한민국 교육기부 박람회와 2019년 10월 23~26일에 열린 제8회 대한민국 교육기부 박람회에 참가하여 연인원 4천여 명에 달하는 학생과 교사 학부모에게 백두대간탐험대 프로그램 및 실내 인공암벽 체험활동을 제공하였다. 교육부가 주최하고 한국과학창의재단이 주관한 이 박람회는 기업, 대학, 공공기관 등 130여 개 기관이 참가하는 행사로 국립등산학교의 실내인공암벽등반 체험이 청소년들로부터 가장 큰 인기를 누렸다.

나. 교육기부박람회 부스 설치 및 진행 내용

높이 15m에 달하는 이동형 인공암벽을 중심으로 하여, 방문자 접수대와 안전벨트 탈부착 장소, 소지품 보관 콘테이너와 테이블 배치 외에 백두대간탐험대 교육용 부스를 별도로 설치, 교재·교구 및 대형 백두대간 지도를 전시장 벽에 부착하여 홍보 효과를 겸하도록 배려하였다. 뒤늦은 참가 신청 때문에 준비 기간이 짧았음에도 불구하고 당시 교육운영실장(박경이)의 철저한 사전 계획 하에 행사기간 중 협찬사로부터 인공암벽을 무료로 제공받았으며, 행사용 테이블과 의자, 텐트까지 학교에서 가져감으로써 특색 있는 부스 운영과 경비 절감의 효과를 거두었다.

2년 연속 참가한 교육기부박람회에서 중심 내용은 인공암벽체험이었으며, 백두대간탐험대는 암벽체험을 전후로 한 자투리 시간에 희망하는 청소년들이 부수적으로 체험한 활동이라는 한계가 있었다. 백두대간 강사는 매일 2명씩 교대로 총 8명이 4일간 오전 10시부터 오후 5시까지 수업을 맡았다. 참가자들에게 장시간 내용을 설명하기보다는 백두대간 퍼즐 맞추기와 교재를 통한 백두대간 소개 정도에 그쳤으며, 시간적인 여유가 있는 일부 참가자에 한해서 지명카드로 백두대간 만들기를 실시하였다.

2

〈우리 산 바로 알기 백두대간탐험대〉 성과 및 평가

백두대간탐험대 교육 실적은 2018년 617명(교육기부박람회 1,656명)으로 총 교육인원 6,547명의 10%, 2019년에는 1,568명으로 국립등산학교 연간 교육인원 8,391명의 19%에 달하여 연간 목표 인원을 달성하는 데 기여했다.

2019년에는 2019년 숲교육어울림 및 자연휴양림 휴문화한마당, 2019 산림문화페스티벌, 2019 설악문화제, 2019 대한민국 교육기부박람회 등 대형 행사에 참여하여 국립등산학교를 내세울 수 있는 대표 프로그램으로 자리 잡았다.

또한 프로그램과 수업의 객관적인 평가를 받기 위하여 전문가 집단인 상명대학교 문화예술기부기관 컨설팅을 받았다. 참여한 학교는 서울 노원초등학교, 서울 신미림초등학교, 서울 대영초등학교, 서울 대신중학교, 인천 불로초등학교, 백두대간보전회, 강릉 중앙초등학교, 서울 문현중학교, 구리 갈매초등학교 등이 참가하였다.

2018년 두서너 달 만에 대한민국에 없었던 콘텐츠를 창조하였고, 청소년 눈높이에 맞는 교구와 교재를 제작하였으며, 강사를 양성하고 학교를 섭외하여 수업을 안정화시키고, 대형 행사인 교육기부박람회까지 그야말로 거침없이 내달렸다. 국립등산학교의 교육팀과 외부 전문가의 열정과 팀워크가 시너지를 내어 환상적인 결과를 만들어 냈다고 자평한다. 이를 통해 우리 산줄기인 백두대간을 소재로 하는 국내 최초의 청소년 국토교육 인문학 콘텐츠로서 가능성을 확인하였다. 또한 다양한 교구를 이용한 협동학습으로 이해하고, 백두대간의 생태와 친환경적인 등산을 체득할 수 있다.

2018년의 경험이 쌓이고 시스템이 갖추어지자 2019년에는 더 활발한 성과를 냈다. 2019년 6월 한국과학창의재단에 교육기부 우수기관 인증제 신청서를 제출하여 11월 교육기부박람회 기간에 교육기부기관 지정을 받게 되었다. 그 이후로 백두대간 교육 활성화를 위한 세미나를 개최하는 등 프로그램의 완성도를 높이기 위하여 노력중이다.

1. 상명대학교 교육기부컨설팅단 모니터링 결과

가. 모니터링 개요

2018년 11월 12일 진행한 국립등산학교 '우리 산 바로 알기 백두대간탐험대' 프로그램에 상명대학교 문화예술 교육기부 컨설팅단 소속 연구원 1명이 직접 참관하여 진행 상황을 모니터링하였다. 강의는 서울 대영초등학교에서 6학년 5개 학급을 대상으로 진행하였다. 강의안과 진행상황을 비교하여 분석한 결과는 다음과 같다.

○ 프로그램 내용

<table>
<tr><th>프로그램</th><th colspan="3">우리 산 바로 알기 - 백두대간탐험대</th></tr>
<tr><td>학습목표</td><td colspan="3">태백산맥과 백두대간의 차이점을 알아보고, 한반도 자연생태계의 보고인 백두대간의 소중함과 자연보호를 위한 구체적인 실천 방법을 살펴본다.</td></tr>
<tr><td>학습자료</td><td colspan="3">백두대간 ppt파일, 워크북, 백두대간 퍼즐, 백두대간 자석칠판</td></tr>
<tr><th>구분</th><th>소요시간</th><th>교육활동</th><th>내용</th></tr>
<tr><td>도입</td><td>10분</td><td>국립등산학교,
강사 소개 및
프로그램 소개</td><td>- 강사 소개 및 프로그램 소개
- 산맥도와 산경도를 제시하고 지도상에서 나타나는 태백산맥과 백두대간의 차이점에 대하여 이야기해 본다.
- 워크북을 보고 학생들이 발표하도록 유도한다.</td></tr>
</table>

전개	60분	워크북과 백두대간 퍼즐을 이용한 국토 지리에 대한 이해	1. 워크북 20쪽 : 백지도 - 워크북에서 백두대간 백지도 위에 백두대간 산줄기를 초록색으로 색칠해 본다. - 남쪽 구간 : 지리산~향로봉 - 북쪽 구간 : 향로봉~백두산 - 워크북에서 백두대간 백지도 위에 한북정맥과 한남정맥 산줄기를 연두색으로, 한강을 파란색으로 색칠해 본다. 2. 워크북 : 투명 산경도(별지) - 인구분포도와 도시분포도 위에 투명 산경도를 겹쳐보고 백두대간 산줄기와 어떤 관련이 있는지 살펴본다. 3. 워크북 : 투명 산맥도(별지) - 지하자원 분포도 위에 투명 산맥도를 겹쳐보고 지질구조선에 기초한 산맥도가 지하자원 분포와 어떤 관련이 있는지 살펴본다. 4. 워크북 : 투명 산경도, 투명 산맥도 - 3국시대의 국경선 지도 위에 산경도와 산맥도를 겹쳐보고 어떤 것이 역사시대의 국경과 일치하는지 알아본다. 5. 워크북 11쪽 : 백두대간 생태계 - 백두대간에 살고 있는 희귀동식물과 멸종위기 동식물을 알아본다. 6. 워크북 16쪽 : 백두대간 보호를 위한 노력 - 야외활동에서 흔적을 남기지 않는 일곱 가지 규칙을 그림으로 제시하고 각자 발표해 본다. 7. 백두대간 퍼즐 - 2인 1조로 백두대간 퍼즐을 맞춰본다. 8. 백두대간 자석칠판 - 6명 4조로 나누어 4개의 백두대간 자석칠판 위에 산이름 카드를 붙여본다. (수업 시작 전에 미리 한 학생 당 대간 3개, 정맥 3개의 카드를 나눠준다. 백두산, 금강산, 설악산, 지리산 4개 산부터 교사가 차례대로 불러주면 4개의 자석칠판에 동시에 붙이고 나머지 산이름 카드는 학생들이 자유롭게 붙이도록 한다.)
마무리	10분	실습의 피드백 및 정리	- 워크북 29쪽 : 백두대간 고개 지도를 보고 조선시대의 경상도 선비가 한양에 과거 시험 보기 위해서 어떤 고개를 넘어갔는지 알아본다. 문경새재-영남대로(조선시대의 고속도로) - 워크북 30쪽 : 백두대간에 서면 통일이 보인다. - 백두대간이 역사시대 이래로 우리 민족의 삶과 밀접한 관련이 있으며, 현재는 남북으로 나뉘어 있지만 미래의 통일 한국은 백두산부터 지리산까지 하나로 이어져서 자유롭게 오갈 수 있으리라는 희망을 찾아본다.

○ **프로그램 만족도 조사**

- 프로그램 만족도 조사에 사용된 설문지는 도승이 외(2017)가 기존의 PCSI 모형에 기반한 교육기부 만족도 설문 문항을 수정·보완하여 개발한 것을 사용하였다. 두 하위요인(고객만족 19문항, 성과 11문항)으로 구성되어 있으며 5점 Likert 척도(1점: 전혀 아니다, 5점: 매우 그렇다)로 측정되었다.
- 2018년 11월 12일 서울 대영초등학교에서 '우리 산 바로 알기 백두대간탐험대' 프로그램에 참여한 6학년 5개 학급에 설문지를 배포하였다. 그중 야외수업에 나간 1개 학급을 제외한 4개 학급의 84명이 설문에 응답하였고, 무응답이 다수 포함되는 등의 불성실한 설문지 29부를 제외한 총 55부를 분석하였다. 참여자 중 남자는 27명(00%), 여자는 28명(00%)이었고, 교육기부 경험의 유무는 없음 2명(4%), 1회 1명(2%), 2회 3명(5%), 3회 2명(4%), 4회 이상 47명(85%)이었다. 프로그램 만족도 설문 결과 '매우 만족한다'는 33%, '대체로 만족한다'는 32%, '보통이다'는 30%로 나타났으며, 하위요인(고객만족, 성과)간의 특별한 차이는 보이지 않았다.

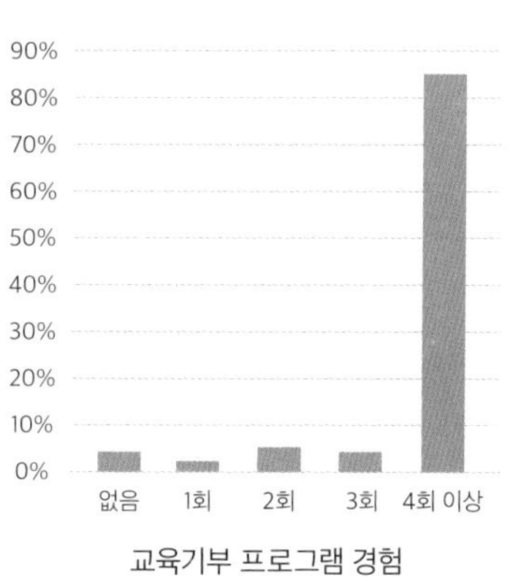

교육기부 프로그램 경험

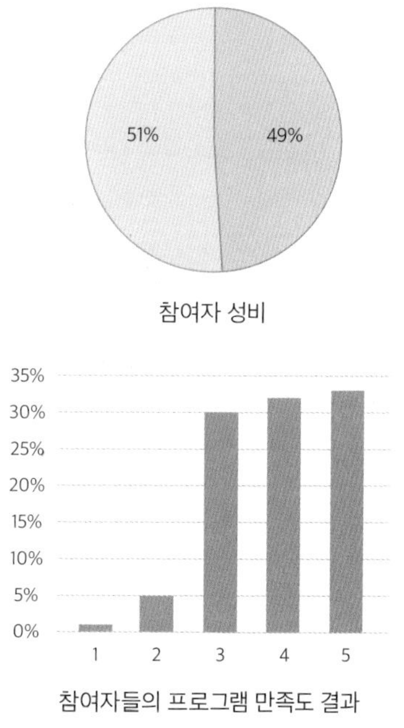

참여자 성비

참여자들의 프로그램 만족도 결과

○ 프로그램 총평 및 제언

- 프로그램의 서론 부분에서 강사와 프로그램에 대한 소개와 목적을 안내하면서 학생들과 라포를 형성하고 수업에 몰입하도록 흥미를 유도하여 친근하게 수업에 들어갈 수 있도록 환경을 조성하였다. 프로그램 교육에 앞서 산에 대한 개념적 지식을 얇게나마 다룸으로써 프로그램에 대한 개념적 틀을 제공하여 참여자들의 내재적 동기를 유발하였다. 또한 학생들이 학습과정에서 쉽게 이해할 수 있도록 내용에 대한 예시들로 배경지식을 보완해 주어야 하는 것이 중요한데(Cassady, 1999), 강사가 질문을 통해 참여자들의 경험을 물어보는 상호작용으로 학생들의 경험에 맞게 예시를 들어 집중과 흥미를 유발하였다.
- 프로그램 내에서 개인 실습과 모둠별 실습을 각각 부여하여 학습동기를 유지하고 높여 나갔다. 모둠별 실습을 통한 협동학습은 사회적 상호작용을 통해 인지발달을 촉진시키고 개인보다 더 강력한 이해를 형성한다(R. Andersonet al., 2001). 구성원끼리 협력과 팀워크 능력을 발전시킬 기회를 제공하고(Johnson & Johnson, 1996) 동기를 증진시킬 수 있다. 그러나 교육대상에 따라 사회적 태만 효과(social loafing effects), 무임승차, 불균등한 참여기회, 구성원간의 갈등과 같은 불만이 일어날 수도 있으므로 성별, 참여수준, 학습수준 등을 고려하여 모둠별로 적절한 인원 수가 배치되어야 하고 교육에 열외되는 참여자가 없는지 점검해야 할 필요가 있다.

  모둠별 실습활동을 시작하기 전(혹은 수업 도입부)에 모둠별 활동 시의 규칙, 과제수행 후의 보상체계, 조원들의 역할 등을 미리 나누어 수업을 구성한다면 수업 참여와 진행이 보다 원활할 것으로 생각된다.
- 교사와 학생, 학생과 학생간의 질문과 답변을 통한 상호작용인 토론은 사고를 자극하고 학습자들의 태도와 신념을 바꾸고 대인기술을 이해시킴으로써 이해의 재구성을 돕기 위해 고안된 전략이다(Keefer, Zeitz, & Resnick, 2000). 질문과 토론은 구성주의에 근거한 수업에서 중요한 역할을 하는데, 프로그램 중간마다 교사가 학생들의 참여도와 관심을 끌 수 있는, 인지수준을 가늠할 수 있

는 질문들을 미리 준비해 두는 것이 필요해 보인다.(예: 수업 진행 시 불필요한 질문을 너무 많이 던지거나 반복된 질문을 던져 학생들의 답변이 점점 불성실해짐 → 내용을 학습한 후 직접 관련된 질문을 통해 복습 및 수업 참여 유도하기 등)

- 주강사와 보조강사의 역할을 분배하여 주강사는 전체 강의내용 전달, 보조강사는 실습활동 시 보조역할을 수행하였으나 보조강사의 역할 수행이 다소 미흡하였다. 실습활동 시 질문에 대한 답변을 할 때 두 강사의 오디오가 겹쳐 학생들이 혼란스러워하는 모습을 보이거나 서로의 기준이 달라 한 학급 내에서 서로 다른 규칙이 존재하는 경우도 발생하였다. 따라서 보다 명확한 기준을 세워 주강사와 보조강사의 역할을 분배하고 맡은 역할의 수행에 대한 강사들 간의 상의가 필요할 것으로 보인다.
- '우리 산 바로 알기 백두대간탐험대' 프로그램을 교육받은 강사들은 프로그램의 내용을 숙지했지만, 각각 배경이 다양하여 개인 역량에 따라 교육 서비스의 편차가 있는 것으로 보여졌다. 학습 참여자(초·중등학생)들의 특성을 이해하고 인지수준을 파악하여 이를 프로그램 운영에 적용하고 수업 관리의 노하우와 강의 능력을 배양하기 위한 추가적인 강사 교육이 필요할 것으로 생각된다.

서울 대영초등학교 수업 모습

- 학교 현장에서의 문제점으로는 너무 많은 외부 강사 및 교육 프로그램이 교실로 찾아오며, 그로 인해서 학생들의 참여나 홍미 유발이 어렵다는 점이다. 학생들은 담임 교사와 외부 강사를 심정적으로 명확하게 구분하고 있어 태도 면

에서 대충 놀고 시간을 때우며 스트레스 해소 차원으로 강사들을 대하는 모습이 뚜렷하게 드러났다. 이러한 생각과 태도를 처음부터 바꿔놓는 강사의 적극적이고 열정적인 노력이 없는 한 수업은 끝날 때까지 지지부진할 수밖에 없으며, 시종일관 "조용히 하라"든가 "집중하라"는 수업 외적인 실랑이가 되는 경향이 지배적이었다. 최악의 사례로, 아예 대놓고 수업을 방해하며 잡담이나 수업과 관련없는 질문을 끊임없이 늘어놓는 학생에게 참관하고 있던 담임 교사가 주의를 주어도 막무가내인 경우를 들 수 있다. 교실 분위기를 장악하지 못한 경우, 수업이 끝날 때까지 소란스러운 가운데 겨우 모둠활동으로 백두대간 만들기 하나 정도를 마치는 수준에서 마무리하는 경우도 있었다. 이러한 상황은 단기 양성을 통해 투입된 백두대간 강사가 감당하기에는 무리였으며, 경험 많은 담임교사라 할지라도 개인차가 큰 상황인 것으로 보였다.

2. 일산 킨텍스 교육기부박람회 참가에 따른 평가 및 제언

2018년과 2019년 연속하여 참가한 대한민국 교육기부박람회는 개교한 지 얼마 안 되는 국립등산학교를 홍보하고 위상을 높이는 데 있어서 소기의 성과를 거두는 중요한 무대였다. 그러나 보다 적극적인 대 언론 홍보 및 교육 활동을 하지 못한 점이 아쉬움으로 남는다. 준비 기간만 충분했더라면 사전에 서울 경기 일원의 초·중등학교를 대상으로 참가 신청도 받을 수 있었으며, 보다 많은 인원이 참가하여 조직적으로 암벽등반 체험 및 백두대간탐험대 교육을 받을 수도 있었다고 여겨진다.

가. 활동 평가

국립등산학교의 교육기부박람회 참가는 '교육기부'라는 측면에서 국립교육기관의 역할을 새롭게 조명해 볼 수 있는 좋은 기회였다. 특히 문체부나 산림청이 아니고 교육부로부터 '교육기부우수기관'으로 지정된 것은 한국등산교육 역사상 최초라는 점에서 특기할 만한 실적으로 꼽힌다. 이는 향후 사설 등산학교와 차별화되는 국립등산학교 고유의 운영 철학 및 방향 설정에 있어서도 새로운 시사점을 주는 중요한 계기라고 본다.

행사 기간 중 박람회 전체 부스 가운데 실내 암벽등반체험은 가장 인기를 끈 활동이었으며, 안전에 중점을 둔 강사들의 지도와 운영은 대단히 헌신적이었다. 체험활동을 위한 대기 시간을 이용하여 희망자 중심으로 이루어진 백두대간탐험대의 프로그램 운영 또한 짧은 교육 시간에 비해서 백두대간에 대하여 확실한 인상을 남겨줄 수 있었다는 점에서 일정 부분 좋은 평가를 받을 수 있는 시도였다.

나. 제언

추후 교육기부박람회에 국립등산학교가 참가한다면 사전 계획과 예산 확보 및 홍보에 좀 더 공을 들여야 할 것으로 보인다. 암벽등반 체험활동 역시 좀 더 많은 보조 강사를 투입하여 참가자들의 안전 장구 착탈에 섬세한 배려와 관리를 보여줄 필요가 있다. 더 욕심을 내자면 카메라와 대형 스크린을 설치하여 참가자들의 등반 현장이 실시간으로 중계된다든가, 정상급 스포츠클라이머를 초청하여 시범 경기를 하고 사인회 개최 같은 이벤트도 의미 있을 것이다.

체험 루트 설정에 있어서는 백두대간 지명을 부여함으로써 바로 옆에서 진행되는 백두대간탐험대 교육에 자연스럽게 참가할 수 있도록 유도하면 좋겠다. 그러나 암벽등반 체험활동과 구분되는 독자적인 교육프로그램으로서 차별화될 수 있으려면 지도와 교재·교구만 갖고 하는 활동에 더하여 텐트와 각종 등산 장비로 구성된 캠프를 설치하여 현장감을 불러일으킬 수 있는 기획 등이 필요하다. 여기에 더하여 VR 체험 등 백두대간탐험대 관련 교재·교구를 갖춘 대형 버스가 이동식 교실로서 마련된다면 교육기부박람회뿐만 아니라 연중 전국 초중고교를 찾아가는 인기 교육프로그램이 될 것으로 보인다. 이는 상대적으로 적은 예산을 들여서 속초라는 지역적 한계를 극복할 수 있는 이동식 국립등산학교 기능을 수행할 수 있다는 점에서도 빠른 시일 내에 시행될 것이 요구된다. 여기에 체험활동 이후 참가자들에게 기념품으로 박스에 담긴 보급형 백두대간 퍼즐을 대량 제작하여 증정할 수 있다면 국립등산학교 홍보에도 큰 도움이 될 것으로 보인다.

3

나아가야 할 방향

2020년에는 코로나팬데믹으로 인하여 백두대간탐험대를 운영하지 못했다. 포스트코로나 상황에 대처할 수 있는 온라인 비대면 교육 프로그램과 이에 따른 새로운 교재·교구의 개발이 절실한 상황이다.

백두대간 워크북은 온라인 수업에 활용할 수 있도록 내용을 좀 더 쉽게 풀어서 전자책 형태로 개발할 필요가 있다. 또한 교사를 위한 백두대간 지도서 제작이 시급하다. 백두대간 워크북을 기준으로 하여 진행되는 2시간(80분) 수업은 동영상으로 제작하되 이론 수업 40분을 10분짜리 콘텐츠 네 개로 쪼개고, 모둠활동은 백두대간 퍼즐과 지도만들기 두 가지를 각각 10분짜리 두 개로 제작, 필요에 따라 사용할 것을 제안한다.

백두대간 퍼즐은 게임 형태로 개발할 필요가 있다(Jigsaw Puzzle 게임 참조). 이 게임은 스마트폰이나 컴퓨터에서 누구나 즐기는 가운데 백두대간 관련 지식과 정보에 접근하는 매개 역할 수행을 목적으로 한다. 지도 맞추기 게임뿐만 아니라 온라인상에서 백두대간 관련 낱말 맞추기 게임(Crossword puzzle)으로도 개발할 수 있다.

백두대간 만들기 대형 지도는 지명 카드를 반 정도로 줄이고, 지도상의 지명 가운데 카드와 짝이 되는 지명의 색깔을 달리해서 학생들이 찾기 쉽게 할 필요가 있다. 지명 카드 보관 방식은 현재의 대간정맥 별 15개 지퍼백 대신 사용과 관리의 편의상 칸막이형 종이상자 보관함 하나로 통일하는 것이 바람직하다.

이번 박람회장에는 교육기부 테마관 및 건강과 안전, 경제활동, 과학기술, 나눔과 인성, 문화와 예술, 미래진로, 수학, 예체능, 항공우주, 환경과 에너지 등 11개 교육 분야, 총 123개의 체험 부스가 설치되어 참가자들이 자신의 진로와 적성에 맞는 다양한 체험을 할 수 있도록 했다. 이를 위해 대한민국 대학생 교육기부단은 컨설팅 존을 운영, 수많은 체험 부스 가운데 참가자들의 적성에 맞는 프로그램을 추천하고 참가자들은 이를 기반으로 보다 효율적으로 박람회장을 즐길 수 있도록 했다. 2020년부터 확대 시행되는 자유학기제에 대해 자세하게 알아볼 수 있도록 한 '자유학기제 마을'에는 교원 및 학부모에게 유용한 자유학기제 관련 자료들이 가득했다. 사이언스올에서 운영한 '사이웅스와 함께하는 과학문화 놀이터'에서는 AR 체험·게임을 통해 쉽고 즐거운 과학을 만나볼 수 있도록 해 과학에 대한 흥미를 돋우었다.

○ **한국지질자원연구원**은 아이들에게 친숙한 마시멜로와 스파게티 면을 활용한 맨틀 낚시 체험을 기획했다. 또, 공룡 발굴체험을 통해 지질학자가 하는 일을 접해 보고 고생물에 대한 이해를 넓히면서 지구과학에 한발 다가서는 계기를 만들 수 있었다. 이 밖에도 한국지질자원연구원은 '과학자가 전하는 지구 이야기' 공개 강연을 통해 지하수 라돈 최소화 및 공급 기술 등을 소개하는 시간도 마련했다.

○ **한국개발연구원**(KDI)에서는 비교우위, 기회비용, 기업가 정신과 같은 경제용어를 다트 던지기를 통해 알아보고, 우리나라 경제사를 한눈에 정리할 수 있는 사진 퀴즈를 준비했다. 이날 부스를 운영한 KDI 관계자는 "사진 카드 안에 퀴즈의 답이 모두 들어가 있다."라며 "카드를 한 번 보는 것만으로도 우리나라 경제의 역사를 알아볼 수 있다."라고 설명했다.

○ **한국승강기안전공단**에서는 실제처럼 만들어 놓은 체험실에서 자주 일어날 수 있는 안전사고 예방을 위한 교육을 진행했다. 일산소방서 소방대원들과 함께하는 심폐소생술 체험, 선박·비행기 등 교통안전 체험을 비롯해 법무부의 진로체험 프로그램인 '찾아가는 로파크'에서 직업흥미검사 및 모의재판도 경험해 볼 수 있었다.

○ **항공우주 분야**에서는 아시아나항공과 한국항공우주산업이 부스를 운영했다. 아시아나항공은 실제 승무원 유니폼을 입고 서비스 실습과 응급처치 등의 기내 안전 교육을 체험하는 '승무원 체험교실 및 안전교실'을 운영해 인기를 끌었다. 이와 함께 현직 직원과 항공업 진로·진학을 상담하는 '교육기부 봉사단 멘토링' 프로그램도 운영했다.

○ **한국항공우주산업**은 직접 종이, 나무로 항공기를 만들어보고 하늘을 날아보는 시뮬레이터 체험존을 마련해 항공과학에 대한 흥미를 높였다. 이 밖에도 보석감정, 토탈공예, 향기 교육, 아나운서 체험, 예술치료 체험 등 다양한 진로체험 부스들이 참가자들의 발길을 붙잡았다.

○ **미래교육관**에서 만난 가재울중학교 박웅빈 교사는 "대개 사람들이 인공지능을 차갑고 무서운 존재로 생각하는 경향이 있는데, 실제로 인공지능을 배워 자율주행 자동차를 만들어 보는 경험을 통해 인공지능에 대한 선입견과 편견을 깰 수 있다고 생각한다."라고 전했다. 박 교사의 인솔로 박람회에 참가한 같은 학교 김승환 학생(3학년)은 "인공지능과 코딩을 배울 수 있는 메이커 동아리 활동을 꾸준히 이어 나가 나중에 이런 박람회에 부스로 참가하고 싶다."라고 포부를 전했다.

총 123개에 달하는 부스에서 진행된 체험들은 종류의 다양성뿐 아니라 증강현실(AR), 가상현실(VR)기술을 활용한 시뮬레이터의 활용이 돋보였다. 서울 송파구에서 온 학부모 김태연 씨는 "하루 정도 체험학습신청서를 내고 와서 둘러봐도 모자랄 것 같다."라며 "다음번에도 아이와 함께 꼭 다시 올 것"을 다짐했다.

백두대간 교육 방법에 대하여

들어가며

며칠 후 당신이 강의할 과목 중 백두대간 이론 수업이 있다고 생각해 보라. 어떻게 준비할 것인가? 지금까지 비슷한 주제의 강의를 떠올려보면 그 수업의 공기 질이 가늠되지 않는가? 고민이 가득한 연구자가 미간을 찌푸리며 무거운 목소리로 백두대간을 부르짖는 장면을 말이다. 물론 수강자의 관심도에 따라 강의를 받아들이는 태도는 얼마든지 달라질 수 있다. 하지만 수강자가 백두대간에 대해 전혀 모르거나 들어는 봤어도 별다른 관심이 없는 경우, 우리는 그것을 어떻게 공유해야 할 것인지 고민해 봐야 한다.

따라서 이 장에서는 백두대간을 처음 소개하는 법과 수강대상 및 전달 매체에 대해 고려할 사항들을 필자의 경험을 토대로 이야기하려 한다. 다만 교수학습활동과 관련된 내용은 다른 장에서 다루었기 때문에 이곳에서는 언급하지 않겠다.

1

백두대간보다 뒷산이 좋다

백두대간 관련 수업을 정식으로 준비한 것은 2012년이었다. 6학년 담임을 맡아 사회과목을 가르치는데, 백두대간에 대한 설명이 없는 것이 못내 아쉬웠다. 며칠 동안 자료를 모아 야심 차게 PPT와 영상까지 준비했다. 그러면서 반 아이들을 향해 '너희들은 대단한 이야기를 제대로 듣는 행운아들'이라고 생각했다. 그러나 결과는 대실패였다. 수업을 시작한 지 채 5분도 되지 않았는데 아이들 눈이 흐리멍덩해져 있었기 때문이다.

나 : 백두대간은 백두산에서 지리산으로 이어지며, 1대간 1정간, 13정맥으로….

학생 1 : 쌤, 동맥은 없어요?

나 : (애써 웃으며) 장난치지 말자! 잘 들어보세요. 그러니까….

학생 2 : 근데 갑자기 왜 백두산이에요?

나 : 백두산이 아니라 백두대간이야. 그리고 이건 사회과목에서 우리나라 지형과 관련이 있고, 또 태백산맥은….

학생 3 : 교과서에도 없는데, 꼭 해야 돼요?

이미 이 수업이 왜 필요한지 분명히 공지했다. 그리고 도입 부분에서 다시 설명했다. 하지만 백두대간이 뭔지, 왜 배우는지 그들은 전혀 관심이 없었다. '교과서에 나와 있는 것들만 해도 지겨운데, 또 뭘 한다는 거야?'라며, 따분하기 그지없다는 태도로 앉아 있었다. 내게 대놓고 욕을 못 할 뿐이었다. 얼른 정신을 차리고, 깨달아야만 했다. 백두대간을 알고 싶어 하는 아이들은 아무도 없다는 것을. 결국 50페이지 가까이 마련한 PPT 자료는 단 몇 장도 넘기지 못하고 덮어야만 했다. 내 욕심에 마냥 아이들을 한쪽 길로 몰아갈 수만은 없는 일이었다.

그 후 몇 달이 지난 어느 날, 우리는 국어 시간에 여행 경험을 나누게 되었다. 그리고 나는 자연스럽게 산에서 겪은 에피소드 몇 가지를 이야기했다. 산에 오르는 게 너무 힘들어서 침을 질질 흘리며 걸었던 이야기, 배낭이 무거워서 칫솔을 반 토막 낸 일과 가져간 고추장을 땅에 파묻었던 이야기, 부피를 줄이려고 초코파이를 꾹꾹 뭉쳐 초코똥을 만든 이야기 등을 했더니 아이들 눈이 반짝반짝 빛났다.

나는 내친김에 한밤중 짐승들 소리가 무서워 울었던 이야기나 폭우가 두려워 텐트 안에서 볼일을 처리하던 이야기, 설악산 저항령에서 만난 멧돼지 이야기를 덧붙였다. 이어질 내용이 궁금해 의자를 몇 번이나 끌어당기며 경청하는 아이들을 보고 있으니 내가 더 신이 났다.

학생 5 : 쌤! 거기가 어디예요?

나 : 뭐, 딱 하나의 산이 아니라 산길을 걸은 거야. 백두대간이라고.

학생 6 : 쌤이 한 번 얘기한 것 같은데?

학생 7 : 백두대간? 그런 거 했었나?

역시 이번에도 아이들은 백두대간에는 전혀 관심이 없고, 귀신, 고추장, 멧돼지에만 반응했다. 그리고 며칠 뒤 뉴스 기사 몇 개를 언급하며 슬그머니 백두대간 이야기를 다시 꺼내 보았다. '혹시 그거 기억나니?'라고 물었더니, 누군가 아~초코똥! 하며 반색했다. 그래서 조심스레 백두대간 이야기로 이어 나갔다. 그러고 나서야 아이들은 백두대간이 뭔지 조금씩 알아가는 눈치였다.

이 경험을 통해 백두대간을 처음 소개했던 내 모습을 제대로 돌아보게 되었다. 수업을 준비하면서 혼자만 가슴이 벅찬 나머지 아이들에게 다가가는 길을 생각하지 못하고, 망상에 빠져 있었다는 것을 말이다.

'하늘이 있고, 땅이 있듯이 백두대간은 엄연히 존재한다. 내가 이 두 발로 직접 걸

어보았다. 그래서 내가 너희들에게…'

이건 수업이 아니라 교화였다. 아무것도 모르는 아이들에게 내가 가진 것을 다 보여주겠다는, 그리고 그걸 의심 없이 받아들여야 한다는 생각이 지배적이었다. 이는 교육하는 사람이 가장 경계해야 할 오만함의 전형이었다. 이 글을 접하는 많은 사람은 백두대간 종주에 대한 경험이 없을지도 모른다. 하지만 종주 경험이 없다는 것은 오히려 백두대간을 더 잘 전달할 수 있는 조건이 될 수도 있다. 잘 모르기 때문에 수강자에게 다가가기 쉬운 부분이 눈에 더 잘 띌 수 있을지 모를 일이다.

그냥 산에서 겪은 작은 일부터 이야기하라. 뒷산을 산책한 경험이면 충분하다. 그곳을 오가며 본 애기똥풀과 상수리나무와 장수풍뎅이를 이야기하자. 이렇게 시작해도 그것은 백두대간으로 이어지는 훌륭한 마중물이 된다. 백두대간을 잘 전달하고 싶거든 내용에서 힘을 빼고, 평범한 카드를 내보여야 한다. 거대한 산줄기부터 떠올리지 말고, 작은 발걸음에 주목해 보라. 정작 우리가 눈여겨봐야 할 것은 백두대간이 아니라, 그곳으로 가는 작은 길을 함께 만들어 가는 일이다.

2

여기 왜 왔어요?

전달 내용이 명확해졌다면 이제 강의 대상을 고려해야 한다. 다른 교육 내용을 전달할 때도 마찬가지겠지만 백두대간처럼 생소하고, 다소 무게감이 있는 내용은 수강자들에 대한 고민이 필요하다.

2020년 국립등산학교에서 M고등학교 학생 30여 명을 대상으로 백두대간 이론교육 강의를 한 적이 있다. 나는 주로 초등학생 대상의 수업을 해왔기 때문에 고등학생 대상의 수업을 위해서는 뭔가 다른 준비가 필요했다. 수업이 시작되자, 예상대로 학생들은 고개를 푹 숙이고, 핸드폰만 쳐다보고 있었다. 내게 집중하는 것은 인솔하신 선생님들뿐이었다. 상상해 보라. 매일 보는 선생님과도 소통이 어려운 청소년들에게 그들이 전혀 관심 없는 주제로 강의해야 하는 괴로움을…. 더욱이 학생들 입장에서는 주말에 끌려온 것도 억울한데, 중·고등학교 선생님도 아니고 초등학교 선생님이 나와서 '우리를 초딩 취급하는 것은 아닌가' 하는 생각이 들었을 수도 있다. 그들의 심정을 이해한다. 하지만 어쩌겠는가? 나는 강사로 초청됐고, 수업을 이끌어야 한다. 그것도 2시간이나 말이다. 그래서 내가 준비한 첫 PPT 화면의 문구는 이거였다.

"여기 왜 왔어요?"

'뭐지? 이 요상한 멘트는?'라고 말하는 듯 두어 명이 나를 쳐다봤다. 그래! 마주쳤다! 잠깐 치켜뜬 눈을 좀 더 끌어당기고 싶었다. 그래서 말을 이어 나갔다. 여기에 자발적으로 온 사람은 드물 것 같다. 백두대간에 관심 없는 너희 마음을 이해한다. 우리가 어쩌다 이렇게 만났는지 모르겠지만, 여기까지 온 너희들에게 꼭 해주고 싶은 말이 있다. '백두대간'이라는 네 글자만 기억해 달라. 그리고 잠시라도 경청해 주면 고맙겠다는 말도 덧붙였다.

내가 뭘 그리 잘못했는지 모르겠지만 과하게 저자세를 취한 건 사실이다. 내 말에 좀 미안한 마음이 들었는지 몇 명이 더 고개를 들었다. 그들이 고개를 떨구기 전, 대학 시절 백두대간 이야기로 날을 세웠던 교수님과의 일화를 말하기 시작했다.

교수님 : (내 책상 위에 놓인 '태백산맥은 없다'라는 책을 집으시며)
학문에서 '있다, 없다'라는 말은 쓰는 게 아닙니다.
나 : 왜죠?

백두대간에 대한 나의 이야기는 어쩌면 이때부터였을지 모른다. 백두대간을 직접 걸어보긴 했지만 그저 땅만 보고 걸은 것이 사실이었다. 그래서 좀 더 제대로 알고 싶은 마음이 몽글몽글 솟아오를 무렵, 지리 수업에 가져간 책이 화근이 된 것이다.

'도대체 왜 태백산맥이 없다는 거냐'는 교수님 말씀에 나는 논리적으로 따질 만한 근거와 지식을 전혀 갖고 있지 않았다. 조롱하는 듯한 교수님의 어투에 화가 나기도 했지만, 내 발로 걸어 본 그 길을 내 문장으로 설명하지 못하는 데서 오는 자괴감이 더 컸다. 온몸으로 걷고, 만지고, 드러눕고, 미끄러지고, 떨어지고, 채이고, 까무러친 그 길이 백두대간이 아니고 무어냐고 따져 묻고 싶었지만, 결국 나는 별다른 대꾸를 하지 못하고 씩씩거리며 교실을 뛰쳐나오고 말았다.

이런 나의 일화는 대여섯 명을 더 집중하게 했다. 그들이면 충분했다. 백두대간 이론 수업은 이렇게 이야기에서 이야기로 이어지다 정작 중요한 부분은 간략히 설명하고 끝이 났다. 귀중한 수업을 재밌는 이야기로만 마치는 일은 많은 아쉬움을 남겼다. 하지만 적어도 몇 명쯤은 '백두대간'이라는 네 글자를 기억하고 있을 거라 위로해 본다.

초등학생부터 일반인까지 백두대간에 대한 명확한 설명이 필요한 것이 사실이다. 하지만 수강자에 따라 경중을 두어야 할 부분은 모두 다르다. 물론 초등학생이라고 해서 무조건 가볍고, 쉬운 내용으로만 구성해야 하는 것은 아니다. 반대로 일반인이라고 해서 무겁고, 어려운 이야기로만 수업을 준비해서도 안 된다. 수강자에 따라 다채로운 수업 방향을 제시할 수 있도록 준비하는 자세가 필요하다. 백두대간을 제대로 설명하는 것만큼 중요한 것은 수강자가 백두대간을 알고 싶게 만드는 일이다.

3

가볍고, 경쾌하게, 경계에서 흔들리며

백두대간처럼 묵직한 주제를 다룰 때는 전달 방식의 무거움과 가벼움을 적절히 조화시키는 것이 좋다. 특히 프리젠테이션 구성 시 한 화면에 너무 많은 내용을 담는 것은 지양하길 바란다. 되도록 한 페이지에 한두 가지 정도의 문장이나 그림으로 제시하는 것이 듣는 이를 더 집중하게 만든다.

그러나 이것만으로는 좋은 제시 방법의 요건을 충족할 수 없다. 대부분의 수업 상황에서는 학습자가 단순히 앉아 있는 형태보다 토의·토론 및 의견 제시 등의 참여가 동반될 때 더 적극적인 학습이 일어나기 때문이다. 하지만 처음부터 활발한 참여를 요구하는 방식은 오히려 학습자들에게 거부감을 일으킬 수도 있다. 따라서 수업 과정에서 '어떤 매체와 방법을 적용하는가' 하는 문제는 매우 중요한 일이다.

2020년 겨울, 국립등산학교에서 열린 강사교육 워크샵에 초대된 적이 있었다. 등산학교 강사들은 우리나라를 대표하는 산악인들이다. 험난하고 높은 산을 가야만 산악인이라는 칭호를 얻는 것은 아니지만, 그들 대부분은 산에서 날고 기는 사람들이었다. 나보다 백두대간을 더 잘 아는 사람들이 수두룩했다. 그들보다 경험이 미천한 사람이 강사로 서는 것 자체가 부담스러운 일이었다. 내게 주어진 시간은 40분 정도였다. 짧아서 오히려 다행이었다. 그런데 그들에게 교육할 주제는 바로 백두대간 교육 방법에 대한 교육이었다. 교육에 대한 교육. 그것만큼 지루하고 따분한 주제가 있을까….

산은 다니면 다닐수록 무섭다. 그들은 그 무서움을 누구보다 잘 아는 사람들이어서 더욱 말이 없었다. 정확히는 말이 없는 게 아니라, '말로는 어떤 것도 제대로 설명할 수 없다는 것을 깨달았다'라는 표현이 더 적절할 것 같다. 그것은 아마도 산을 언어보다 호흡으로, 천천히 깊게 받아들여 왔기 때문일 것이다. 그러나 때론 너무 많이 안다는 것은 너무 멀리 가버린 것과도 같다. 산을 이야기하기에 너무 깊이 들어와 버려서 산의 무엇을, 어디서부터, 어떻게 이야기할지 몰라 그저 입을 다물 수밖에 없는 상황이 된 듯하다. 산에 대한 깊은 경험이 오히려 내가 경험한 산을 전달하는 데 장애가 될 수도 있는 것이다.

그래서 나는 가볍고, 경쾌한 방법을 선택했다. 도입 부분과 마무리는 짧게 하면서 중반의 내용은 원격수업을 통해 접하게 된 '카훗(KAHOOT)'이라는 수업 도구를 활용했다. 카훗은 사이트에 가입해 문제를 출제하면, 학습자들이 스마트폰이나 태블릿 등의 전자기기를 이용해 각자 문제를 풀 수 있도록 구성되어 있다. 문제를 출제하기도 쉽고 풀기도 쉬운데, 무엇보다 바로바로 그 결과가 확인되어 흥미를 끌기에 안성맞춤이었다.

산악인들은 스마트폰을 꺼내 퀴즈를 풀기 시작했다. 그들의 거친 손에 비해 스마트폰은 귀엽게만 느껴졌다. 문제를 내고 풀어 나가면서 웃는 사이, 분위기는 한층 부드러워졌다. 그들을 일부러 웃기고 싶은 건 아니었다. 다만 무거운 쪽에 치우친 그들 마음속 산의 무게추를 좀 더 가벼운 쪽으로 옮겨 올 필요가 있다고 느꼈을 뿐이다.

그날 내가 전달하고 싶은 것 중 하나는 '교육할 때 쉽고 편한 교육매체를 적극 활용하기'였다. 무시무시한 산을 끊임없이 도전해 왔듯이, 등산 교육을 위해 모인 산악인들이 다양한 매체 활용에 도전해 줄 것을 당부했다. 더불어 강사들이 수강자들보다 스마트기기에 미숙하더라도, 우리 각자가 가진 경험과 자부심을 교육 위에 잘 버무려 나가자는 것이었다.

지금의 교육은 과거와 현재, 그리고 미래 교육의 경계를 넘나들고 있다. 우리는 그 경계에서 항상 흔들려야 한다. 경계선 위에서 이것과 저것을 함께 바라봐야 한다. 과거의 교육 방법을 부정하기보다 그것의 장점을 지금의 교육 안으로 받아들이고, 이용하고, 적극적으로 활용하며 미래를 내다봐야 한다.

백두대간, 암벽등반, 트레킹, LNT 등등 산에 대해 전달할 것들은 매우 많다. 그 속은 꽉 차서 터질 것 같고, 그 숨겨진 의미들을 공유할 생각만으로도 속이 불타오르기도 한다. 하지만 그럴수록 그것을 전달하는 방식은 발레리나의 스텝처럼 가볍고, 경쾌하길 바란다. 심각하고, 어렵고, 뜨거울수록 단순함과 경쾌한 웃음 속에 담아야 한다. 의미 있는 경쾌함이 더 교육적이다.

4

함께 걷는 한 걸음

2010년 6학년 담임을 할 때였다. 유난히 친구들과의 관계를 힘들어하는 한 아이가 있었다. 그 아이는 잘 웃고, 이야기도 잘하는데 결정적으로 분위기 파악을 잘하지 못했다. 웃지 말아야 할 때 크게 웃고, 웃어야 할 때 한 박자 느리거나 혼자 뾰로통해 있었다. 개인적으로 상담을 해도 나아질 기미가 보이지 않았다.

그 아이와 다른 환경에서 이야기해 보고 싶었다. 그래서 부모님께 허락받아 지리산 종주를 하기로 했다. 그해 7월 말 지리산은 온통 비로 가득했다. 나는 이틀 동안이나 열세 살 아이가 깊은 산길에서 벌벌 떠는 모습을 지켜봐야 했지만, 딱히 도와줄 수 있는 방법은 없었다. 산이란 결국 함께 걸어가더라도, 각자 짊어져야 할 몫은 분명하기 때문이다. 종주 이후에 그 아이의 성격이나 행동이 달라진 것은 없었다. 그걸 기대하지도 않았다.

십 년이 지난 어느 날, 그 아이와 통화를 했다. 우리는 지리산 이야기를 했다. 그리고 우리 사이에 여전히 함께 한 풍경들이 살아 있다는 것을 느꼈다. 잠깐이었지만 토끼봉과 연하천 산장이 떠오르기도 했다.

직접 걸어 본 길, 땀과 눈물을 흘린 길, 춥고 배고프고 괴로운 상황에서 잠깐 스치는 바람과 시원한 물의 기억은 설명만으로 힘들다. 산에서 체득한 느린 고난의 시간은 산에서 내려 온 나의 시간 위에 자꾸만 겹쳐지기 마련이다. 함께 걷고 나눈 이야기와 노래는 잊히지 않는 무엇이 된다. 그것은 산 아래에서 더 빛난다. 그것은 갈 수 있으나 가기 힘든 동경의 길로 재탄생하기 때문이다.

기회가 된다면 백두대간을 직접 걸어보자. 종주를 계획해도 좋겠지만 시간이 나는 대로 구간을 나눠 걸어도 좋다. 그것도 버겁다면 여행 중에 한 번쯤 만나게 될 백두대간 고갯길에 잠시 멈춰보는 것은 어떤가?

지난겨울, 나는 강원도 정선군에 있는 만항재에 가 보았다. 그곳은 백두대간 중 함백산(1,573m) 줄기와 이어진 고개로, 우리나라에서 포장도로로는 가장 높은 곳(1,330m)에 위치해 있다. 이 말은 차를 타고 함백산 정상 근처까지 단숨에 도달할 수 있다는 얘기다. 만항재 근처에는 넓은 쉼터가 조성되어 있어서 가족들이 썰매를 타거나 눈싸움을 하고 있었다. 백두대간이 일반인들에게 좀 더 가깝게 다가온 느낌이 들어 흐뭇했다.

자기 산의 경험은 중요하다. 이 책을 살펴보면 결국 백두대간은 내 주변 산과도 이어져 있다는 것을 알게 될 것이다. 내 발이 닿은 산과 백두대간이 연결되었을 때 그 교육은 훨씬 쉽고 친근해진다.

이 장에서는 필자의 미천한 강의 경험을 중심으로 백두대간을 처음 소개하는 법, 수강대상을 고려한 강의 및 전달 매체에 대한 소견을 적어보았다. 사실 이것은 어떤 방법으로 일반화된 형태가 아니라 단순 경험 위에 억지로 의미를 부여한 것에 불과하다.

백두대간 교육에 대한 길은 이제 시작되었으며, 어디로 어느 만큼 갈 수 있을지 아무도 가늠하기 어렵다. 다만 그 시작은 올바른 형태를 견지하면서도 쉽고, 가볍고, 경쾌하게 걸어가길 바라는 마음이 크다. 그럴 때 우리는 수많은 경계와 고비를 더 현명하고 즐겁게 넘어갈 수 있다. 알려지지 않은 것을 알리는 일은 참 가슴 뛰는 일이다. 산길은 여럿이 손잡고 걸을 수 없어도 이 길은 얼마든지 어깨동무를 걸 수 있다. '혼자 걷는 열 걸음보다 함께 걷는 한 걸음이 더 위대하다.'라는 말처럼 백두대간 교육은 연대의 힘이 절실하게 필요하다. 이 새로운 교육의 길로 함께 걸어 나가보자.

맺는글

우리가 몰랐던 백두대간

백두대간이 새롭게 알려지기 시작한 지 한 세대 30년이 훌쩍 흘러갔다. 그동안 백두대간에 관하여 새롭게 알려진 사실도 있고, 한남정맥처럼 운하로 절단나서 바다와 강, 운하로 둘러싸인 섬 아닌 섬, '김포섬'이 생기기도 했다.

일약 국민적인 관심사로 등극하여 백두대간과 남한 9정맥 종주라는 뜨거운 인기몰이도 이젠 시들해지는 것 같다. 정부 부처의 백두대간 주무 부서는 이제 이름조차 사라진 존재가 되었다. 비법정탐방로로 출입이 금지된 국립공원의 백두대간 구간 78km는 오늘 이 시간에도 '도둑산행'하는 범법자를 양산하는 중이다. 기분 내키는 대로 백두대간과 태백산맥을 섞어서 쓰는 방송이나 신문은 국민들을 한 해에도 여러 번 헷갈리게 만들고 있다.

백두대간에 관해서는 아무래도 교육이 중심을 잡아야겠고, 특히 선생님들이 바로 알고 있어야겠기에 이러한 책이 필요하리라는 판단을 내렸다. 야외활동을 지도하는 해설사분들, 문화유산 해설사분들에게도 백두대간에 관해서 친절한 설명이 될 수 있는 변변한 책 한 권 없다는 사실이 이 책을 내게 되는 결정적인 계기가 되었다.

무엇보다도 2018년 최초의 시범교육 당시 노원초등학교 학생들의 빛나는 눈동자를 잊을 수 없다. 담임인 차성욱 선생님의 백두대간 단독 종주 일기를 미리 읽고 온 그들의 수업 집중력은 대학생 못지않았으며, 백두대간 만들기 체험 프로그램까지 80분간 이어진 수업은 참관자들에게도 커다란 감동으로 다가왔다.

백두대간 교육프로그램 및 교재·교구 개발과 관련하여 전력투구한 국립등산학교 박경이 실장의 헌신 또한 잊을 수 없다. 백두대간탐험대 워크북을 위한 지도 제작에 심혈을 기울였던 이문회 팀장은 지금 이 시간에도 여전히 새로운 백두대간 주제도 제작이라는 끝없는 과제 해결에 골몰해 있는 중이다.

등서초교 김광선 교장, 신미림초교 신인수 교장, 세검정초교 김성섭 교장 선생님 외에 백두대간 시범교육을 기꺼이 허락해 주신 모든 선생님, 열정 하나로 수업에 임했던 국립등산학교의 백두대간 강사진, 도트북 대표 이은영·이정욱 사장님께도 감사드린다. 모든 분들의 귀한 노력과 기여 덕분에 오늘 이 책의 탄생을 볼 수 있었다고 믿는다.

오랜 기간, 산으로 인연을 맺은 아름다운 이들의 도움과 참여로 한 권의 책을 엮어냄에 이제 마음의 짐을 덜고, 더없이 행복한 마음으로 백두대간 앞에 이 책을 바친다.

癸卯年 冬至 北村學舍에서
저자를 대표하여

법산 김우선 합장

참고문헌

"백두대간과 더불어 산경표의 산줄기는
산맥과 다른 차원에서 국토를 이해하는 데 도움을 줄 수 있고,
또한 지리교육의 내용을 풍부하게 해 줄 수 있다.
오늘날에는 백두대간의 개념이 자연보존운동에 크게 기여하고 있다.
백두대간과 산맥의 문제는 양자택일로 해결될 성질의 것이 아니다."
- 권혁재

이 책을 읽는 독자들을 위하여

백두대간과 『산경표』에 관하여 보다 상세한 내용을 알고자 하는 학구적인 독자를 위하여 이 책의 내용과 관련이 있는 원전과 고지도, 논저의 출처를 밝혔다. 이 참고 문헌은 대표 저자 김우선의 저서 《산경표 톺아읽기-지명의 역사지리적 함의와 백두대간》(민속원, 2021)에서 대부분 제시한 것이다. 시중에서 구할 수 없는 자료들은 국립중앙도서관, 국회도서관, 한국학중앙연구원도서관, 장서각, 서울대학교 장서각 등에서 열람할 수 있거나 경우에 따라서는 무료로 pdf 파일로 다운받을 수 있다.

권혁재의 「한국의 산맥」(2000)은 지리학계에서는 처음으로 고토 분지로의 지질구조선에 입각한 한반도 산맥 구분의 불완전한 부분을 정확하게 짚어내면서 새로운 산맥 체계를 제시한 논문으로 의미가 크다. 누구든 꼭 읽어보기를 권한다. 이 논문에 의거하여 2010년대 후반부터 교과서의 산맥 지도에서 기존의 14개 산맥에서 함경산맥, 낭림산맥, 태백산맥, 소백산맥 등 네 개로 대폭 수정되었다는 사실도 확인하기 바란다. 국토지리정보원의 2022년 청소년판 『국가지도집』 85쪽에는 백두대간 지도가 수록되어 있다.
(국토정보플랫폼 무료 다운로드 : https://map.ngii.go.kr/ms/pblictn/nationMapBook3.do)

김영표·임은선의 『한반도 산맥체계 재정립 연구: 산줄기 분석을 중심으로』(2004)는 박수진·손일, 「한국산맥론 1~3」(2005~2008)과 비교하며 읽음으로써 당시 촉발되었던 산맥 논쟁을 대충 이해할 수 있으리라 본다.

곽장근의 「호남 동부지역의 가야세력(加耶勢力)과 그 성장 과정」(2004)과 노혁진의 「백두대간의 관점에서 본 강원도 선사시대 취락의 형성과정」(2013)은 백두대간 개념을 적용한 고고학계의 논문으로서 해당 학문 내지 지역 최초로 백두대간이라는 지리적 사실을 도입하여 연구한 사례에 해당한다.

1992년부터 2012년까지 지속적으로 백두대간 관련 연구를 발표해 온 양보경의 논문 일곱 편 또한 필독 자료로 권한다. 조석필의 《태백산맥은 없다》(1997)는 일반인의 관점에서 우리나라 산맥의 문제점을 분석한 연구로서 누구나 이해하기 쉽게 쓰여진 책이다. 1999년에 북한 사회과학원에서 발표한 『조선의 산줄기』는 식민지 잔재 청산 차원에서 새롭게 정한 '백두대산줄기체계'를 담고 있으나 이는 『산경표』에서 정한 백두대간과는 다른 개념이라는 사실에 유의할 필요가 있다.

북한의 백두대간에 관해서는 뉴질랜드 사진가인 로저 셰퍼드(Roger Shepherd)의 『북한의 백두대간 산과 마을과 사람들(A collection of photos and essays)』(2018)이 있다. 이 책은 북한 백두대간 전체 구간 종주가 아니라 백두대간 마루금 상의 50여 개 산을 오르고 관련 사진과 함께 간략한 기사를 첨부한 것이다. 현진상의 《한글산경표》(2000), 박성태의 《신 산경표》(2004)와 같은 책들도 참고할 만하다. 《한글산경표》는 저자 자신의 관련 연구 논문을 함께 수록했으며, 필사본 산경표에서 빠진 부분이나 오탈자를 수정하였고, 일반 독자들도 보기 쉽게 대간, 정간, 정맥의 순서를 편집하여 펴낸 뛰어난 책이다. 《신 산경표》는 남북한의 산줄기와 물줄기를 현대 1대 5만 지형도에 의거하여 새롭게 분수계 체계를 정립한 연구로 높이 살 만하다. 그러나 전통적인 『산경표』 체계와 다른 새로운 '백두대간'이 실려 있어 일반 국민들에게 혼동을 줄 우려가 크다는 점을 참고할 필요가 있다.

논저(論著)

- 강병수·손용택, 《성호사설의 세계》, 푸른길, 2015.
- 강석화, 「조선후기 백두산에 대한 인식의 변화」, 『조선시대사학보』 56, 조선시대사학회, 2011.
- 강환승, 『택리지 복거총론에 대한 지리학적 연구』, 전남대학교 박사학위논문, 2011.
- 개리 레드야드, 《한국 고지도의 역사》, 소나무, 2011.
- 겨레말큰사전남북공동사업회(http://www.gyeoremal.or.kr/)
- 고또 분지로(小藤文次郎), "An Orographic Sketch of Korea(朝鮮山岳論)", The journal of the College of Science, Imperial University of Tokyo, Japan(東京帝國大學紀要. 理科)(19), 1903.
- 고또 분지로, 손일 역, 『朝鮮기행록』, 푸른길, 2010.
- 고전간행회 편, 『新增東國輿地勝覽』, 동국문화사, 1957.
- 공우석, 「한반도에 자생하는 소나무과 나무의 생물지리」, 『대한지리학회지』 41-1, 대한지리학회, 2006.
- 공우석, 「한반도의 생태축 백두대간」, 『2019 통일한국시대를 위한 백두대간심포지엄 자료집』, (사)백두대간진흥회, 2019.
- 공우석, 《북한의 자연 생태계》, 집문당, 2006.
- 공우석, 《한반도 식생사》(대우학술총서 556), 아카넷, 2003.
- 공우석 외 12인, 《백두대간의 자연과 인간》, 도서출판 산악문화, 2002.
- 곽장근, 「호남 동부지역의 가야세력(加耶勢力)과 그 성장과정」, 호남고고학보 20, 2004.
- 교육인적자원부, 『백두대간의 이해와 보전: 초·중·고등학교용 교과서보완 지도자료』, 2003.
- 국립중앙박물관, 『지도예찬: 조선지도 500년, 공간, 시간, 인간의 이야기』, 2018.
- 국사편찬위원회 편, 『輿地圖書 (상, 하)』, 1973(재판 1979).
- 국외소재문화재재단 편, 『일본 세이카도문고 소장 한국전적』, 국외한국문화재 14, 2018.
- 국토지리정보원, 『한국지명유래집 - 중부편』, 2008.
- 국토지리정보원, 『한국지명유래집 - 충청편』, 2009.
- 국토지리정보원, 『한국지명유래집 - 전라·제주편』, 2010.
- 국토지리정보원, 『한국지명유래집 - 경상편』, 2011.
- 권태달, 『전통지리적 관점에 의한 한반도 산맥체계에 관한 연구』, 목원대학교 박사학위논문, 2013.

- 권정화, 「이중환의 국토편력과 지리사상」, 『국토연구』 208, 1999.
- 권혁재, 「한국의산맥」, 『대한지리학회지』 35-3, 대한지리학회, 2000.
- 권혁재, 《한국지리》(총론편), 법문사, 2003.
- 권혁재, 《한국지리》(지방편), 법문사, 2005.
- 김강산, 『虎食葬』, 향토사연구논문집(1), 태백문화원 부설 태백향토사연구소, 1988.
- 김기혁, 「우리나라 도서관·박물관 소장 고지도의 유형 및 관리 실태 연구」, 『대한지리학회지』 41-6, 대한지리학회, 2006.
- 김기혁·임종옥, 「지리학에서 지명 연구 동향」, 『지명의 지리학』, 푸른길, 2008.
- 김무림, 「언어학적 측면에서의 지명연구」, 『강원도 지명사전편찬을 위한 학술세미나자료집』, 강원학연구센터, 2019.
- 김성언, 「추강집 해제」(http://db.itkc.or.kr/dir/pop/heje?dataId=ITKC_BT_0081A)
- 김성일·강미희, 「백두대간보호지역의 IUCN 관리 카테고리 적용 연구」, 『한국임학회지』 100-3, 한국임학회, 2011.
- 김성일·장진성·Peter Shadie·박선주·이동호, 「백두대간보호지역은 세계유산 등재를 위한 충분한 가치를 갖고 있는가?」, 『한국임학회지』 104-3, 한국임학회, 2015.
- 김순배, 「백두대간 고개 지명의 분포와 변천-설악산과 오대산 일대를 중심으로」, 『지명학』 23, 한국지명학회, 2015.
- 김순배, 「전통적 지명 연구의 비판적 독해-'疆界考 序文'을 사례로」, 『문화역사지리』 29-1, 한국문화역사지리학회, 2017.
- 김순배, 「지명의 이데올로기적 기호화:유교·불교·풍수지명을 중심으로」, 『한국문화역사지리학회 2009년 학술대회 자료집』, 2009.
- 김연옥, 「한국의 기후지명에 관한 연구」, 이화여자대학교 창립 100주년 기념 『論叢』 제49집-사회과학편, 이화여대 한국문화연구원, 1986.
- 김연호, 『한국전통지리사상』, 한국학술정보(주), 2010.
- 김영표·임은선, 『한반도 산맥체계 재정립 연구:산줄기 분석을 중심으로』, 국토연구원, 2004.
- 김영표·임은선, 「한반도 산맥체계의 변천과 문제점 분석」, 『국토연구』 45, 국토연구원, 2005.
- 김우선, 「산수유기를 이용한 조선시대 유산문화 디지털 콘텐츠 구축-서울을 중심으로」, 한국학대학원 석사학위논문, 2012.

- 김우선, 「불편한 진실 백두대간, 그 좌절과 희망」, 『2019통일한국시대를 위한 백두대간심포지엄 발표자료집』, 2019.
- 김우선, 「18세기 실학적 지리학자들의 학문적 親緣性 : 백두대간을 중심으로」, 『한국고지도연구』 14-1 , 2022.
- 김우선·이문희·차성욱, 『찾아가는 등산학교, 백두대간탐험대』, 국립등산학교, 2018.
- 김우철(역주), 『전주대학교 고전국역총서 1: 여지도서 30』, 「함경도Ⅳ」, 디자인흐름, 2009.
- 김윤우, 「개마대산과 단단대령에 관한 고찰-옥저의 위치문제를 중심으로」, 『민족문화』 18, 전국문화단체총연합회, 1995.
- 김재영, 「19세기말 20세기초 백두산에 대한 인식변화」, 『역사민속학』 53, 한국역사민속학회, 2017.
- 김전배, 「朝鮮朝의 邑誌硏究」, 성균관대학교 석사학위논문, 1972.
- 김종혁, 「산경표의 문화지리학적 해석」, 『문화역사지리』 14-3, 한국문화역사지리학회, 2002.
- 김형택 외, 「백두대간탐사(국토대장정 고산자의 발길 따라 산맥을 간다」, 『스포츠레저(한국일보)』, 1986.
- 김화섭, 《백두대간은 없다》, 두남, 2010.
- 노상복, 「장서각자료해제-여지편람」, 『한국학』(구 정신문화연구) 14-4, 한국학중앙연구원, 1991.
- 노혁진, 「백두대간의 관점에서 본 강원도 선사시대 취락의 형성과정」, 『고고학』 12-2, 중부고고학회, 2013.
- 노희방, 「여지도서에 게재된 읍지도에 관한 연구」, 『지리학과 지리교육』 10-1, 서울대학교 지리교육과, 1980.
- 녹색연합·산림청, 『백두대간환경대탐사』, 1998.
- 도도로키 히로시(轟博志), 「산경표와 도리표: 조선후기 국토지리관과 정체성에 관한 일고찰」, 『문화역사지리 2012년 심포지엄자료집』, 2012.
- 로저 셰퍼드(Roger Shepherd), Baekdudaegan Trail:Hiking Korea's Mountain Spine, 서울셀렉션, 2010.
- 로저 셰퍼드(Roger Shepherd), 『북한의 백두대간 산과 마을과 사람들(A collection of photos and essays)』, HIKEKOREA, 2018.
- 무라야마 지준(村山智順), 『朝鮮の風水(1)』, 朝鮮總督府, 1931.

- 문상명, 「고지도에 나타나는 명칭과 표현」, 『한국고지도연구』 4-2, 한국고지도연구학회, 2012.
- 문선정, 「조선시대 읍치의 진산과 주산 - 대전 충남 지역을 중심으로」, 『문화역사지리』 22-2, 한국문화역사지리학회, 2010.
- 문선정, 「풍수 진산 주산의 정상화와 타자화 - 조선시대 군현읍치를 사례로」, 『문화역사지리』 28-2, 한국문화역사지리학회, 2016.
- 문화재청 국가문화유산포털(http://www.heritage.go.kr/)
- 문화재청, 『한국의 옛지도』, 2008.
- 민족문화추진회(편), 『국역 신증동국여지승람』, 민족문화추진회, 1969.
- 박민, 「우리나라 山脈의 分類體系 및 名稱의 變遷」, 고려대학교 석사학위논문, 1996.
- 박성태, 『신산경표』(초판), 조선일보사, 2004.
- 박성태, 『신산경표』(개정증보판), 조선매거진, 2010.
- 박수진·손일, 「한국산맥론 1: DEM을 이용한 산맥의 확인과 현행 산맥도의 문제점 및 대안의 모색」, 『대한지리학회지』 40-1, 대한지리학회, 2005.
- 박수진·손일, 「한국산맥론 2: 한반도 '산줄기지도'의 제안」, 『대한지리학회지』 40-3, 대한지리학회, 2005.
- 박수진·손일, 「한국산맥론 3: 새로운 산맥도의 제안」, 『대한지리학회지』 43-3, 대한지리학회, 2008.
- 박인호, 「東國輿地志를 통해 본 柳馨遠의 歷史意識」, 한국학중앙연구원 한국학대학원 석사학위논문, 1983.
- 박인호, 『조선 후기 역사지리학 연구』, 이회문화사, 1996.
- 박인호, 『朝鮮後期 歷史地理學 硏究:文獻備考 輿地考를 中心으로』, 한국학중앙연구원 한국학대학원 박사학위논문, 1995.
- 박진재, 『세계문화유산 제도의 전개 양상과 운영의 추이에 관한 연구』, 성균관대학교 박사학위논문, 2012.
- 朴菖熙, 「靜嘉堂文庫所藏 '輿地便覽' について」, 『朝鮮學報』 25, 대한조선학회, 1962.
- 박철웅, 「산맥개념의 교육적 함의와 중등지리교사들의 산맥체계 인식」, 『한국지리환경교육학회지』 16-1, 한국지리환경교육학회, 2008.
- 배우성, 「영조조 군현지도집의 편찬과 활용」, 『한국학보』 81, 중화민국한국연구학회, 1995.
- 배우성, 「18세기 전국지리지 편찬과 지리지 인식의 변화」, 『한국학보』 22-4, 중화민국한국연구학회, 1996.

- 배우성, 『18世紀 官撰地圖 製作과 地理 認識』, 서울대학교 박사학위논문, 1996.
- 배우성, 『조선 후기 국토관과 천하관의 변화』, 일지사, 1998.
- 배우성, 「택리지에 대한 역사학적 독법 - 필사본 비교연구를 중심으로」, 『한국문화』 33, 규장각 한국학연구소, 2004.
- 배우성, 「해동지도해제」, (http://e-kyujanggak.snu.ac.kr/home/GZD/GZD_CHONGSUL.jsp?jido=hd)
- 변주승 외 역주, 『국역 여지도서 1-50』, 디자인흐름, 2009.
- 사회과학원역사연구소편, 『력사사전 Ⅱ』, 동경: 사회과학출판사, 1971.
- 서영대, 「한국 고대의 제천의례」, 『한국사 시민강좌』 45, 한글학회, 2009.
- 서예지 · 류성룡, 「세계문화유산 등재 선정 기준 추이 비교」, 『한국환경생태학회 학술대회논문집』 19-1, 2019.
- 서울대학교규장각 편, 『海東地圖』, 1995.
- 서울대학교규장각 편, 『戶口總數』, 1996.
- 성춘택, 「수렵채집민의 광역교류네트워크와 한국 후기 구석기시대 점유밀도의 변동」, 『한국고고학보』 112, 한국고고학회, 2019.
- 손영종, 《조선단대사(고구려사 3)》, 과학백과사전종합출판사, 2008.
- 손용택, 「성호사설에 나타난 지리관 일고찰 - 천지문을 중심으로」, 『한국지역지리학회지』 12-3, 한국지역지리학회, 2006.
- 손혜리, 「조선 후기 문인들의 백두산 유람과 기록에 대하여」, 『민족문학사연구』 37, 민족문학사연구소, 2008.
- 송용덕, 「고려 - 조선 전기의 백두산 인식」, 『역사와 현실』 64, 한국역사연구회, 2007.
- 신경림 외 9인, 《산천을 닮은 사람들》, 효형출판, 1998.
- 신경준, 김석태 · 이덕현 · 안동교 역, 『여암유고 1 · 2』, 한국고전번역원 한국문집번역총서/전남대학교 호남학연구원 · 조선대학교 고원연구원, 2019.
- 申景濬, 『旅菴全書』(영인본), 경인문화사, 1974.
- 신상필, 「허백당집 해제」(http://db.itkc.or.kr/dir/pop/heje?dataId=ITKC_BT_0072A)
- 신종원, 「한국 산악숭배의 역사적 전개」, 『숲과 문화』 12-4, 숲과문화연구회, 2003.
- 신종원, 《한국 대왕신앙의 역사와 현장》, 일지사, 2008.
- 신종원 · 이창식 · 강석근 · 김도현 · 조경철 · 김진광, (사)동안이승휴사상선양회 편, 《한국고대사

사료로서의 제왕운기》, 세창출판사, 2019.

- 신준환, 「백두대간 관리 범위 및 관리 방안」, 『한국생태학회지』 18(2), 한국생태학회, 2004.
- 신현실·천요화, 「세계유산 등재활성화를 위한 국내 보호지역의 현황과 과제」, 『한국환경생태학회 학술대회논문집』 26-1, 2016.
- 심승구, 「인류무형유산 씨름의 남북 공동등재 의미와 과제」, 『비교민속학』 69, 비교민속학회, 2019.
- 안대회, 「임하필기해제」(http://db.itkc.or.kr/dir/pop/heje?dataId=ITKC_BT_1432A)
- 안정, 「죽계지해제」(http://db.itkc.or.kr/dir/pop/heje?dataId=ITKC_BT_1440A)
- 야로슬라브 쿠즈민(Yaroslav V. Kuzmin), "Long-Distance Obsidian Transport in Prehistoric Northeast Asia", Bulletin of the Indo-Pacific Prehistory Association(32), 2012.
- 야쓰 쇼에이(矢津昌永), 『韓國地理』, 東京:丸善株式會社, 1904.
- 양보경, 『朝鮮時代 邑誌의 性格과 地理的 認識에 관한 硏究』, 서울대학교 박사학위논문, 1987.
- 양보경, 「신경준의 『산수고』와 『산경표』」, 『토지연구』 3, 한국토지개발공사, 1992.
- 양보경, 「18세기 조선의 자화상 『여지도서』」, 『토지연구』 5·6월호, 한국토지개발공사, 1993.
- 양보경, 「조선시대 자연인식체계」, 『한국사시민강좌』 14, 일조각, 1994.
- 양보경, 「옛지도에 나타난 북방 인식과 백두산」, 『역사비평』 33, 역사문제연구소, 1996.
- 양보경, 「조선시대 백두대간 개념의 형성」, 『진단학보』 83, 진단학회, 1997.
- 양보경, 「여암 신경준의 지리사상」, 『국토연구』 211-5, 국토연구원, 1999.
- 양보경, 「백두산과 백두대간 개념 형성과 식민지적 변천」, 『한국문화역사지리학회학술대회자료집』, 2012.
- 양보경, 「윤두서의 『東國輿地之圖』와 조선전기의 조선전도」, 『한국고지도연구』 8-2, 한국고지도연구학회, 2016.
- 양윤정, 「18세기 『여지도서』 편찬과 군현지도의 발달」, 『규장각』 43, 규장각한국학연구소, 2013.
- 여호규, 「3세기 후반~4세기 전반 고구려의 교통로와 지방 통치조직-남도와 북도를 중심으로」, 『한국사연구』 91, 한국사연구회, 1995.
- 여호규, 「고구려 초기 나부통치제제의 성립과 운영」, 『한국사론』 27, 서울대학교, 1992.
- 오상학, 『정상기의 동국지도에 관한 연구-제작 과정과 사본들의 계보를 중심으로』, 서울대학교 박사학위논문, 1994.
- 오상학, 《한국전통지리학사》, 도서출판 들녘, 2015.

- 옥영정, 「동국문헌비고에 대한 서지적 고찰」, 『진단학보』 104, 진단학회, 2007.
- 우경택, 「국제 기준에 근거한 남북한 자연보호지역의 실상 비교」, 『한국환경과학회지』 11-1, 한국환경과학회, 2002.
- 우명길, 「조선시대 산수유기에 나타난 백두대간 인식」, 강원대학교 석사학위논문, 2018.
- 우실하, 「한국문화사와 지성사에 있어서 '백두대간'의 의미」, 『한국사회학회사회학대회논문집』, 1998.
- 원경렬, 『대동여지도의 연구』, 건국대학교 박사학위논문, 1989.
- 원경렬, 「조선후기 지도제작 기술 및 형태에 관한 연구」, 『국사관논총』 76, 국사편찬위원회, 1997.
- 월간 〈사람과 산〉, 『1000 명산 1대간 9정맥 GPS 종주지도집』, 2009.
- 유경아, 「李承休의 生涯와 歷史認識: 帝王韻紀를 중심으로」, 이화여자대학교 석사학위논문, 1986.
- 윤지양, 《고종, 근대지식을 읽다》, 산지니, 2020.
- 이기길, 「장흥 신북 유적의 흑요석기에 대하여」, 『한국구석기학회2013년학술대회발표집』, 2013.
- 이기봉, 「정상기의 『동국지도』 제작 과정에 관한 연구」, 이기봉, 『규장각』 30, 규장각한국학연구소, 2007.
- 이기봉, 《조선의 지도 천재들: 조선 고지도 여행 1》, 새문사, 2011.
- 이몽일, 《한국풍수사상사: 시대별 풍수사상의 특성》, 명보문화사, 1991.
- 이병도, 《한국고대사연구》, 박영사, 1976.
- 이상태, 「동여비고에 관한 연구」, 『실학사상연구』, 제10·11집, 역사실학회, 1999.
- 이상태, 《한국 고지도 발달사》, 혜안, 1999.
- 이성호, 「동국군현연혁표해제」, 한국학전자도서관 (http://jsg.aks.ac.kr/data/dir/bookView.do?category=&page=1&callNum=K2-4179)
- 이영택, 『한국의 지명-한국 지명의 지리·역사적 고찰』, 태평양, 1986.
- 이우형, 「백두대간이란 무엇인가?」, 조선일보 월간 〈산〉, 1993.
- 이중환, 이익성 역, 《擇里志》, 을유문화사, 1992.
- 이중환 지음, 안대회·이승용 외 옮김, 《완역정본 택리지》, 휴머니스트, 2018.
- 이진한·오치훈·김규록, 「교감 역주 『破閑集』(2)」, 『한국사학보』 39, 고려사학회, 2010.

- 이찬, 「택리지에 대한 지리학적 고찰」, 『애산학보』 3, 애산학회, 1983.
- 이찬, 「한국 고지도의 발달」, 『문화역사지리』 7, 한국문화역사지리학회, 1995.
- 이찬, 《한국의 고지도》, 범우사, 1991.
- 이찬, 「여지편람해제」, 한국학전자도서관 (https://lib.aks.ac.kr/search/DetailView.ax?sid=16&cid=105548)
- 이태호, 「조선시대 지도의 회화성」, 『영남대학교박물관 소장 한국의 옛지도:자료편』, 영남대학교박물관, 1998.
- 이홍직 편, 《국사대사전》, 지문각, 1962.
- 임돈희·로저 L.자넬리·박환영, 「유네스코 세계 무형문화 유산제도와 그 의미」, 『비교민속학』 26, 비교민속학회, 2004.
- 임종옥, 『목판본 대동여지도와 청구도의 지명 비교연구』, 부산대학교 박사학위논문, 2011.
- 임종옥·김기혁, 「목판본 대동여지도의 지명연구」, 『문화역사지리』 22-3, 한국문화역사지리학회, 2010.
- 장성규, 「백두대간의 역사지리학적 연구」, 공주대학교 석사학위논문, 2007.
- 장수철 역, 《산해경》, 현암사, 2005.
- 장용준·김종찬, 「한반도 출토 선사시대 흑요석 원산지 연구」, 『한국고고학보』 111, 한국고고학회, 2019.
- 장윤득 외, 「월성동 구석기 유적 출토 흑요석 제석기의 암석 및 광물학적 연구를 통한 원산지 추정」, 『한국지구과학회지』 28-6, 한국지구과학회, 2007.
- 장재호, 「금역당집해제」(http://db.itkc.or.kr/dir/pop/heje?dataId=ITKC_BT_0259A)
- 전상운, 《한국과학기술사》, 정음사, 1988.
- 전신재, 「춘천 우두산전설의 신화적 성격」, 『반교어문연구』 13, 반교어문학회, 2001.
- 전용신, 『韓國 古地名 辭典』, 고려대학교 민족문화연구소편, 고려대학교 출판부, 1993.
- 정경희, 「백두산 서편의 제천유적과 B.C. 4000년~A.D. 600년경 요동 요서 한반도의 환호를 두른 구릉성 제천시설에 나타난 맥족의 선도제천문화권」, 『단군학연구』 40, 단군학회, 2019.
- 정경희, 「한국의 祭天 전통에서 바라본 正祖代 天祭 기능의 회복」, 『조선시대사학보』 34-34, 조선시대사학회, 2005.
- 정대영, 「영조 연간 전국지리지 여지도서의 서지적 연구」, 『서지학회』 68, 한국서지학회, 2016.
- 정선용, 「해동역사해제」(http://db.itkc.or.kr/dir/pop/heje?dataId=ITKC_BT_1433A)

- 정연탁, 「연행록해제」(http://db.itkc.or.kr/dir/pop/heje?dataId=ITKC_BT_1422A)
- 정재서, 「『산해경(山海經)』내 고대 한국의 역사, 지리 관련 자료 검토」, 『도교문화연구』 45, 한국도교문화학회, 2016.
- 정치영, 「마을명 분석을 통한 마을 입지 및 지역성 연구: 경기도와 함경도의 비교」, 『문화역사지리』 17-2, 한국문화역사지리학회, 2005.
- 정치영, 「유산기로 본 조선시대 사대부들의 여행」, 『경남문화연구소보』 27, 경상대학교 경남문화연구소, 2006.
- 정치영, 「조선시대 지리지에 수록된 진산의 특성」, 『문화역사지리』 23-1, 한국문화역사지리학회, 2011.
- 조법종, 「한국 고중세 백두산 신앙과 만주 명칭의 기원」, 『한국사연구』 147, 한국사연구회, 2009.
- 조법종, 「고구려의 우역제와 교통로」, 『한국고대사연구』 63, 한국고대사학회, 2011.
- 조빈복, 최무장 역, 『중국동북신석기문화』, 집문당, 1996.
- 조석필, 《태백산맥은 없다》, 도서출판 사람과산, 1997.
- 조선광문회 편, 『道里表』, 1912.
- 조선광문회 편, 『山經表』, 1913.
- 조선사회과학원, 『조선의 산줄기』, 1999.
- 조선총독부, 『朝鮮總督府 古圖書目錄』, 1921.
- 조승래, 『고개의 경관적 특성에 관한 연구』, 동아대학교 박사학위논문, 2007.
- 조운조, 『조선시대 天祭와 音樂의 전개양상 연구』, 성균관대학교 박사학위논문, 2007.
- 주성재, 「유엔의 지명 논의와 지리학적 지명 연구에의 시사점」, 『대한지리학회지』 46-4, 대한지리학회, 2011.
- 진재교, 「한국문학과 한문학:18세기의 백두산과 그 문학」, 『한국한문학연구』 26, 한국한문학회, 2000.
- 차미애, 「공재 윤두서의 국내외 지리 인식과 지도 작성」, 『역사민속학』 37, 한국역사민속학회, 2011.
- 최남선, 정재승·이주현 역주, 『불함문화론』, 우리역사연구재단, 2016.
- 최남선, 《조선상식문답》, 동명사, 1946.
- 최남선, 《조선의 산수》, 동명사, 1947.

- 최병헌, 『도선의 풍수지리설과 고려의 건국이념』(국제문화재단편 한국의 풍수문화), 박이정, 2002.
- 최영준, 「擇里志:韓國的 人文地理書」, 『진단학보』 69, 진단학회, 1990.
- 최영준, 《국토와 민족생활사-한국역사지리학논고》, 한길사, 1999.
- 최영희, 「여지도서 해제」, 『輿地圖書(상, 하)』 3-13, 국사편찬위원회(편), 1973.
- 최원석, 「풍수의 입장에서 본 한민족의 산 관념-천산 용산 그리고 인간화」, 『지리학논총』 19, 서울대학교 국토문제연구소, 1992.
- 최원석, 「경상도 邑治景觀의 鎭山에 관한 고찰」, 『문화역사지리』 15-3, 한국문화역사지리학회, 2003.
- 최원석, 「세계유산의 문화경관 유형에 관한 고찰-산(山) 유산을 중심으로」, 『문화역사지리』 24-1, 한국문화역사지리학회, 2012.
- 최원석, 「조선후기의 산줄기개념과 산보(山譜) 편찬의 의의」, 『2013년 지리학대회 발표논문 요약집』, 대한지리학회, 2013.
- 최원석, 「조선시대 설악산 자연지명의 역사지리적 분석」, 『대한지리학회지』 51-1, 대한지리학회, 2016.
- 최인실, 「『택리지』 초기 필사본 추정을 위한 서지적 고찰」, 『서지학보』 40, 한국서지학회, 2012.
- 최창조, 「좋은 땅이란 어디를 말함인가」, 『서해문집』, 1990.
- 최창조, 《한국의 풍수지리》, 민음사, 1993.
- 한국대학산악연맹, 『엑셀시오』, 1988.
- 한국역사지명사전 편찬위원회, 『한국역사지명사전』, 여강출판사, 2008.
(http://www.krpia.co.kr/product/main?plctId=PLCT00004739&is_simple_outAuth=N¤tLocale=ko)
- 한국학문헌연구소 편, 『한국지리지총서: 전국지리지 3』:「東國輿地志」, 아세아문화사, 1983.
- 한국학중앙연구원 편, 『한국민족문화대백과사전』(초판본), 1991.
- 현진상, 《한글산경표》, 풀빛, 2000.
- 현진상, 「조선 후기의 산줄기 인식체계」, 『2013년지리학대회발표논문요약집』, 대한지리학회, 2013.
- 환경부, 「백두대간의 효율적 관리방안 연구」, 2001.
- 황민정, 「한국 고대사회의 용신앙 연구: 삼국사기·삼국유사를 중심으로」, 이화여자대학교 석

사학위논문, 1999.
- 『경인일보』, 2014.08.21. (http://www.kyeongin.com/main/view.php?key=890812)
- 『동아일보』, 2005.01.10.
- 『연합뉴스』, 2019.09.17.
- 『인천일보』, 2019.08.22.
- 『조선일보』, 1986.07.24.
- 『조선일보』, 월간 〈산〉 603호, 2020.01.05.
- 『조선총독부관보』 제69호, 1910.11.19.
- 『한국일보』, 2019.05.08.
- 『대한민국전자관보』, 제19883호, 2020.11.24.

원전(原典)

『경상도지리지(慶尙道地理志)』, 『고려사절요(高麗史節要)』, 『국조보감(國朝寶鑑)』, 『금역당집(琴易堂集)』, 『기유록(奇遊錄)』, 『다산시문집(茶山詩文集)』, 『담헌서(湛軒書)』, 『대동지지(大東地志)』, 『도곡집(陶谷集)』, 『동국군현연혁표(東國郡縣沿革表)』, 『동국문헌비고(東國文獻備考)』, 『동국여지지(東國輿地志)』, 『동문선(東文選)』, 『동사강목(東史綱目)』, 『임하필기(林下筆記)』, 『만기요람(萬機要覽)』, 『삼국사기(三國史記)』, 『삼국유사(三國遺事)』, 『성소부부고(惺所覆瓿藁)』, 『성호사설(星湖僿說)』, 『승정원일기(承政院日記)』, 『신증동국여지승람(新增東國輿地勝覽)』, 『여재촬요(輿載撮要)』, 『여지도서(輿地圖書)』, 『연려실기술(練藜室記述)』, 『연행록(燕行錄)』, 『저죽전사실(楮竹田事實)』, 『조선왕조실록(朝鮮王朝實錄)』, 『죽계지(竹溪志)』, 『증보문헌비고(增補文獻備考)』, 『청장관전서(青莊館全書)』, 『추강집(秋江集)』, 『택리지(擇里志)』, 『학봉일고(鶴峯逸稿)』, 『해동역사(海東繹史)』, 『허백당집(虛白堂集)』

(산경표 필사본)

『기봉방역고(箕封方域考)』, 『기봉방역지(箕封方域誌)』, 『기봉(箕封)』, 『도리산경표(道里山經表)』, 『동국산경표(東國山經表)』, 『본국산경(本國山徑)』, 『산경표(山經表)』, 『산리고(山里攷)』, 『여지편람(輿地編覽)』, 『인구(寅球)』 , 『청구도리(青邱道里)』, 『팔도로표산경(八道路表山徑)』, 『해동도리보(海東道里譜)』, 『해동도리표(海東道里表)』, 『해동산경(海東山經)』

고지도(古地圖)

『경상총여도(慶尙摠輿圖)』, 『광여도(廣輿圖)』, 『대동여지도(大東輿地圖)』, 『대동여지전도(大東輿地全圖)』, 『동국대지도(東國大地圖)』, 『동국여지지도(東國輿地之圖)』, 『동여비고-신라백제고구려조조구역지도(東輿備考 - 新羅百濟高句麗肇造區域地圖)』, 『여지도-아국총도(輿地圖 - 我國總圖)』, 『조선방역지도(朝鮮邦域地圖)』, 『조선지도(朝鮮全圖)』, 『지승(地乘)』, 『청구관해방총도(靑丘關海防總圖)』, 『팔도지도초(八道地圖抄)』, 『팔도총도-조선전도(八道總圖 - 朝鮮全圖)』, 『해동지도-대동총도(海東地圖 - 大東總圖)』, 『해동지도 함경도 군현지도(海東地圖』 咸鏡道 郡縣地圖), 『해동팔도봉화산악지도(海東八道烽火山岳之圖)』, 『혼일강리역대국도지도(混一疆理歷代國都之圖)』, 『혼일역대국도강리지도(混一歷代國都疆理地圖)』

산줄기 지도(대간과 정맥)

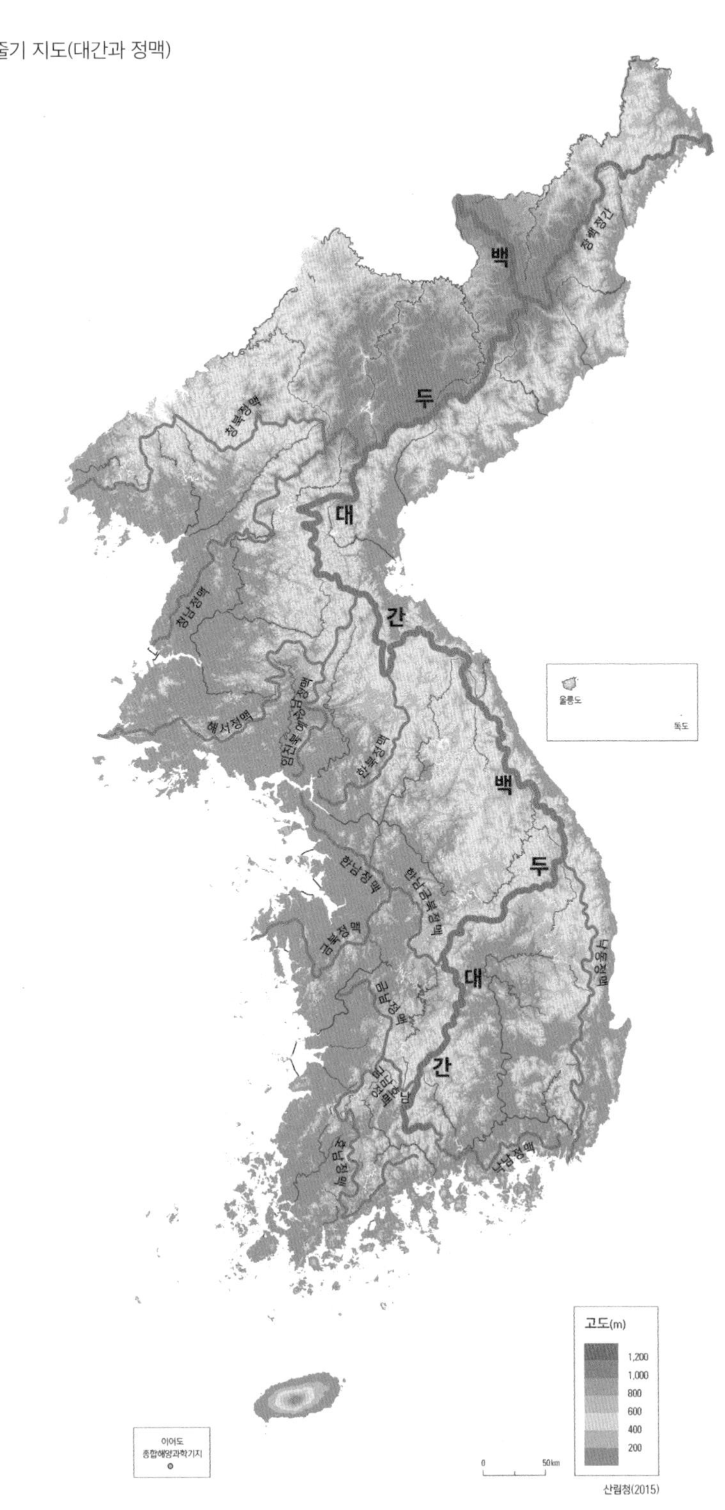
백두대간
장백정간
청북정맥
청남정맥
해서정맥
임진북예성남정맥
한북정맥
한남정맥
한남금북정맥
금북정맥
낙동정맥
낙남정맥
울릉도
독도
고도(m)
1,200
1,000
800
600
400
200
이어도
종합해양과학기지
0
50km
산림청(2015)